Bruns · Richtiger Umgang mit Pferden

Ursula Bruns

Richtiger Umgang mit Pferden

Das Handbuch für den Freizeitreiter

Müller Rüschlikon

Fotos von Dirk Schwager (Abb. 6, 7, 150, 153, 155, 165, 183, 184)

Foto Rückseite von Tina Radke-Gerlach, D-55268 Niederolm

Alle übrigen Fotos sowie das Foto der Titelseite
(Anna Eschner mit Wim) von Ursula Bruns, D-48734 Reken

Zeichnungen von Marlit Hoffmann,
D-35630 Ehringshausen-Daubhausen

Dankeschön!
Ich möchte mich bei Prof. Dr. med. vet. Ewald Isenbügel für die fachliche Beratung in Fragen der Veterinärmedizin an dieser Stelle ganz herzlich bedanken. Ein gleicher Dank gilt Marlit Hoffmann für ihre intensive Mitarbeit am Kapitel über das Frisieren.

Ursula Bruns

Von der gleichen Autorin:
Ursula Bruns / Linda Tellington-Jones:
Die Tellington-Methode, So erzieht man sein Pferd,
erschienen bei der Müller Rüschlikon Verlags AG, CH-6330 Cham

ISBN 3-275-000689-4

4. Auflage 1995

Satz und Druck: Stückle Druck und Verlag, D-77955 Ettenheim
Bindung: Schumacher / Sauerer AG, CH-3185 Schmitten
Printed in Germany

Inhalt

4 *Putzen 108*

5 *Der Huf und seine Pflege 159*

Frisieren 189 — 6

Führen und Vorführen 229 — 7

Vorwort

Noch nie in der 6000 Jahre alten Geschichte des Pferdes haben so viele Menschen Pferde besessen und benutzt, die so wenig davon verstehen — verstehen können. Eine gewaltige Woge der Liebe zum Tier und der Begeisterung für das Reiten schlägt über uns zusammen; Verständnis für Art und Wesen des Tieres, Wissen um das, was es an Pflege zu seinem Wohlergehen und unserer Freude braucht, bleiben dabei weithin auf der Strecke.

«Ich war fest davon überzeugt, ein Pferd sei von Natur zum Reiten geeignet. Vorsichtshalber kaufte ich ein teures Pferd, von dem es hieß, es sei fertig eingeritten. So war mir nun fraglos sicher, es werde mir von sich aus die Hufe zum Säubern hinhalten, stundenlang angebunden stehenbleiben, auf den leisesten Zug am Zügel nach links oder rechts abbiegen, niemals davonlaufen, scheuen, steigen oder gar schlagen; es werde mich mit Vergnügen dorthin tragen, wohin ich gerade wollte, war ich doch außerdem bereit, noch viel Geld für seinen Unterhalt auszugeben. Es zu reiten und zu pflegen würde ich leicht lernen — schließlich hatte ich ja auch gelernt, ein Auto zu pflegen und zu fahren.»

Das sagte mir, Jahre nachdem sie von einem Entsetzen ins andere gefallen war und im täglichen Umgang mit Pferden aus bösen Erfahrungen schließlich Gutes gelernt hatte, eine hochintelligente Frau, die sich als Erwachsene den Wunsch nach einem eigenen Pferd erfüllt hatte. Und rückblickend schloß sie: «Über soviel Ahnungslosigkeit müßte man eigentlich weinen... Aber noch schlimmer fand ich es, daß mir auch von Fachleuten stets nur gesagt wurde, *was* ich mit dem Pferd machen, nicht aber, *weshalb* ich es machen sollte.»

Beides geht auf den gleichen Denkfehler zurück: Wir setzen das Tier mit der Maschine gleich, hier zum Beispiel mit dem Auto. Wer könnte damit nicht umgehen? Wer könnte nicht autofahren? Gang einschalten — Auto fährt an; Hand dreht das Lenkrad nach links, nach rechts — Auto geht in die Kurve; ein Hindernis auf dem Weg? Fuß tritt auf die Bremse — Auto bleibt stehen. Es bleibt auch stehen, wenn wir aussteigen, es steht da, wenn wir einsteigen wollen. Und wer *ein* Auto fahren kann, lernt im Handumdrehen auch mit anderen Marken umgehen. Sie sind im Kern ja alle gleich: Maschinen, eigens dazu geschaffen, im Gebrauch für den Menschen möglichst problemlos zu sein. Und dazu gehört auch, daß er sich, bei mangelndem Interesse, um das *Weshalb* des Funktionierens nicht zu kümmern braucht, solange er das *Wie* beherrscht. Der Rest kann in der Werkstatt erledigt werden.

Das Pferd hingegen wurde nicht für den Gebrauch des Menschen entwickelt, und es ist ihm von Natur aus keineswegs mitgegeben, zu tun, was der Mensch von ihm möchte. Nur seine hohe Anpassungsfähigkeit machte es uns möglich, es in unsere Dienste zu nehmen. Damit aber wir das Pferd nun zur eigenen Freude und ohne Nachteile für es selbst nutzen können, müssen wir seine Art und sein Wesen kennenlernen, seine Bedürfnisse und seine vielfältigen Reaktionen und müssen sie stets berücksichtigen. Im Umgang mit einem lebendigen Wesen können sich Anleitungen zu seiner Pflege nicht auf «Man nehme» oder «Nun bürste man...» beschränken; es genügt bei weitem nicht, genau zu beschreiben, *wie* ein Pferd geputzt und geführt, eingefangen und angebunden, wie seine Mähne frisiert, wie der Huf gepflegt wird; doch nahezu alle Bücher beschränken sich auf eben dies. Mir scheint es wichtiger, jeweils zu erklären, *warum* es zu geschehen hat. Das Pferd *reagiert* ja auf unser Tun, es reagiert schon auf unsere bloße Gegenwart, und um die richtigen, ungefährlichen, erfreulichen Reaktionen hervorzurufen, müssen wir lernen, uns ihm gegenüber richtig zu benehmen.

Unsere Zeit hat das instinktive Verständnis für Haustiere weithin verloren; je größer das Tier, um so geringer ist das Verständnis, denn im «normalen» Leben kommen wir mit Großtieren ja kaum mehr in Kontakt. Wo begegnete uns denn etwa auf der Straße noch ein Pferd am Milchwagen, vor dem Gemüsekarren?

Ehe wir also zu den praktischen Anleitungen übergehen, machen wir uns erst einmal in Umrissen klar, was denn ein Pferd überhaupt ist, wie es fühlt und handelt, wie wir ihm begegnen sollen und wie es uns gelingen kann, durch Beobachtung und verständnisvolle Anwendung

der folgenden Überlegungen zu beglückender, gefahrloser Gemeinschaft mit ihm zu gelangen. Ich werde versuchen, ganz knapp und einfach zu schildern, von welchen Trieben das Verhalten des Pferdes gesteuert wird und auf welche Weise es versucht, sie durchzusetzen. Wer sich die fundamentalen Voraussetzungen einprägt, unter denen ein Pferd lebt und handelt, kann so viel einfacher richtig reagieren.
Seit fünfundvierzig Jahren reite, besitze und züchte ich Pferde — große, mittlere, kleine, sanfte und heftige, Ponys und Vollblüter, einheimische und fremde Rassen; ich bin ihnen in vier Kontinenten begegnet und habe im Sattel Berge, Wälder und Wüsten durchstreift. Bei alledem ist mir kaum je ein Unfall passiert, aber ich habe in dieser langen Praxis immer wieder bestätigt gefunden, daß beim Umgang mit dem Pferd — sei es zu Fuß, sei's im Sattel — nicht die spektakulären Stürze nach gewaltigen Hindernissen, nicht der «verbrecherische» Charakter verdorbener Pferde die meisten Gefahren bilden. Die weitaus meisten Malheure passieren, weil man die *Art des Pferdes* nicht kennt und im Umgang mit ihm tausendfach «Kleinigkeiten» außer acht läßt, nicht begreift, nicht kennt und erst dadurch große Gefahren heraufbeschwört. Fünfundneunzig Prozent aller Unfälle könnten vermieden werden, die ungetrübte Freude am Pferd und am Reiten damit gewonnen werden, wenn wir immer unser Augenmerk auf die zahlreichen Kleinigkeiten richten würden, deren Erwähnung sich wie ein roter Faden durch dieses Buch zieht.

Zur Beachtung

In diesem Buch

werden alle Equiden, ungeachtet ihrer Art und Größe, *Pferde* genannt, und zwar aus reiner Zweckmäßigkeit. Werden andere Bezeichnungen gebraucht (Pony usw.), so geht der Grund deutlich aus dem Text hervor;

wird strikt versucht, Fach-Chinesisch zu vermeiden; nicht von selbst verständliche Fachausdrücke werden erklärt;

wird wiederholt darauf hingewiesen, daß der Umgang mit Pferden stets auch Vorsicht erfordert. *Es wird ausdrücklich betont, daß die beschriebenen Maßnahmen und Handlungsweisen keineswegs Veranlassung geben können, diese gebotene Vorsicht außer acht zu lassen.*

Nagel verloren
Hufeisen verloren
Huf verloren
Pferd verloren
General verloren
Schlacht verloren
Land verloren:
Kleine Ursachen — große Wirkungen!

Von der Natur des Pferdes

1

1. Müssen Pferde so sein?

Steppe — Herde — Bewegung

Das Pferd entwickelte sich zu seiner jetzigen Form im Laufe von Millionen Jahren; dabei spezifizierte es sich zum Bewohner offener Savannen und endloser Steppen. Erst seit etwa 10 000 Jahren verbreitete es sich von Innerasien aus bis an die Enden der Welt und wurde dabei vom Menschen gezähmt, gezüchtet und unseren Wünschen und Bedürfnissen entsprechend genutzt und geformt.

10 000 Jahre sind in der langen Entwicklungsgeschichte des Pferdes nur ein Augenblick; sein Erbgedächtnis bewahrt immer noch die Anforderungen des Steppenlebens. Die Instinkte und Reaktionen, die sich dort entwickelten und lebensnotwendig waren, prägen das Verhalten des Pferdes bis heute. «Von Natur aus» ist es ein Geschöpf der Grenzenlosigkeit, der endlosen Weite von Horizont zu Horizont, sind ihm immer noch Luft und Licht, Wind und Sonne, Schnee und Regen, die Temperaturunterschiede zwischen Tag und Nacht, zwischen Sommer und Winter für eine gesunde Existenz notwendig.

«Von Natur aus» ist das Pferd überdies ein Herdentier. Die Herde, bestehend aus vielen Familien mit Anghörigen aller Jahrgänge, von der Leitstute geführt, vom Hengst bewacht und verteidigt, ist sein eigentliches Zuhause. Die Herde gibt ihm, im Zusammensein der Vielen, Sicherheit; sie ermöglicht sowohl die Freundschaft wie die Auseinandersetzung mit den Artgenossen; ihre Gesellschaft befriedigt seinen inneren Drang nach Nähe; in der Gemeinschaft der Herde lernt es Gehorsam und Unterordnung nach strengen Regeln — lernt es aber auch, im Rangkampf mit den anderen seinen eigenen Platz innerhalb der Hierarchie zu finden und zu verteidigen. Hier fühlt es sich sicher und lebt als friedlicher Pflanzenfresser völlig im Einklang mit sich selbst.

1 *Die Herde gibt Sicherheit*

Weiterhin ist das Pferd «von Natur aus» ein langsam weidender Pflanzenfresser. Es hat einen sehr kleinen Magen und einen sehr langen Darm. In der Freiheit der Steppe suchte es bedächtig Halm um Halm, brach sie, aß sie; winzige Portionen gingen durch den kleinen Magen, wurden weitergegeben an den langen Darm, der das Futter — unterstützt dadurch, daß sich das Pferd, Halme suchend, rupfend, stetig weiterbewegte — verdaute. In der Natur also griff eins ins andere: Entspannt und mit sich selbst im Frieden war das Pferd gesund.
Neben dieser langsamen Bewegung bei der Nahrungsaufnahme ist dem Pferd auch die schnelle Bewegung der Flucht angeboren und natürlich: In weit ausholenden Galoppsprüngen mußte es seinen Feinden zu entkommen suchen. Und um diese im Ernstfall lebensnotwendige Beweglichkeit zu erhalten und zu üben, «trainierte» es sie im lustvollen Tollen und Jagen mit den Gefährten in der Herde.

Wenn wir nun bedenken, daß Pferde dazu geschaffen wurden, unter den Umweltbedingungen der Steppe, in der Herde und in steter Bewegung zu leben, begreifen wir, welch einschneidender Versündigung wir uns schuldig machen, wenn wir sie — zu unserer Bequemlichkeit — in licht- und luftlose, drei mal drei Meter winzige Boxengefängnisse einsperren, sie in Einzelhaft der geselligen Herde entreißen, ihnen zwei-, höchstens dreimal täglich große Futterrationen vorwerfen, die der Darm des stehenden, sich nicht stetig bewegenden Pferdes nicht richtig verdauen kann, und ihnen die Sicht auf die Umwelt durch Mauern verwehren!

Der Wichtigkeit halber wiederhole ich es: Dem Pferd in einer festen Box die Möglichkeit freier Bewegung, freien Atmens in reiner Luft zu nehmen, seinen Augen den Blick in die Weite zu nehmen, es der Gesellschaft der Artgenossen zu berauben und auf seinen eigenen Fäkalien leben zu lassen, *widerspricht seiner natürlichen Veranlagung!* Modernen Verhaltensforschern ist das Ergebnis so klar wie uns Praktikern: «Verspanntheit, Übererregtheit, aufgestauter Bewegungstrieb, der sich in geradezu psychotischer Weise in Form von Durchgehen, im Stürmen gegen Hindernisse oder blindwütigem Rasen bei geselligen Veranstaltungen äußern kann», stellen sich ein.* Niemand, der sich die geschilderte Diskrepanz vor Augen hält, wundert sich noch über Nervosität, Unruhe, ja Bösartigkeit so vieler Pferde!

Mein erster und grundlegender Rat zum richtigen Umgang mit Pferden kann also nur lauten: Sperren Sie kein Pferd ausschließlich in eine Box ein — öffnen Sie ihm die Tür zu einem kleinen Auslauf, verschaffen Sie ihm Gelegenheit, zumindest zeitweilig naturgemäß auf der Weide zu leben, geben Sie ihm die Gesellschaft anderer Pferde (zumindest anderer Tiere), nehmen Sie jede Gelegenheit wahr, ihm Bewegung zu ermöglichen, und ernähren Sie es so naturnah wie möglich. Dann wird auch Ihr Pferd der friedliebende, umgängliche, innerlich sanfte Pflanzenfresser, der Sie als Herdenboß anerkennt und sich Ihnen gelassen unterordnet.

* Wilhelm Blendinger, *Psychologie und Verhaltensweisen des Pferdes.* 3. Auflage, Heidenheim 1977.

Sinneswahrnehmungen

Sehen

Das Pferd sieht anders als der Mensch. Menschenaugen sind vorn am Kopf angebracht; sie sehen beide stets dasselbe und blicken geradeaus nach vorn. Wenn der Mensch etwas sehen möchte, das sich seitlich von ihm befindet, muß er den Kopf danach drehen; nach rückwärts kann er gar nicht sehen. Die Augen des Pferdes aber sind zu beiden Seiten seines Kopfes angebracht; sie sehen nicht gleichzeitig genau dasselbe; ihre Blickrichtung läuft auseinander. Das Pferd sieht auch, was sich seitlich von ihm befindet oder ereignet; ja, es erkennt sogar, was sich schräg hinter ihm tut. Das Gesichtsfeld beider Augen beträgt ca. 350 Winkelgrad (ein Vollkreis hat 360 Grad); davon sieht es jedoch — nach Meinung der meisten Experten — allein etwa 70 Grad scharf (Abb. 2).

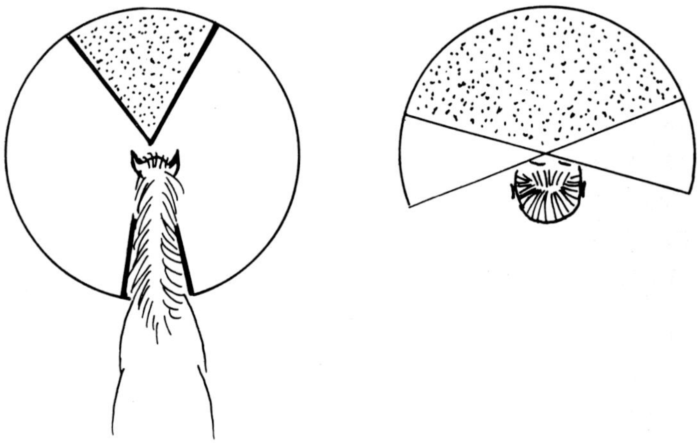

2 *Gesichtsfeld von Pferd und Mensch. Punktiert = scharfer Sehbereich*

Wir müssen also beim Umgang mit dem Pferd stets bedenken:

Es sieht Bewegungen, die sich vor und schräg hinter ihm und zu beiden Seiten abspielen, nimmt aber viele davon nur schemenhaft wahr — und erschrickt, wenn sie zu plötzlich oder unvorhergesehen sind. Um sie *scharf* sehen zu können, muß es den Kopf in die gewünschte Richtung drehen, ihn also nach links oder rechts, oben oder unten bewegen. Beim Grasen blicken die Augen zu Boden; um den Horizont absuchen zu können, muß das Pferd den Kopf heben; durch Umherblicken vergewissert es sich, daß keine Gefahr droht.

Für uns ergibt sich daraus die Erkenntnis, daß das stete Bewegen des Kopfes — vor allem in Richtung wirklicher oder vermeintlicher Gefahr — für das Pferd notwendig ist: Nur so fühlt es sich in seiner Welt sicher. Verwehren wir ihm diese freie Ausschau, indem wir es in eine Box mit undurchsichtigen Wänden sperren, ihm beim Reiten den Kopf in eine starr fixierte Position zwingen oder es beim Führen zu fest und zu kurz halten, wird es unsicher und fürchtet sich (Abb. 3).

***3** Beim Reiten den Kopf des Pferdes nicht in starr fixierte Position zwingen*

«Die Anordnung der Augen erwies sich in den frühen Lebensräumen des Pferdes als lebenserhaltend: Es erwehrt sich seiner Feinde durch den schnellen Lauf nach vorn, sowie durch den Schlag mit den Hinterhufen nach rückwärts. Für beides ist es lebenswichtig, alle rückwärtigen Vorgänge so genau wie möglich mit den Augen zu verfolgen, das jagende Raubtier im Auge zu haben, es im Galopp mit gezieltem Hufschlag zu treffen, dabei gleichzeitig nach vorn das Gelände, den unebenen, mit

Löchern und Steinen übersäten Boden, nach der Seite die eigenen Artgenossen zu beobachten.»*

Moderne Verhaltensforscher sind sich absolut darin einig, daß die Domestikation über ein paar Jahrhunderte hinweg an dieser Weltsicht und den daraus resultierenden Reaktionen kaum eine Spur geändert hat: Pferde sehen und reagieren immer noch so.

Zum Umgang mit ihnen merken wir uns deshalb:

Das Pferd vermutet den Feind, der es jagt, hinter sich; es kann ihn erst sehen, wenn er schräg von hinten in sein Blickfeld tritt; dann erkennt es ihn undeutlich. Es reagiert wie oben geschildert: schlägt mit dem Hinterhuf aus. Wir sollten uns also einem Pferd niemals aus dieser Richtung nähern: es ist der Winkel des Feinderkennens (Abb. 4). Pferde sehen und erkennen uns am besten, wenn wir seitlich-vorn neben ihnen stehen; in dieser Richtung sollten wir uns ihnen stets nähern (zum Halftern, Füttern, Anbinden, Satteln usw.; Abb. 5).

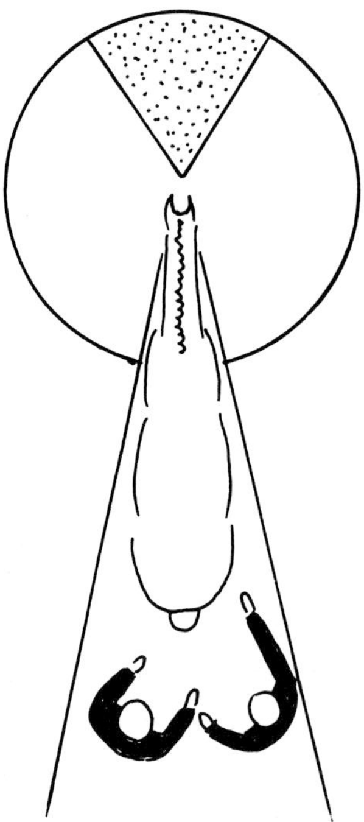

4 *Falsch! So nähert man sich dem Pferd nicht*

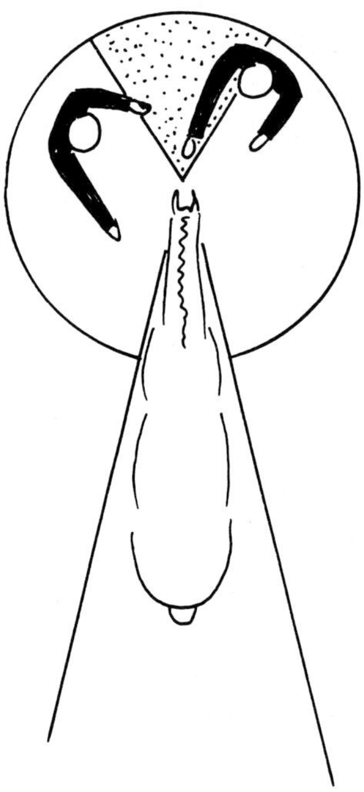

5 *Richtig: Man nähert sich dem Pferd seitlich vorne*

* Blendinger, a.a.O.

So unscharf das Pferd auch in manchen Sehbereichen sieht, so für uns unvorstellbar genau erkennt es die geringsten *Bewegungen,* und zwar schon in großer Entfernung. Alles, was zuckt oder läuft, springt, krabbelt oder fliegt, von einem Windhauch bewegt wird oder rasch den Standort ändert, nimmt es viel eher, plötzlicher und schärfer wahr als der Mensch. Scheut also ein Pferd ohne einen uns ersichtlichen Grund, so hat es wahrscheinlich etwas gesehen, das unser Auge nicht wahrgenommen hat.

Vergessen wir also beim Umgang mit dem Pferd nie, daß es — mehr oder weniger scharf — einen riesigen Sehbereich überblickt und darin mit kaum vorstellbarer Schärfe winzige Bewegungen erkennt. Das Ergebnis ist natürlich, daß es oft erschrickt und angstvoll reagiert, wo uns die Welt sicher erscheint.

In der Dunkelheit nimmt das Auge des Pferdes noch Lichtwellen auf, die dem menschlichen Auge unsichtbar bleiben; es sieht also heller und somit besser. Grelles Licht scheint es weniger zu blenden als den Menschen, nur braucht es längere Zeit, sich umzustellen. So kann es sein, daß es im scharfen Licht einer Lampe im ersten Augenblick vor Schatten zurückschreckt, die es als feste Objekte sieht. Daran sollten wir denken, wenn wir bei Dunkelheit mit Pferden zu tun haben.

Hören

Auch der Gehörsinn des Pferdes ist dem des Menschen um ein Vielfaches überlegen. Die Ohren des Menschen sind unbeweglich, die des Pferdes können sich bewegen, und zwar sowohl gleichzeitig in dieselbe als auch einzeln in verschiedene Richtungen. Sie sind stets in die Richtung gestellt, aus der ein Ton oder Geräusch Aufmerksamkeit weckt; und während der Mensch Geräusche von rundum ziemlich ebenmäßig gleich vernimmt, hört das Pferd am besten jene aus der Richtung, in die seine Ohren zeigen; es kann also einzelne Laute, die es interessieren, aus anderen heraussuchen und heranholen. Auch das war für sein Überleben notwendig: Schlich ein Raubtier sich sehr behutsam an, konnte das Pferd die langsame Bewegung mit dem Auge nicht wahrnehmen; ließ es nicht stets auch in leiser Wachsamkeit die Ohren spielen, konnte es um sein Leben schon geschehen sein. Auf der Weide können wir das beim grasenden Pferd beobachten, und beim Ritt stehen die Ohren ohnehin kaum still: Sie tasten die Umwelt nach Tönen ab und nehmen Geräusche wahr, die wir nicht hören. Das Rascheln eines Blattes, das

Knacken eines Astes, jedes ungewohnte und vor allem jedes plötzliche Geräusch lassen das Pferd zusammenfahren und zur Flucht bereit sein. Wieder bedenken wir: Bleibt ein Pferd manchmal wie angewachsen stehen, weigert es sich, an ganz «Harmlosem» vorüberzugehen, so hat es wahrscheinlich etwas gehört — und sei's nur eine Maus unterm Laub. Ohren, die so leise Töne wahrzunehmen vermögen, sind überempfindlich gegen alles Laute. Sie vernehmen überdies — wie Hundeohren — mehr Frequenzen als unsere. Und vor allem Schrilles verletzt sie: Es tut Pferden physisch weh, wenn man sie anschreit.

Das ist beim Vorgang des Verladens oft gut zu beobachten: Das Pferd weigert sich aus irgendeinem Grund, den dunklen Anhänger zu betreten. Der Mensch, meist in Eile, wird ungeduldig und beginnt zu schreien — von da an ist das Pferd so verstört, daß es in Panik gerät und nun auch wohlwollendem Zuspruch nicht mehr zugängig ist. Die Lautstärke tut einfach weh!

Dieses Schmerzgefühl in den Ohren ist in vielen Fällen wohl auch der Grund für das hysterische, aufgeregte, hitzige Gebaren mancher Pferde bei Paraden, Umzügen und Aufmärschen. Will man seine Pferde dem vielfältigen, lauten Lärmen solcher Veranstaltungen aussetzen, so muß man sie über längere Zeit behutsam daran gewöhnen.

Andererseits können wir uns das feine Gehör der Pferde im Umgang mit ihnen ständig zunutze machen, indem wir mit ihnen sprechen. Schmeicheltöne sind ihnen angenehm, lang hingezogene, gedehnte, dunkle Worte wirken beruhigend; scharfe, kurze, helle Töne können sowohl anfeuernd als auch, lauter gesprochen, strafend wirken. Jede Änderung in der Modulation wird wahrgenommen, so daß es einfühlsamen Menschen leicht möglich ist, sich über die Stimme in fast allen Lagen mit dem Pferd zu verständigen. Ich kenne Pferde, die unter dem Reiter schwierige Lektionen ganz nach Stimme ausführen.

Lebhaftes Spiel beider Ohren deutet auf ein aufnahmebereites, interessiertes Pferd hin (s. dazu Ziffer 3 dieses Kapitels: «Lernen Sie Ihr Pferd kennen»). Wir sollten diese stete Horchbereitschaft niemals durch Brüllen oder Schreien stumpf machen.

Bei so fein entwickeltem Gehör ist es nicht verwunderlich, daß sich Pferde untereinander sehr präzise lautlich verständigen können. Die «Stimme» des Pferdes hat eine große Modulationsbreite. Sie reicht vom furchterregenden schrillen Schrei des Hengstes, der einen Nebenbuhler abschrecken will, bis zum zärtlichsten Lockton der Stute, die ihr Fohlen ruft, vom unwilligen Quietschen rangelnder Pferde auf der Weide bis zum warmen Blubbern und Grumbeln, mit dem heimkehrende Gefährten begrüßt werden, und bis zum hellen Trompeten des Hengstes, der seine Herde ruft. (Kürzlich stellte Henry Blake eine lange Liste sich stets wiederholender Laute oder Lautschattierungen mit fester Bedeutung auf.)

Riechen

Der Geruchssinn des Pferdes ist ebenfalls sehr gut entwickelt: Er verhalf im Steppenleben dem Pferd dazu, sich genau zu orientieren, auch wenn in der Leere rundum nichts zu hören oder zu sehen war. Den Vorgang können wir heute noch gut beobachten, wenn Pferde auf eine ihnen fremde Weide gelassen werden. Zuerst laufen sie einige Male mit hoch erhobenem Kopf den Zaun entlang, um sich optisch zu unterrichten; anschließend lassen sie den Kopf zu Boden sinken und beschnobern nun, mit weit offenen Nüstern, den Grund: Wer hat sich hier kürzlich aufgehalten — Artgenossen, Freund oder Feind? Wie ist das Futter beschaffen? Wo schmeckt es am besten? Wo riecht es gefährlich?

Manche Pferde ziehen mit weit hörbarem Geräusch die Luft ein, um sich weitere Auskünfte zu verschaffen. Der Hengst riecht die rossige Stute. Er beschnobert den Kot der Herde (manche Wallache tun das sehr ausgiebig auch), was da interessiert, wissen wir noch nicht — Herdenzugehörigkeit, Gesundheit?

Alles, was betastet wird, wird auch prüfend beschnobert. Futter und Wasser werden immer zuerst berochen, und ein fremder und schlechter Geruch kann Pferde vom Essen und Trinken abhalten, selbst wenn wir meinen, Futter und Wasser seien einwandfrei.

Für Reiter, die vorhaben, mit ihren Pferden Urlaubs- oder Wanderritte durchzuführen, zahlt es sich aus, sie lange Zeit vorher schon aus verschiedenen Eimern zu tränken, die Futterzusammensetzung leicht zu ändern — kurz, sie daran zu gewöhnen, daß Abweichungen vom Gewohnten nicht weiter schlimm sind.

Gift in Pflanzen und Bäumen ist übrigens nicht zu riechen; der Betreuer kann sich also hier nicht auf den Geruchssinn des Pferdes verlassen, sondern muß selbst aufpassen, daß seinem Pferd nichts Giftiges erreichbar ist.

Pferde atmen durch die Nase, nicht durch den Mund. Die großen, weichen Nüstern können sich bei Anstrengungen zum Atmen stark erweitern, um schnell genügende Mengen Luft einzulassen. Daran sollten wir immer denken, wenn wir — wie es heute gedankenlos tausendfach geschieht — dem Pferd zum Reiten ein Sperrhalfter umlegen (und es womöglich noch zu tief und eng verschnallen): Wir schneiden ihm buchstäblich die Luft ab — und wundern uns, wenn es in Panik gerät.

Fühlen

Die ganze Haut des Pferdes ist ein höchst spezialisiertes Sinnesorgan zum Fühlen; am empfindlichsten reagieren auf Berührungen Maul, Beine, Flanken, Hals und Schultern. Leichte Berührungen durch Antippen mit der Gerte oder dem Fuß rufen bei nicht abgestumpften Pferden schon heftige Reaktionen hervor.

Sehr viel Gefühl hat das Pferd in der Oberlippe, mit der fremde Gegenstände abgestastet werden. Manchmal können wir das sehen oder fühlen, wenn wir einem unbekannten Pferd einen Leckerbissen reichen: Die Oberlippe «flattert» ganz sacht über unsere Handfläche im Bestreben, sich über uns und die Gabe erst einmal zu orientieren. Um das Maul herum und unter dem Kinn befinden sich eigene lange Tasthaare, die wie Fühler die Lippen schützen und beim Untersuchen unterstützen. Es ist barbarisch, sie aus «Schönheits»erwägungen abzuschneiden, wie es leider vielfach geschieht (s. dazu Kapitel «Frisieren», Ziffer 6). Das Pferd braucht sie unbedingt, um sich ein «plastisches» Bild von bestimmten Gegenständen seiner Umgebung zu machen.

Ganz besonders intensiv ist das Vermögen der Pferde, mit den Hufen zu fühlen. Und zwar die Erschütterung des Bodens, wenn sich aus der Ferne etwas nähert. Dazu ein Beispiel: Mein Fotograf und ich versuchten mehrere Tage lag vergebens, uns einer halbwilden Herde zu nähern. Das Gelände war riesengroß, Büsche und Bäume verbargen uns den Blicken der Pferde, der Wind stand gegen uns — und dennoch wichen sie uns erfolgreich aus, so vorsichtig und langsam wir uns auch zu nähern versuchten. Bis ich, halb im Scherz, vorschlug, auf den Zehenspitzen zu gehen. Jetzt konnten wir die Tiere tatsächlich am gewünschten Ort aufnehmen — keine «Bodenbewegung» hatte uns verraten!

Für uns unvorstellbar, daß das behutsame Aufsetzen eines Fußes sich mehr als 50 Meter weit über Bodenschwingungen den Hufen einer Gruppe rastender Pferde mitteilt!

Die gesamte Andersartigkeit der Sinneswahrnehmungen sollten wir immer bedenken, wenn uns das Verhalten von Pferden merkwürdig vorkommt. Und stets sollten wir uns selbst daraufhin kontrollieren, ob wir nicht vom Pferd etwas verlangen, was es aufgrund seiner anderen Natur gar nicht leisten kann.
Des weiteren sollten wir uns klar machen, daß das Pferd mit seinen so viel feineren, intensiveren Sinnen die Umgebung nicht nur detaillierter wahrnimmt, sondern ihr auch viel ausschließlicher zugewandt ist als wir. Es denkt und überlegt nicht, sondern folgt seinen Instinkten ohne Ablenkung durch den Intellekt. «Es hat sämtliche Sinne ausschließlich und fortwährend für die Außenwelt zur Verfügung, ohne von einer Innenwelt abgelenkt zu sein.»* Der Umgang mit ihm wird um so leichter, je klarer wir das immer dann sehen, wenn wir sein Verhalten mit unserem dauernd abgelenkten, grübelnden, immer zugleich an Vieles denkenden Verstand nicht mehr begreifen.

Angst und Flucht

Das friedliebende pflanzenfressende Pferd hat bis heute nur überleben können, weil es ständig Angst hatte und stets und immer fluchtbereit war.
Der erste und beste Schutz des Pferdes ist die Flucht. Instinkt und Sinne sind darauf eingerichtet: Die Augen sehen eine Gefahr, die Ohren hören eine Gefahr — und der Instinkt läßt es abrupt flüchten. Kein Sekundenbruchteil wird dabei überlegt. Hören, sehen, ja, nur ahnen — und aus dem Stand losrennen: das ist die dem Pferd angeborene Weise artgerechten Handelns. Wie hätte es sonst dem Raubtier entkommen können? Oder dem jagenden Menschen?
Prägen wir uns das für immer fest ein:
Erschrecken, Flüchten (Durchgehen) sind für das Pferd *sinnvolle* und *natürliche* Regungen! Es dafür zu bestrafen, ist völlig unsinnig und unnatürlich. Für den Pferdebesitzer und Reiter gibt es nur eine Abhilfe, die logisch zum Ziel führt: Er muß dem Pferd stets und bei jeder Gelegenheit zeigen, daß keine Gefahr besteht.
Das Pferd begreift auch dies schnell, da es «von Natur aus» mit dem Drang ausgestattet ist, sich von der Gefahrlosigkeit seiner Situation zu überzeugen. Es wäre ja sonst stets und ständig auf der Flucht und

* Blendinger, a.a.O.

käme niemals zur Ruhe! So aber flieht es zwar zunächst, kehrt dann aber, wenn es nicht verfolgt wird, vorsichtig zurück und nähert sich dem Gegenstand seiner Angst, um ihn schließlich zu beschnobern. Was dabei als ungefährlich registriert wird, löst künftig keinen Fluchtreflex mehr aus.

Für uns bedeutet das, daß wir dem Pferd an der Hand und unter dem Sattel stets Gelegenheit geben müssen, Furchterregendes zu untersuchen. Das mag zu Anfang unbequem, da langwierig, sein; aber je öfter das Pferd merkt, daß die Dinge, an die wir es heranführen, ungefährlich sind, und je mehr innere Ruhe wir dabei ausstrahlen, um so leichter läßt es sich künftig auch an sehr fremde, sehr schreckerregende Gegenstände heranlenken, weil es unserer Führung zu vertrauen gelernt hat.

Der Körper des Pferdes ist ebenfalls für die Flucht gebaut: Seine Beine sind lang, die Muskeln stark, Lunge und Herz halten lange, schnelle Galopps aus. Seine Beine haben eine große Schnellkraft zu jähem Lauf und Sprung; harte Hufe überwinden auch steinige, felsige, geröllige Böden, ohne Schaden zu nehmen — und das ein Leben lang.

Diese harten Hufe am weitreichenden, ausschlagenden Bein bilden das zweite Schutzmittel, dadurch, daß sie den Verfolger im gezielten Schlag treffen können. *Auch das Ausschlagen ist also ein angeborener Schutzreflex* und als solcher unter Umständen *notwendig* und *natürlich.* Wir versehen diese harten Hufe zusätzlich noch mit einem Eisenbeschlag — und sollten möglichst nicht in schmerzhafte Kollision mit ihnen geraten. Kein vernünftiger Pfleger stellt sich jemals in die direkte Schlagrichtung eines Pferdebeines!

Dazu ein Beispiel: Ich bin in meinem langen Leben mit Pferden nur ein einziges Mal geschlagen worden, und das von meiner sanften Stute Héla, die im Umgang keiner Fliege absichtlich etwas zuleide täte und mir tiefvertraut war. Ich trat, ohne sie anzurufen, von hinten an sie heran und muß sie wohl aus tiefem Schlaf geweckt haben. Jedenfalls schlug sie blitzschnell aus und traf mein Knie, das wochenlang blutunterlaufen und geschwollen war. *Es war eine Reflexbewegung.* Pferde überlegen nicht. Héla war angebunden; dem Fluchtreflex konnte sie nicht folgen, also trat der Abwehrreflex an seine Stelle. Sie dafür zu strafen, wäre ohne Sinn und Wirkung gewesen. Die Schuld lag einwandfrei bei mir.

Vergessen wir nie, daß es weder ein Verbrechen noch Zeichen eines schlechten Charakters ist, wenn ein Pferd seinen Körper zu dem gebraucht, wozu er geschaffen wurde: zu Flucht und Abwehrschlag. Es liegt an uns, dafür zu sorgen, daß keine Umstände eintreten, die diese Reflexe hervorrufen.

Untugend ist es nur, wenn das Pferd genau weiß, daß ihm keine Gefahr droht, und es trotzdem wegstürmt oder ausschlägt. Wie so etwas entstehen kann, mag wiederum ein Beispiel zeigen: Pferde haben ein beträchtliches Lernvermögen, das freilich nicht aus Nachdenken erwächst, sondern aus stetem Registrieren von Ursache und Wirkung. Ein mir bekanntes Pferd wurde, als es besonders hungrig und deswegen innerlich erregt war, beim Essen durch das Näherkommen des Pflegers gestört; es hob abwehrend ein Hinterbein und schlug nervös kurz aus. Der Pfleger machte einen Satz rückwärts und verschwand. Das Pferd merkte es sich und wiederholte es am Abend mit dem gleichen Erfolg. So fand es heraus, daß es sich mit dieser Geste Lästiges vom Hals halten konnte, und schlug künftig — kräftiger und gezielter — immer häufiger aus, wenn ihm etwas nicht paßte. Hier war das Schlagen zu einer echten Untugend geworden, die ihm durch Gegenmaßnahmen (kurzes, knappes Zuschlagen mit der Gerte im genau richtigen Moment, kurzem, knappem: «Laß das!») wieder abgewöhnt wurde.

Zum verständnisvollen Umgang mit Pferden gehört es unbedingt, den

6 *Pferde in Freiheit laufen hintereinander*

Ursachen von vermuteten Untugenden nachzugehen, ehe man straft. In der freien Wildbahn beobachteten wir, daß die hin- und hergehenden Pferdegruppen schmale Wechsel austreten, auf denen sie, um der Sicherheit willen, stets hintereinander gehen (Abb. 6). Wo dem Leittier nichts geschieht, sind auch die anderen in Sicherheit. Dieses Sicherheitsbedürfnis ist stärker als alle anderen Regungen; das dürfen wir nie vergessen. Schon winzige Veränderungen seiner Umwelt ängstigen es; oft genügt es, daß ein Objekt nur in anderem Licht daliegt oder es aus einem anderen Blickwinkel gesehen wird. Das erklärt die vielen Reitern einfach unbegreifliche Tatsache, daß ein Pferd beim Ausritt etwa vor einem Felsblock scheut, beim Heimritt aber nicht. Alles, was zu plötzlich auftaucht — Hund, Kuh, Reh, Schwein, Kind —, kann es bis zur Hysterie erschrecken: gleich darauf aber bezeugt es für dieselben Schrecknisse lebhaftes Interesse und nähert sich neugierig (s. dazu auch Kapitel «Einfangen» Ziff. 1: «Der Neuling»).

Ein Pferd, das Angst hat, verhält sich immer gleich: Zuerst versucht es davonzulaufen; kann es das nicht (auf einer zu kleinen Wiese, in der Box), wird es sich herumschleudern und ausschlagen; kann es auch das nicht (wenn es angebunden ist), wird es zu steigen und mit den Vorderbeinen auszuschlagen, ganz zum Schluß erst zu beißen versuchen. Unter dem Sattel spannt es bei einem verdächtigen Geräusch oder Anblick die Muskeln an, macht einen Satz zur Seite und reißt aus. Wenn man sich diese reflexhaften Abläufe stets vor Augen hält, kann man die häufigsten und schwersten Unglücke mit Pferden ausschalten oder doch mindern, indem man Gegenmaßnahmen ergreift: rechtzeitig vor dem Ausschlagen wegspringt, das Anbindeseil löst, nicht in den Schlagbereich der Vorderbeine tritt, unter dem Sattel schon beim Zusammenziehen der Muskeln beruhigend spricht, den Zügel ein wenig nachgibt, den Sprung zur Seite vorbereitet aussitzt.

Das also sind die Reaktionen, die die Natur dem Pferd zum Schutz mitgab und die sein Erbgedächtnis auch nicht vergessen hat, nachdem der Mensch es ein paar Jahrhunderte in seine Obhut nahm, es im Stall abschirmte, normalem Pferdedasein entfremdete. Die Stärke und Häufigkeit der Reflexe läßt nur dann nach, wenn anhaltend kein Grund zur Angst gegeben ist, wenn Vertrauen zum Menschen Ungewohntes weniger bedrohlich erscheinen läßt, wenn ein möglichst regelmäßiger Ablauf der Tage Sicherheit gibt.

Leider aber empfindet ein Pferd Angst nicht nur durch Gefahren von

außen, bei denen der einigermaßen erfahrene Pfleger oder Reiter weiß, worin sie bestehen. Unstabilität von *innen* — nervöse Erregbarkeit, dauerndes Irritiertsein, krankhafte Schreckhaftigkeit — sind viel gefährlicher und meist nicht zu ändern. Diesen Zustand erzeugt der Mensch selbst: durch Paarung von Elterntieren, die extrem verschiedenen Rassen angehören, deren Resultat einfach kein innerlich gelassenes, in sich ruhendes Pferd sein *kann*, oder dadurch, daß er das schweifende, bewegungshungrige, gesellige Steppentier Pferd zu einem einsamen Höhlenbewohner in verschlossener Box macht, der irgendwann gegen die ihm fremde Umwelt rebelliert.
Aus alledem ergibt sich zwingend die Verantwortung, die der Mensch auf sich nimmt, wenn er das Pferd seinem natürlichen Dasein entfremdet: Er muß ihm die Sicherheit, die ihm die Herde bietet, ersetzen, indem er ein Vertrauensverhältnis zwischen sich und dem Pferd schafft; nur so ist das Fluchttier Pferd ohne seelischen Schaden zum Bleiben zu veranlassen. Und er muß ihm die Bewegung, die es im freien Herdenleben hat, durch Bewegung unter dem Sattel, vor dem Wagen und auf der Weide ersetzen; nur so erleidet das Bewegungstier Pferd keinen dauernden Schaden an Leib und Seele.

2. Pferde unter sich

Pferde sind gesellige Wesen, wir sagten es schon. Nur selten ist ein Einzelpferd ganz glücklich und ausgeglichen. Als Herdentier ist es gegen Artgenossen meist verträglich, selten aggressiv: Menge ist angenehm, bedeutet Sicherheit.
Dennoch beobachten wir immer wieder, daß auf der Weide gejagt und gebissen, zornig gequietscht und ausgeschlagen wird. Das soll uns jedoch nicht abhalten, Tiere, die miteinander leben sollen, auch gemeinsam weiden zu lassen. Beißen und Schlagen (das in den meisten Fällen weniger schlimm ist, als es aussieht) gehört «von Natur aus» zum Herdenleben, zu den *Rangkämpfen*, die in jeder Pferdegruppe ausgefochten werden müssen (Abb. 7). Eine Herde ist streng hierarchisch geordnet; jedes Mitglied hat seinen Platz an genau der Stelle, die ihm zukommt und auf der es sich maximal sicher fühlt. Der Schwächere beruhigt sich, wenn er weiß, daß ein Stärkerer da ist, der ihn schützt. (Das heißt natürlich nicht, daß sich Pferde nach Menschenart schützen, indem etwa

7 *Pferde rangeln immer — vor allem junge Hengste*

der Stärkere den Jungen, der mit Steinen auf die Pferde wirft, wegbeißt. Solche Zusammenhänge sind Pferden völlig fremd.) Der Stärkste findet das Futter, warnt vor Gefahr, führt die Flucht an und erhält (wenn es ein Hengst ist) die Art. Andere Qualitäten zählen im Empfinden der Herde nicht, weshalb mancher Besitzer mit Befremden feststellen muß, daß sein feuriger Reitwallach, die unter dem Sattel heftig davonstürmende Stute sich auf der Weide einem phlegmatischen Dicken unterordnen. *Herdenverhalten* — das schon bei nur zwei Pferden feste Formen annimmt — ist menschlicher Einflußnahme entzogen; es hat seine eigenen Gesetze, und nichts ist sinnloser und überflüssiger, als sich ständig einzumischen. Im Normalfall geschieht bei den Rangkämpfen auch weiter nichts Schlimmes: Der «zweite Sieger» gehorcht nicht etwa widerwillig, sondern zwangsläufig; er anerkennt die Überlegenheit des anderen, die sich von nun an in einer Kopfbewegung, einem halben Schritt vor oder in warnendem Schnauben, schließlich überhaupt nicht mehr sichtbar manifestiert. In größeren Herden hat der dem Anführer Unterlegene zudem die Möglichkeit, sich nach unten als Boß zu erweisen, und tut das auch. Der oder die letzte in der Reihe hat meist von Natur aus gar nicht die Fähigkeiten und damit auch nicht den Drang

zum Herrschen, womit nach einer Zeit der Rangelei meist alles in schönster Ordnung ist.
Von dieser Regel gibt es selbstverständlich Ausnahmen. So kann es vorkommen, daß sich zwei Pferde ein Leben lang nicht ausstehen können — daß das stärkere das andere nicht ans Futter läßt, es ständig gegen den Zaun jagt oder mit Zähnen und Hufen übel zurichtet. Hat man das ausreichend lange beobachtet, um seiner Sache sicher zu sein, muß man solche Tiere trennen. Eventuell bedeutet es sogar, daß man eines der Pferde abgibt und ein anderes hinzukauft, damit eine problemlose gemeinsame Haltung möglich ist. Manchmal ändert sich das Verhalten aber auch durch Hinzustellen eines dritten Pferdes.
Beabsichtigt man mehrere Pferde gemeinsam in der gesunden Auslaufhaltung mit Offenstall und Weide zu halten, so empfiehlt es sich, sie aus Beständen zu erwerben, in denen bereits längere Zeit Pferde miteinander leben. Einzelpferde, die allein aufwuchsen und womöglich in der geschlossenen Einzelbox gefangen gehalten wurden, machen bei der Umstellung meist mehr Schwierigkeiten als solche, denen die Einordnung in einen Herdenverband vertraut ist. Schon aus diesem Grunde

8 *Fohlen sollten nie allein aufwachsen*

sollten Fohlen nie allein aufwachsen (Abb. 8); die Nachteile machen sich beim Herdentier Pferd ein Leben lang bemerkbar.
Einmal errungene Positionen sind nicht für immer gültig. Jede Veränderung innerhalb der Herde ruft zu neuerlichen Kraftproben auf.
Ein Beispiel aus meinem eigenen Bestand: Die Appaloosastute Pinky kam mit dem amerikanischen Quarterwallach Honey zu uns. Auf einer sehr großen Sommerweide mit über 20 Pferden sonderten die beiden sich ab. Sie aßen aus demselben Trog und zwängten sich miteinander in eine schmale Unterteilung der Schutzhütte. Um die übrigen Pferde kümmerten sie sich gar nicht, und diese beachteten sie ebenfalls nicht. Als wir aus praktischen Erwägungen die Herde aufteilten, ergab es sich, daß Pinky mit zwei kleinen schwarzen Dartmoor-Ponys und einigen Isländern weidete; Honey mußte einige Wochen in die Klinik. Nun schlossen sich Pinky und «die Mäuse» eng aneinander an. Als Honey zurückkam, wurden die beiden Mäuse zu Furien, sowie sich der dreimal so große Honey ihrer geliebten Pinky zu nähern wagte; sie vertrieben ihn erfolgreich mit Zähnen und Hufen. — Den nächsten Winter verbrachten Pinky und die Islandstute Rán miteinander auf einem fast 25 ha großen Weidegebiet; sie befreundeten sich so eng, daß es jedesmal einer Tragödie glich, sie einzeln zum Reiten zu holen: des Wieherns war kein Ende. Indessen lebten anderswo die Mäuse friedlich mit Honey zusammen. — Im Frühsommer bezog Pinky eine kleine Weide mit Hütte in Hausnähe. Rán brachte derweilen ein gesundes Fohlen zur Welt, das ungewöhnlich scheu war. Nach einer Trennung von etwa sechs Wochen brachten wir Rán und Heira, ihr Fohlen, zu Pinky. Der Sommer war glühendheiß, alle Pferde suchten tagsüber ihre Hütten auf — nur die arme Rán durfte unter gar keinen Umständen zu Pinky hinein! Die Unzertrennlichen des Winters erstellten eine neue Rangordnung: Es war Pinkys Weide, auf die Rán als Eindringling gekommen war — das änderte alles! Heira schlich sich unter Pinkys Hals hindurch in den Schatten der Hütte, machte «Mäulchen» (eine typische Ergebenheitsgebärde sehr junger Fohlen, bei der das Mäulchen am weggestreckten Kopf geöffnet wird und die Lippen leise zittern) und wurde drinnen geduldet. Es dauerte volle drei Wochen, ehe Rán eingelassen wurde; während dieser ganzen Zeit stand sie geduldig *vor* dem Stall — und beide Stuten wieherten einander nach, wenn eine zum Reiten weggeholt wurde.
Aus fünfundzwanzigjähriger Erfahrung mit der Auslaufhaltung kann ich sagen, daß es umso weniger *ernsthafte* Streitereien gibt, je häufiger

Pferde getrennt, umgesetzt und mit neuen Pferden zusammengebracht werden. Es tritt eine gewisse Gewöhnung ein, die sich für den Besitzer spätestens dann positiv auswirkt, wenn er mit seinen Pferden Wanderritte unternimmt, Freunde besucht, an gemeinsamen Veranstaltungen teilnimmt. Es kann sich also durchaus lohnen, gelegentlich fremde Pferde in den eigenen Bestand aufzunehmen oder die eigenen ab und zu zu Freunden zu bringen, sie mit den Kühen des Nachbarbauern weiden zu lassen. Den meisten Ärger machen jene Pferde, die von ihren Besitzern verzärtelt, eifersüchtig vom Kontakt mit anderen ferngehalten oder «zur Sicherheit» in der Box eingesperrt leben.

Beim Beobachten des Verhaltens miteinander lebender Pferde müssen wir uns vor der Vermenschlichung hüten. Es macht nichts, wenn unser Lieblingspferd gelegentlich von einer «miesen Ziege» mal weggebissen wird, wenn das viel schlechtere Reitpferd unseres Freundes es zweimal um die Wiese jagt. Für die Pferde untereinander bedeuten unsere Wertmaßstäbe gar nichts; ist die «miese Ziege» im Herdenverband stärker, wird sie eben respektiert. Prestigedenken und Rangneid kennen Pferde nicht. Je ungezwungener wir sie untereinander ihren Instinkten folgen lassen, um so friedlicher werden sie im allgemeinen ihr eigenes Leben leben.

Eine echte Belastung können Wallache werden, die erst als ältere Hengste kastriert wurden. Sie behalten oft den überstarken Beschützer- und Besitzertrieb gegen Stuten ihr Leben lang und scheuchen die anderen Wallache im Bestand fort. Ich hatte so einen, vor dem die anderen schließlich schon davonliefen, wenn er nur auf die Weide kam. Doch bedeutet das etwa, daß er «unbeliebt» war, daß sie ihn «haßten»? Keineswegs. Er war der Boß, er mußte so handeln. Wurde aber einer der Gescheuchten zum Reiten von der Weide geholt, war er es, der ihnen nachwieherte und dem sie wiehernd antworteten, während sich die übrigen nicht rührten. Das war eben *seine* Aufgabe.

Das alles kann und soll man nur beobachten, nicht aber vermenschlichend deuten. Dem Vorrecht des Bosses (als erster am Futter zu sein, die Stute dicht neben sich weiden zu lassen) entspricht seine Pflicht (etwa, Verbindung mit den Herdenmitgliedern zu halten).

Selbstverständlich muß man unter Umständen Vorsichtsmaßnahmen ergreifen, vor allem wenn sich ganz fremde Pferde begegnen: Ehe man ein neues Pferd in einen festgefügten Verband einstellt, sollte man — so eben möglich — allen die Eisen (wenigstens die Hintereisen, ohne die man gut auch eine Zeitlang reiten kann) abnehmen; eventuelle Schlägereien verlaufen dann viel glimpflicher. Ganz besonders gilt dies für Eisen, die mit Stollen versehen sind!

Am besten gewöhnt man fremde Pferde zunächst ohne Möglichkeit zu direktem körperlichen Kontakt aneinander, oder doch unter Kontrolle, ehe man sie frei zusammen laufen läßt. Vielleicht ist es möglich, sie in nebeneinanderliegenden Boxen zu füttern, damit sie sich an den gegenseitigen Geruch gewöhnen, und sie beim Putzen — in sicherem Abstand — beieinander anzubinden oder gemeinsame Ausritte zu unternehmen. Auf diese Weise lernen sie sich ein wenig kennen. Die Bekanntschaft kann dadurch vertieft werden, daß man sie in benachbarte Ausläufe entläßt, wo sie sich über den (bitte stabilen, hölzernen!) Zaun gründlich beschnuppern und aggressiv anwiehern können.

Möchte man sie nach einigen Tagen zusammenstellen, so geht man am besten so vor: Man bringt *zuerst das neue* Pferd in einen den Stammpferden vertrauten, leeren Auslauf, der möglichst *groß* sein sollte, damit bei eventuellen Auseinandersetzungen das schwächere Pferd Platz zum Ausweichen hat. Dann läßt man die Stammpferde *einzeln* und in *Abständen von einem Tag*, zu ihm hinein. Das gibt dem Neuen einen gewissen Verteidigungsvorteil: Es fühlt sich als Herr der Koppel stärker, als wenn es als Gast zu den anderen gebracht würde, die «Heimvorteil» haben. Selbstverständlich nimmt man die Zusammenführungen zu Zeiten vor, in denen man selbst dabei sein und in Ruhe beobachten kann.

Ist ein neues Pferd übernervös und reagiert es ängstlich oder aggressiv gegen Mensch und Tier, so darf man *auf gar keinen Fall* auf die (leider weit verbreitete) Idee verfallen, es zur Beruhigung in eine dunkle, stille, abgeschirmte Box zu bringen! Das luft- und lichthungrige, verängstigte oder erregte Pferd, das nun seine Umgebung nicht einmal mehr sehen und sich selbst nicht bewegen kann, wird dadurch noch verkrampfter und irritierter. Ich weiß von sehr guten Pferden, die direkt aus der «Beruhigungsbox» des Reitvereins zum Metzger gehen. Eines kam zu uns, ein «irrer» Vollbluthengst, der stieg, buckelte, schlug und durchging. Wir brachten ihn einige Wochen mit einem ruhigen Gefährten auf die Weide, wo er sich fast im Handumdrehen so entspannte, daß er ein lammfrommes Kinderreitpferd wurde.

Weide ist natürlich. Sie beruhigt und entspannt alle Pferde (Abb. 9). Machen auch Sie sich beim Umgang mit Pferden ihre heilende Wirkung zunutze!

9 *So sollte es sein, wenn verständig behandelte Pferde, die dem Menschen vertrauen, auf der Weide besucht werden. Leider ist es längst nicht immer so.*

3. Lernen Sie Ihr Pferd kennen!

Über die *Spezies* Pferd sprachen wir in den beiden ersten Abschnitten dieses Kapitels. Jetzt geht es darum herauszufinden, wie das eigene, individuelle Pferd veranlagt ist, wie es sich unter seinesgleichen und gegen uns verhält, welche Charaktereigenschaften hervorstechen, ob es gesund ist oder an Krankheiten leidet. Denn jedes Pferd ist anders, ein jedes besitzt eine unverwechselbare Persönlichkeit — seine eigene Art, auf Liebkosungen oder Strafen zu reagieren, Mißmut und Freude zu zeigen. Damit man sicher und gefahrlos mit ihm umgehen kann, sollte man sich zu Anfang viel Zeit nehmen, sein individuelles Wesen zu erforschen. Auch körperlich unterscheidet sich jedes Pferd vom anderen so sehr, daß man es durch die Aufzählung äußerer Merkmale unverwechselbar beschreiben kann.

Wie aber lernt man sein Pferd genau kennen?

Nehmen wir an, das Pferd ist gekauft und wird abgeliefert und ausgeladen. Stolz schwellt die Brust, ein großes Glücksgefühl durchströmt einen: Man besitzt ein lebendiges Pferd, es gehört einem ganz... Die Familie ist versammelt, Nachbarn stellen sich ein. Natürlich möchte man nun zeigen, was man da gekauft hat — was das Pferd alles kann,

weshalb man sich gerade für dieses Tier entschieden hat. Es wird gesattelt, gezäumt und vorgeritten. Falsch, ganz falsch!
Bedenken wir statt dessen lieber, was wir eben über die Natur des Pferdes und seine angeborenen Eigenschaften hörten. Das Pferd ist ein allzeit unsicheres Wesen, das auf jede Veränderung des Gewohnten angstvoll reagiert. Und wie einschneidend sind die Veränderungen gerade beim Besitzerwechsel! Die Gebäude, Geräusche, Gerüche sind neu, der Stall und die Krippe, der Wassereimer, selbst die Art, wie es nun gehalftert, geführt, gefüttert wird, sind ihm fremd, die Stimme der Menschen, ihre Bewegungen sind anders... Und hat es bislang mit mehreren Pferden zusammengelebt und war mit einem vielleicht besonders befreundet, so fühlt es sich jetzt vereinsamt, ist traurig; Herdentiere fühlen sich unter ihresgleichen am wohlsten.
Das heißt nun aber keineswegs, daß man das Neue sofort zu eventuell vorhandenen Pferden auf die Weide, in den Auslauf schickt und seelenruhig abwartet, was dann geschieht! Der Boß im vertrauten eigenen Bereich muß diesen gegen den Neuling verteidigen, und das geschieht nicht durch fröhliches Wiehern sondern durch Zähnezeigen, Jagen und Schlagen. Vielleicht sind die zwei nach ein paar Wochen unzertrennlich, doch bis dahin muß der verständige Pfleger eine Menge tun, um dem Neuling die Eingliederung zu erleichtern und Unglück zu verhüten.
Jedes neue Pferd sollte die ersten Tage in einem Stall mit Auslauf oder auf einer kleinen Weide ganz in Ruhe gelassen werden. Ausreichend Wasser muß vorhanden sein; Vertrauen und Freundschaft gewinnt man durch häufige Besuche mit Futter oder Leckerbissen.
Diese geruhsame Pause benutzt man dazu, das Pferd ganz genau zu beobachten. Auch derjenige, der nun vielleicht zum erstenmal ein Pferd besitzt, kann mit gesundem Menschenverstand schon eine Menge erkennen:

Putzt es, zwar langsam, aber stetig kauend, sein Futter weg? Läßt es keine Reste übrig?

Wartet es schon, wenn man mit der nächsten Ration kommt? Hat es glänzende Augen? Schaut es uns lebhaft an?

Bewegt es sich frisch und normal, oder steht es lustlos herum? Oder rennt es unruhig durch den Auslauf?

Weicht es zurück, wenn man seinen Stall, seinen Auslauf betritt? Weicht es erschrocken zurück? Macht es Anstalten, auszuschlagen? Oder bleibt es ruhig stehen, kommt gar auf einen zu? Muß man es beim Reinigen beiseite schieben, um den Schmutz vom Boden zu entfernen? «Hilft» es durch neugieriges Zuschauen?

Schon nach kurzer Zeit wird man erstaunt feststellen, wie gut und verständlich Pferde ihre Gefühle zeigen können. Am deutlichsten erkennt man den Gemütszustand an den Nüstern: Im Zittern, Erweitern oder Zusammenziehen zeigen sie Neugierde oder Furcht an, Unwillen oder Behagen. Ein weiterer Indikator für den inneren Zustand sind die Ohren: Freundlich gespitzt und nach vorn gerichtet zeigen sie Interesse und gute Laune an; unruhiges Spiel nach vorn und hinten kann Nervosität oder Angst bedeuten; sind sie flach nach hinten gelegt, so können sie schlechte Laune oder eine schlechte Angewohnheit anzeigen, kurzen, vorübergehenden Unwillen oder aber wirkliche Bösartigkeit. Im letzten Fall muß man die Umstände bedenken: Vielleicht verteidigt ein Hengst seine Herde gegen Fremde? Vielleicht fühlt eine Stute ihr Fohlen bedroht? In den meisten Fällen bedeutet das Zurücklegen der Ohren noch nicht Angriffslust, sondern Warnung; bei fremden Pferden hält man vorsorglich Abstand, beim eigenen versucht man mit einem Stück Brot, Frieden herzustellen. Vernünftige Vorsicht ist immer geboten. Bei der Arbeit können flach zurückgelegte Ohren aber äußerste Konzentration, Hinhören auf den Reiter (Dressur) oder äußerste Anstrengung (Rennen) bedeuten.

Nun sind schon differenziertere Beobachtungen zu machen:

Welche Miene setzt das Pferd auf, wenn wir uns ihm nähern? Äußert es Interesse durch Wiehern oder Schnauben? Ist es mißtrauisch, ausgesprochen bösartig oder gleichgültig? Ist es sehr temperamentvoll oder eher phlegmatisch? Ist es an seiner Umwelt interessiert, oder dreht es ihr den Rücken zu? Schaut es dauernd über den Zaun des Auslaufs oder zur halboffenen Boxentür hinaus? Läßt es sich gern anfassen und streicheln, oder scheut es vor der Hand zurück? Erschrickt es vor Geräuschen und Bewegungen?

Bald auch erkennen Sie den Gesundheitszustand:

Ist das Fell glatt und glänzend? Sind die Bewegungen elastisch oder steif? Ist der Kot fest und grünlich-braun, ohne unangenehmen Geruch? Oder ist er zu dünn, zu hart, schlecht riechend? Rührt Ihr Pferd das Futter nicht an? Kaut es auf einem Brotstück ungewöhnlich lange herum, mit halb geöffnetem Maul? Läßt es Reste zu Boden fallen? Schauen die Augen stumpf, tränen sie?

Ein Pferd kann zwar nicht «sprechen», wenn ihm auch, wie wir bereits hörten, sehr präzise Lautäußerungen zur Verfügung stehen; aber schon aus dieser kurzen Aufzählung ist zu ersehen, wieviel es einem durch Gesten und Mimik, durch Verhalten und Aussehen «sagen» kann, wenn man nur richtig hinsieht.

Stellen wir unser Pferd freilich 23 Stunden am Tag in den Boxenkäfig, so bringen wir uns um die Möglichkeit so genauer Beobachtung. Denn zu den meisten der erwähnten Äußerungen und Verhaltensweisen kann es gar nicht kommen, und wir finden es bald langweilig, in das Loch zu starren, in dem das Tier sich knapp um sich selbst drehen kann.

Überdies ist uns modernen Menschen weithin das wirkliche Verständnis für das *Lebewesen* Pferd abhanden gekommen: Wir denken gar nicht darüber nach, daß ein Pferd Gefühle haben, Schmerzen empfinden kann — daß ihm etwa bei feuchtem Wetter die Knochen wehtun können, die es sich im vergangenen Jahr bei einem schweren Sturz verletzte, oder daß es an Rheuma leidet, daß das falsche Futter, das wir ihm gaben, seinen Magen belastet und ihm Bauchschmerzen verursacht. So etwas erwarten die meisten Besitzer bei ihrem Pferd einfach nicht! Pferde können nicht stöhnen und jammern, wenn es ihnen schlecht geht — sie leiden stumm. Sie widersetzen sich höchstens einmal, wenn ihnen etwas Schmerzen bereitet (vielleicht der Sattel, der auf dem Rücken kneift), und wir sagen stramm: «Der Bock stellt sich mal wieder verdammt blöd an!» Haben wir selbst aber Kopfschmerzen...

Körperliche und seelische Verfassung stehen auch beim Pferd in engstem Zusammenhang: Ein gut gefüttertes, gesundes Pferd ist innerlich zufrieden bis zum Übermut, ein mageres, unterernährtes, verwahrlostes Pferd ist deprimiert und gedrückt. Wer geduldig beobachtet und die Zeichen, mit denen sein Pferd zu ihm spricht, versteht, wird es nicht mehr wie eine Maschine behandeln, die nur zum Vergnügen des Menschen funktionieren muß.

Beginnt man nach ein paar Ruhetagen mit der Körperpflege (Kapitel «Putzen»), so entsteht ein längerwährender und näherer Kontakt zwischen Pfleger und Pferd. Beim geruhsamen Putzen stellt man entweder befriedigt fest, daß dem Tier nichts fehlt, oder man entdeckt halbverborgene Anzeichen von Unpäßlichkeit: laufende Nase, tränende Augen, Schwellungen der Haut, kleinere oder größere Verletzungen unter dem Haar, kahle Stellen im Fell, heiße, angelaufene Sehnen, warme Hufe, schlechtriechenden Atem, Mauke (Kap. «Frisieren», Ziff. 5) oder Strahlfäule (Kap. «Der Huf und seine Pflege», Ziff. 6: «Hufkrankheiten»).

Im allgemeinen sind Pferde recht gesunde Geschöpfe; doch gerade während der ersten Zeit intensiven Kennenlernens zahlt es sich für den Besitzer aus, gründlich nachzuschauen.
Jede Abweichung vom normalen Gesundheitszustand merkt man sich für den Besuch des Tierarztes, den man zu Beginn stets einplanen sollte. Sowie das Tier sich ein wenig eingewöhnt hat, stellt man es dem Tierarzt vor, der es künftig betreut. Er wird es — falls er nicht schon beim Kauf zugegen war — nun generell gründlich untersuchen. Bitten Sie ihn unbedingt, sich das Maul anzusehen und nachzufühlen, ob die Zähne durch unregelmäßiges Kauen scharfe Ränder bekommen haben. Diese oft messerscharfen Stellen werden allzu oft gar nicht beachtet; sie schmerzen beim Kauen (das Pferd speichelt dann entweder sein Futter nicht mehr genügend ein, wodurch der Magen die Nahrung schlecht weiterverarbeitet, oder es lehnt sein Futter überhaupt ab), die Schmerzen machen das Pferd kopfscheu, es will das Gebiß nicht mehr ins Maul nehmen und schlägt beim Reiten oder Führen ständig mit dem Kopf (worauf der Reiter den Nasenriemen fester und das Martingal kürzer schnallt und den nun unerträglichen Schmerz nicht zur Kenntnis nimmt).
Der Tierarzt macht vermutlich auch eine Wurmkur und gibt die erforderlichen Injektionen gegen Grippe/Husten, Tollwut und Tetanus. Es ist gut, wenn er dazu erfährt, was beim Vorbesitzer zu welchem Zeitpunkt und mit welchen Mitteln schon unternommen wurde: Man erkundige sich beim Kauf danach.
Als nächstes läßt man den Schmied kommen, der sich die Hufe genau ansieht, die Eisen abnimmt und umlegt oder erneuert oder auch die Hufe nur fegt und eine Weile ohne Eisen läßt (s. dazu Kapitel «Der Huf und seine Pflege»).
Nach einigen Wochen so intensiver Beschäftigung sollten Sie Ihr Pferd schon sehr gut kennen: Sie wissen, ob es gesund ist, wie es sich im täglichen Umgang benimmt, ob es die Untersuchungen des Tierarztes und die Hantierungen des Schmiedes ruhig duldet. Dabei bedenken Sie natürlich, daß Ihr Pferd bestenfalls erst zaghaft Vertrauen zu Ihnen faßt.
Und sollte es sich, obwohl vom Tierarzt für gesund erklärt und von Ihnen bestens behandelt, dennoch zuweilen unerfreulich benehmen, so bedenken Sie bitte auch, daß der Grund dafür vielleicht in der falschen Behandlung durch den oder die Vorbesitzer liegt. Ein sehr krasses Beispiel aus meiner Praxis: Ein neues Pferd war so kopfscheu, daß wir es nur zu viert in einem kleinen Auslauf überhaupt fassen konnten. Hatten

wir ihm mit unendlicher Mühe ein Halfter angelegt, ließ es sich ganz ruhig putzen und pflegen. Wir suchten nach einer Lösung und fanden sie vorübergehend darin, daß wir ihm statt des Halfters einen Halsriemen anlegten (s. Abb. 29/30); doch beim ersten Reiten reichte das dann nicht mehr. Durch Zufall erfuhren wir, was geschehen war: Das Pferd — damals noch Hengst — war beim Einreiten etwas ungebärdig; um ihm «Respekt beizubringen», brachte es der Reitlehrer in eine Box mit geteilter Tür, öffnete den oberen Teil, lockte den Pferdekopf mit Brot heraus — und schlug ihm die Halbtür krachend auf die Nase! Nach drei dieser respektheischenden Versuche war das Tier am Kopf nicht mehr anzufassen und beim Aufhalftern ein «Verbrecher» geworden...

Das ist nur *ein* Beispiel. Wer ein Pferd kauft, muß bei allem Seltsamen und Ungewöhnlichen zuerst überlegen, ob es nicht Reaktionen auf vorausgegangene falsche Behandlung sind. Immer ist zur Korrektur viel Geduld, Liebe und Nachdenken erforderlich.

Erscheinen Ihnen die Reaktionen Ihres Pferdes ganz allgemein als zu heftig oder als zu pomadig, ist es ihnen zu stur oder zu reaktionsschnell, so müssen Sie freilich zuerst in aller Ruhe überlegen, ob diese Wesensäußerungen nicht «von Natur» zu jenem Pferd gehören, das Sie — weil es Ihnen gefiel — kauften.

Wollten Sie ein zierliches, feingliedriges Pferd mit großen Augen und eleganter Bewegung? Dann müssen Sie nun bedenken, daß Pferde dieser Art meist sehr viel «Blut» haben, das heißt, daß unter den nächsten Vorfahren Vollblüter oder Araber sind. Solche Pferde sind wesensmäßig beweglich und schnell. Also reagieren sie auch schnell: Wenn sie sich ängstigen, scheuen sie jählings und springen weit vor oder zur Seite. Sie erregen sich tief und brauchen lange, um sich zu beruhigen. Ihre dünne Haut ist empfindlich gegen scharfes Putzzeug in ungeschickter Hand, gegen hart zupackende Hände beim Aufheben der Hufe, gegen beißende Medikamente. Der nervöse Geist reagiert mimosenhaft auf jedes unbekannte Geräusch, jede unerwartete Bewegung des Pflegers. Ein solches Pferd bedarf des besonderen Verständnisses und der allergrößten Ruhe des Betreuers; andernfalls gewöhnt es sich leicht Untugenden zur Abwehr an.

Schwebte Ihnen vielleicht immer schon ein großes, wuchtiges Pferd vor? Wollten Sie gar höher sitzen als liebe Bekannte auf mittelgroßen oder kleinen Pferden? Dann müssen Sie nun erwägen, daß Ihr Pferd allein seiner Größe und Kraft wegen gefährlich sein kann — auch ohne jede Böswilligkeit. Welcher Laie kann schon die Wucht richtig einschätzen, mit der ein großes Pferd dem Pfleger den Huf entzieht, oder das Gewicht, mit dem der Huf versehentlich auf seinem Fuß landet? Die Auswirkungen angstvollen oder unwilligen Ausschlagens, Steigens oder Beißens sind um so gefährlicher, je größer das Pferd ist. Ein an sich harmloses Kopfschlagen etwa kann dem Führenden die Leine aus der Hand ziehen, ein Seitensprung aus Schreck kann ein Kind, einen älteren oder körperlich weniger agilen Menschen glatt umreißen.
Umgekehrt ist es, wenn Sie unbedingt auf Nummer Sicher gehen wollten und ein bombensicheres, stabiles Pferd mittlerer Größe kauften. Hier kann es sein, daß Sie diese erwünschten Eigenschaften nun mit großem Phlegma im Umgang bezahlen müssen — daß Ihnen das Tier beim Säubern der Umgebung nicht aus dem Weg geht, beim Putzen nur ungern die Hufe aufhebt, an der Hand das Tempo nicht beschleunigt, sich beharrlich weigert, aus dem Gartenbeet zu gehen, in dem es behaglich junge Rüben ausrupft und verspeist.
Jedes Ding hat halt zwei Seiten. Wenn wir uns klarmachen, daß das auch mit den Eigenschaften unserer Pferde so ist, ertragen wir das weniger Angenehme leichter und können uns verständnisvoller bemühen, es im Laufe der Zeit mehr oder weniger zu ändern oder aber uns daran zu gewöhnen. Fast alles, was wir für Untugenden halten (und echte natürlich auch), kann man durch genaue Kenntnis der Ursachen, mit Ruhe, Verständnis und *steter Aufmerksamkeit* dem Pferd wieder abgewöhnen.
Ganz in- und auswendig lernt man sein Pferd freilich ebensowenig kennen wie einen Menschen. Selbst das sanfteste und gehorsamste hat einmal einen «schlechten Tag» — wie sein Besitzer auch. Wer von uns wäre wohl jeden Tag der gleiche, hätte nie Stimmungen und Launen? So auch das Pferd, das anderntags seine Gereiztheit wahrscheinlich vergessen hat und wieder «das alte» ist. Benimmt es sich aber über einen längeren Zeitraum hinweg unruhig oder unbegreiflich, so ist wieder eine gründliche Untersuchung fällig: Vielleicht ist es krank? Tut ihm etwas weh? Hat es eine Druckstelle unter dem Sattel oder einen Nagel im Huf? Haben wir es zu lange in der Box stehen lassen, und es braucht tüchtig Bewegung, um seine Glieder zu recken und zu strecken?

Vergessen wir nie, daß Pferde «von Natur aus» für Lebensbedingungen geschaffen sind, die wir ihnen oft willkürlich und überwiegend unnötig beschneiden, indem wir sie zu unserer Bequemlichkeit einsperren, vergessen, wie mechanische Vehikel statt als lebendige Wesen behandeln und ihre Seele schon gar verkümmern lassen. Der richtige Umgang mit ihnen setzt voraus, daß wir uns über die richtigen Lebensbedingungen unterrichten und sie dann dementsprechend behandeln.

Achtung auf Kolik und Lahmen

Über allgemeine Symptome, die Krankheiten vorausgehen oder sie begleiten — mattes Fell, stumpfer Blick, Verweigern des Futters usw. — sprachen wir schon. Zwei der häufigsten Krankheiten sollte auch der Laie erkennen können, weil beim Auftreten der ersten sofort der Tierarzt geholt werden muß und die zweite durch sofortige eigene Behandlung häufig kuriert werden kann. Es sind Kolik und Lahmen.
Kolik ist eine Verdauungsstörung, in den allermeisten Fällen infolge schlechten, falschen oder schlecht zerkleinerten Futters oder zu plötzlicher Futterumstellung. Verstopfung oder Blähung des Darms, Magenüberladung, in dramatischen Fällen auch Darmverschluß sind die auslösenden Ursachen. In leichteren Fällen verschafft ein Einlauf Hilfe; sonst erfordert es drastischeres Eingreifen des Tierarztes. Ein kolikbefallenes Pferd frißt nicht mehr, mistet nicht mehr, tritt ruhelos von einem Fuß auf den anderen, bricht in Schweiß aus, schlägt mit dem Schweif, möchte sich hinlegen und wälzen, schaut sich nach dem Bauch um; manche Pferde legen sich auch mit stumpfem Blick apathisch hin und stehen nicht wieder auf.
Der unverzüglich benachrichtigte Arzt verordnet meist, das Pferd auf den Beinen zu halten und zu führen, was nicht so einfach ist, da ein Koliker sich unbedingt hinlegen und wälzen möchte. Weide- und Auslaufpferde werden wegen der natürlicheren Nahrungsaufnahme selten von Kolik befallen; bei Boxenpferden ist Kolik heute eine der häufigsten Todesursachen.
Lahmheit hat die unterschiedlichsten Ursachen; Pferde schlagen einander, hauen gegen die Boxenwände, treten auf einen Stein, verrenken sich einen Fuß beim Reiten, treten sich einen Stein in den Huf, überanstrengen ein Bein... Beim Lahmen hinkt das Pferd; es tritt nicht mehr gleichmäßig fest mit allen vier Beinen auf. Eine leichte Lahmheit ver-

geht — gegebenenfalls nach Entfernen der Ursache — entweder durch ein paar Schontage auf der Weide oder durch regelmäßige Duschen mit dem Schlauch, wobei man zweimal täglich das Wasser im langsamen Strom je 30 Minuten über die geschwollene, heiße Stelle laufen läßt (meist die Sehnen des Röhrbeins) — eine Prozedur, die Geduld erfordert, aber die Heilung beschleunigt und uns Zeit läßt, jene wortlose Verbindung zum Pferd herzustellen, die die Beziehung so entscheidend vertieft. Bei länger als 2—3 Tage andauernder Lahmheit den Veterinär zuziehen!

Für kleine *Schrammen* und *Abschürfungen,* wie jedes Pferd sie sich von Zeit zu Zeit holt, läßt man sich vom Arzt eine geeignete Salbe geben. Pferde geraten, teils aus Verspieltheit, teils aus Langeweile oder Neugierde, unaufhörlich in irgendwelche Klemmen: Sie stecken ein Bein durch den Zaun oder zwängen den Kopf in Spalten, durch die kaum eine Katze kommt, sie finden jedes Brettchen, in dem ein rostiger Nagel steckt, und treten darauf, sie reißen sich eine Wunde, wenn sie zu stürmisch durch die Stalltür drängeln... Glatte Wunden heilen im allgemeinen gut; entzünden sie sich, ruft man natürlich den Tierarzt.

4. Pferd und Mensch

Das moderne Freizeitpferd ist im idealen Fall ein *Familienpferd* — also nicht jenes unselige Geschöpf, das, zum Reiten während der Freizeit des Wochenendes oder der Ferien angeschafft, in der übrigen Zeit in einem Mietstall untergebracht ist, von bezahltem Personal (oder gar mechanisch) gefüttert, vom Besitzer die Woche über vergessen wird! Das Familienpferd, von dem hier im wesentlichen die Rede ist, teilt das Leben seiner Besitzer soviel wie möglich, wird von der Familie umsorgt, in seinen Regungen verständig beobachtet und von Herzen geliebt.

Dabei wird mancher Nichtreiter verwundert feststellen, daß es ebensoviel Spaß machen kann, ein Pferd zu umsorgen als es zu nutzen, ja, daß die Pflege oft weit befriedigender ist. Wer ein Pferd pflegt — es putzt, füttert, holt, wegbringt, anlernt —, ist ihm meist viel vertrauter als Reiter oder Fahrer, kennt seine Regungen und Bedürfnisse, seine Angewohnheiten und Ungezogenheiten besser und wird als der engere Freund angesehen.

Freilich gibt es, ehe Freundschaften irgendwelcher Art entstehen können, eine Menge Hindernisse zu beseitigen, die dem reibungslosen Umgang des Menschen mit dem Pferd entgegenstehen. Im folgenden soll also von der Art und Weise gesprochen werden, in der sich der Mensch in seinem Verhalten dem von Erbanlagen, Trieben, Instinkten und Erfahrungen gesteuerten Verhalten des Pferdes richtig anpaßt.

Das Pferd ist da — und es ist groß! Selbst ein kleines. Die meisten Menschen, die zum erstenmal ein Pferd besitzen, sind im Grunde auf ein so großes Tier nicht vorbereitet, sind allenfalls die Maße von Hund und Katze gewöhnt. Nun ist es entscheidend wichtig, keine Furcht zu haben — auch nicht im tiefsten Innern. Sich etwas vorzumachen, nützt nichts: Pferde sind unendlich empfindsam, was die Atmosphäre angeht. Sie wittern Sanftmut, Brutalität, Zögern, Unsicherheit, und am schnellsten wittern sie Angst und Furcht. Und da sie ja nicht wissen, daß der Mensch sich *vor ihnen* fürchtet, lassen sie sich von der Furcht anstecken und erschrecken.

Fürchten Sie sich auch nur ein wenig (und niemand kann es Ihnen verdenken), so lassen Sie zunächst jenen Anwesenden sich dem Pferd nähern, der keine Furcht zeigt. Sehr oft ist das ein Kind.

Man nähert sich einem Pferd stets schräg von vorn, damit es einen gut sieht, — die Gründe dafür kennen wir bereits. Und man tritt immer ruhig, gelassen und langsam heran, streckt ruhig die flache Hand aus und läßt das Pferd daran schnobern; erst nachdem man sich so vorgestellt hat, klopft man ihm leicht den Hals und spricht ein paar freundliche Worte. Es ist falsch, auf das Pferd sorglos oder gar angeberisch forsch zuzulaufen, schon von weitem die Hand vorzustrecken und es dann kumpelhaft und kräftig zu beklatschen — womöglich noch auf die Nase! Kein Pferd mag das — und mit Recht. Auch der Besitzer des Tieres mag es nicht — mit gleichem Recht. Ich habe Tausenden von Pferden den Hals gestreichelt und nie Unruhe oder Angst erlebt; aber ich beachte auch strikt die Regeln des Kennenlernens. Ehe man vertraulich werden kann, muß man Vertrauen herstellen! Die meisten Pferde sind gutartig und freundlich, aber wie sollen sie wissen, daß auch wir es sind, wenn wir uns durch falsches Verhalten schlecht einführen?

Viele Leute, die laut, grob oder betont sorglos mit Pferden umgehen und die der Laie gar um ihren Mut beneiden mag, fürchten sich in Wirklichkeit. Sie übertönen mit ihrem Geschrei nur die eigene Angst. Daß es so ist, verraten einem die Pferde: Sie sind in Gegenwart solcher Menschen besonders schreckhaft und nervös, worauf sie vom Pfleger um der von ihm selbst verursachten Unruhe willen lautstark zur Räson gerufen werden. Begleitet wird diese Prozedur oft von kräftigem: «Mit dem Bock werd' ich schon fertig werden! Ich laß keinem Gaul was durchgehen!» zum staunenden Publikum hin.

An solchem Gebaren erkennen Sie todsicher den Menschen, der *nicht* mit Pferden umgehen kann. Lassen Sie sich nicht bluffen (auch nicht, wenn es sich um einen Reitlehrer handeln sollte), und machen Sie es nicht nach. Pferde erfühlen die menschliche Furcht, mag sie noch so versteckt sein, und benehmen sich entsprechend. Tritt ein ruhiger, wirklich unerschrockener Mensch an ein solches Pferd heran, erlebt man meist, daß es sich schlagartig beruhigt, weil ja die Furcht, die in der Luft lag, verschwunden ist.

Ein neues Pferd sollte möglichst zuerst von einem erfahrenen Menschen behandelt, versorgt und geritten werden. Ehe man nicht genau weiß, welche Gewohnheiten und Fehler es hat, unternimmt man möglichst wenig mit ihm und studiert es zunächst. Und alles, was man tut, tut man auf abgezäuntem Raum: in der Reitbahn, auf der Wiese, im Auslauf. Nichts ist für Mensch und Pferd gefährlicher, als eine Jagd durch fremdes Gebiet, über befahrene Straßen und Kinderspielplätze, durch bestellte Felder oder einsame Wälder. Und nicht nur gefährlich, auch mühsam und langwierig ist die Suche nach einem weggelaufenen Pferd, denn der Neuling, der noch keinen «Stalldrang» entwickelt hat, verirrt sich oft ziellos im fremden Gebiet.

Wer nur die äußeren Regungen des Pferdes beachtet (und es vielleicht mit seinem pfiffigen Dackel vergleicht, der abends die Pantoffeln bringt), könnte es leicht für dumm halten. Die Diskussionen darüber, ob und wie intelligent Pferde sind, reißen denn auch unter Fachleuten und Laien nicht ab. Für den täglichen Umgang mit Pferden ist die Antwort — falls je eine befriedigende gefunden werden sollte — belanglos: Wir müssen ja so oder so mit ihm zurechtkommen.

Dabei hilft es, wenn wir uns vor Augen halten, daß ein Pferd *anders* ist als wir (und ganz anders als der Hund): anders fühlt, reagiert, handelt, daß es dabei nicht vom Verstand gesteuert wird sondern von Trieben und Instinkten, die sich entwickelten, um es in seiner eigenen freien Welt der Herde und der Weite Jahrmillionen überleben zu lassen. *Wir* haben es aus dieser ihm passenden Welt herausgenommen und zwingen es, ein ihm wesensfremdes Leben zu leben, *wir* wollen Dinge von ihm, die zu tun es gar nicht geschaffen wurde, *wir* wollen, daß es sich uns anpaßt — also müssen *wir* dafür sorgen, daß es uns versteht. Nicht die Frage *seiner* Intelligenz ist dabei wichtig, sondern die *unserer* Intelligenz! Viel zuviele Menschen strafen ihre Pferde dafür, daß sie selbst zu dumm sind, ihnen beizubringen, was sie überhaupt wollen! Sie werden ungeduldig, weil sie selbst weder den Verstand noch den Willen noch die Geduld haben, Tieren auf eine ihnen verständliche Weise zu sagen, was sie von ihnen erwarten.

Stellen wir es uns doch einmal vor: Da kommt ein Wesen, das anders riecht, anders handelt, anders «spricht» als die vertrauten Herden-Kameraden. Dieses Wesen zieht am Zaum, zerrt an der Longe. Und brüllt, wenn das Pferd nicht stillsteht oder nicht einen Kreis geht oder nicht sofort anhält. Und das Pferd weiß gar nicht, daß es das tun soll und weshalb der Mensch schreit.

Vielleicht wendet der Mensch ein: «Aber ich habe es ihm doch gestern schon mal gezeigt. Es stellt sich einfach dumm an!» Er sollte lieber überlegen, wie lange es bei ihm selbst (der er doch ein intelligentes Wesen ist) gedauert hat, bis er ein einziges Wort schreiben konnte, zwei richtige Tanzschritte beherrschte, ganz einfache Rechenaufgaben begriff. Und das, obwohl ihm doch alles in *seiner* Sprache beigebracht wurde!

Es gibt Hilfsmittel, die über den Abgrund von Sprachbarrieren hinwegreichen, — dieselben, die wir auch bei Menschen anwenden, die unsere Sprache nicht verstehen: das Zeichen im rechten Moment, das Vormachen und das Hinführen, den wortstarken Applaus, wenn etwas richtig, das abweisende Brummen, wenn etwas falsch gemacht wird. Darüberhinaus gibt es natürlich zwischen Mensch und Pferd auch «sprachloses» Verstehen, «wortloses» Mitleid, «unartikuliertes» Verständnis — als Lohn der geduldigen Bemühung.

Ein sehr wichtiges Verständigungsmittel ist die Stimme: *Was* wir sagen, versteht das Pferd nicht, wohl aber, *wie* wir es sagen. Ein echter Pferdemensch, einer also, der wirklich mit Pferden umgehen kann, redet unaufhörlich mit ihnen (Sie erkennen schon daran den guten Pfleger, den guten Reiter). Er verständigt sich über den *Tonfall*. Laut, leise, beruhigend, anfeuernd, strafend. Im Singsang: «Sooo ist es guuut!» oder «Siiiieehst du wooooohl!» oder, ganz knapp: «Laß das!». Von Hunderten von Schülern, denen ich es vormachte, taten es hinterher dennoch nur die Hälfte. Immer wollen die Menschen den Knopf, auf den sie nur drücken müssen. Zu mehr scheint es manchen heutigen Menschen einfach nicht zu reichen — aber damit kommt man bei Pferden nicht aus.

Außerdem habe ich die Erfahrung gemacht, daß die meisten Menschen ihre Pferde nicht genug und nicht prompt genug loben. Nun frage ich Sie: Wie soll ein Pferd denn wissen, was von ihm verlangt wird, ob und wann es das Verlangte richtig gemacht hat? Zu strafen, wenn es falsch reagiert, scheint den Menschen viel leichter zu fallen: schon schlägt die Peitsche zu, schon schreien sie wieder, schon zerrt die Hand strafend am Zügel (und damit im Maul).

Nicht etwa dem Verzärteln, dem sentimentalen Verwöhnen auf Kosten des Gehorsams will ich hier das Wort reden — es geht einfach darum, durch den Gebrauch des gesunden Menschenverstandes bessere Resultate im Umgang mit Pferden zu erzielen.

Ein Beispiel: Auf der Weide geht das Pferd, wie es will. Weshalb soll es plötzlich neben dem Menschen hübsch ordentlich einen Fuß vor den anderen setzen, in einem Tempo, das jemand anderer bestimmt? Von Natur und augenblicklicher Lage aus besteht dazu nicht der geringste Anlaß. Rennt es aber voran, oder bummelt es hintendrein, so zerrt sein Begleiter es vor oder hält es heftig zurück — und schafft Verwirrung im Pferdekopf. Würde dieser Begleiter es jedesmal loben, wenn es sauber neben ihm hergeht, würde er es *sofort* loben, wenn es auf leichtes Zupfen stehenbleibt, würde er ihm jedesmal *sofort* leicht den Hals klopfen und «Guuuut!» sagen, «Braav soo!», dann begriffe das Pferd, daß es das ist, was es tun soll, — und tut es, da es Lob liebt, künftig gern.

Pferde schätzen, wie auch wir, Liebkosungen, Lob und das Gefühl, etwas richtig zu machen. Das ist keineswegs romantische Einbildung, sondern durch Erfahrung und viele Versuche gewonnene Erkenntnis der Verhaltensforschung. Mit ihr kann man am schnellsten und nachhaltigsten jede Erziehung aufbauen.

Hat das Pferd durch oftmals wiederholtes *promptes* Lob zuerst gelernt, was richtig ist, dann versteht es bei Strafe sehr schnell, daß es etwas falsch gemacht hat. Nur so herum funktioniert die Erziehung.

Von nun an sollten Lob und Tadel im Verhältnis 4 zu 1 sein Leben begleiten — und schon haben Sie ein Pferd, das gern lernt und lange behält. Macht es zuerst etwas falsch, strafen Sie es nicht. Wiederholen Sie die Lektion, bis es sie richtig gemacht hat, — und dann loben Sie ganz schnell. Geht es danach wieder schief, warten Sie mit der Strafe bis *nach dem dritten* Lob (eher sitzt es im Pferdekopf nun mal nicht); tadeln Sie Falsches am besten mit der Stimme (aber ohne Gebrüll), und beenden Sie eine Lektion immer nach einer richtigen Ausführung.

Ein Beispiel: Ich besaß einen sehr nervigen und zugleich überaus ängstlich-empfindsamen Wallach, der von brutal-verständnislosen Vorbesitzern falsch eingeritten worden war. Wenn er tölten sollte, zitterte er vor Entsetzen so, daß ich einmal zum Tierarzt ritt, weil ich fürchtete, er werde unter mir zusammenbrechen. Eines Tages besuchte mich eine Freundin, eine bekannte Zirkusreiterin. Mit großem Geschick und viel Geduld brachte sie meinem Sóti den Spanischen Schritt mit weit angehobenen, weit ausholenden Vorderbeinen bei. Er lernte gern und zeigte nicht die geringste Angst. Noch 22 Jahre später, kurz vor seinem Tod mit fast 32 Jahren, hob er auf leichtes Antippen mit dem Finger die Beine zum Spanischen Schritt an. Ich unterließ nun eine Zeitlang alles, was er mit schlimmen Erfahrungen beim Lernen verknüpfte, und brachte ihm behutsam Neues bei, zum Beispiel einen langen, langsamen Paßgalopp und einen schnellen Schritt. Als er solcherart wieder Vertrauen zu mir und sich selbst gefunden hatte, tölteten wir — nun ohne Zittern. Ein halbes Jahr des Überlegens und ruhiger Geduld schenkten mir für mehr als 20 Reiterjahre ein nahezu perfektes Pferd.

Pferde sind Gewohnheitstiere. Und sie haben ein sehr gutes Gedächtnis. Nützen Sie diese beiden Tatsachen in den ersten Wochen des Vertrautwerdens mit einem neuen Pferd. Legen Sie sich einen einfachen Fütterungs- und Putzplan an und befolgen Sie ihn so regelmäßig wie möglich. Stellen Sie diesen Plan ganz auf *Ihre* Bequemlichkeit ab; wenn Sie morgens um 7 das Haus verlassen, füttern Sie kurz vorher; kommen Sie mittags heim, geben Sie dem Pferd seine zweite Ration (oder bringen Sie ihm einen Apfel, ein Stück trockenes Brot in den Auslauf, auf die Weide); sind Sie um 4 oder 6 oder 8 Uhr wieder daheim, legen Sie ihm um diese Zeit das Abendfutter vor. Dem Pferd, das sich frei bewegen und vielleicht noch Gras oder Heu knabbern kann, ist es ziemlich egal, wie lange die Abstände zwischen dem Zufüttern sind, — sie sollten nur über einen längeren Zeitraum hinweg regelmäßig eingehalten werden. Das Pferd stellt sich darauf ein, es erwartet Sie und verknüpft Ihren Besuch mit etwas sehr Angenehmem. Dieses Verfahren hilft auch beim Korrigieren verdorbener oder bösartiger Pferde.

Hat sich erst einmal ein starkes Vertrauensverhältnis eingestellt, ist es aus rein praktischen Gründen vorteilhaft, unregelmäßiger zu füttern. Verschieben sich die Futterzeiten bei Veranstaltungen, Wanderritten oder infolge Abwesenheit oder anderweitiger Beschäftigung des Pflegers, nimmt es das Tier mit größerer Gelassenheit hin. Achtung: Boxenpferde, die keine Ablenkung haben, müssen mit exakter Pünktlichkeit gefüttert werden!

Gehen Sie ebenso regelmäßig vor bei der Pflege: Beginnen Sie immer von der gleichen Seite aus zu putzen, heben Sie die Hufe in der gleichen Reihenfolge auf — bald wird das Pferd sie Ihnen von selbst hinhalten.

Gesunder Menschenverstand ist im Umgang mit Pferden durch nichts zu ersetzen. Man erledigt so etwa immer zuerst das, was dem Pferd nicht unangenehm ist und erst zum Schluß das Unangenehme.

Ein Beispiel: In fliegenreichen Gegenden muß man vor dem Ritt die Pferde mit entsprechenden Abwehrlotionen einreiben. Manche Pferde mögen es nun um keinen Preis, daß der Kopf eingerieben wird. Die Mittel riechen vielleicht schlecht oder sind mal in die Augen gekommen und brannten. Also reibt man zuerst langsam und gründlich den ganzen Körper ein und dann schnell den Kopf — schon ist die Prozedur überstanden. Aber zu oft erlebe ich das Gegenteil: daß der Besitzer nun erst recht zuerst den Kopf vornimmt, «damit sich das Biest daran gewöhnt. Soll sich bloß nicht so anstellen — bei mir nicht!» Doch das «Biest» steigert sich aus Angst in eine solche Hysterie hinein, daß es sich nun gegen alles Einreiben, schließlich sogar gegen das Satteln wehrt und dem Reiter einen höchst unangenehmen Ritt beschert. Wozu das alles?

Je aufgeregter ein Pferd ist, umso kopfloser reagiert es: es kann nicht anders! Gewöhnen Sie sich von Anfang an daran, bei jeder Auseinandersetzung, jeder Widersetzlichkeit, jedem Ungehorsam das Pferd wieder zur Ruhe kommen zu lassen (und selbst ein paarmal tief durchzuatmen). Und dann versuchen Sie in Ruhe das Ganze noch einmal. Und bedenken Sie einen Gegensatz, der «von Natur aus», im Pferd angelegt ist: Es ist in der Bewegung schnell, ausdauernd und wendig — doch seine blitzschnellen Reaktionen werden von den mehrfach erwähnten Trieben und Instinkten bewirkt; wenn es sich hingegen an Dinge gewöhnen muß, die der Mensch von ihm verlangt, wenn es also «denken» muß, so ist es langsam, man muß ihm Zeit lassen, sich die Sache zu überlegen.

«Von Natur aus» ist das Pferd, wenn keine gefährlichen Situationen eintreten, ein eher träges Tier, dessen Vorstellung vom Paradies eine riesige Weide mit gutem Gras ist, auf der es sich den Bauch schön vollfressen kann und im sanften Wind dann ein Nickerchen macht; erwacht es, fühlt es sich zum Spiel mit seinesgleichen angeregt, beginnt eine lustige Verfolgungsjagd, nimmt den Kopf nach vorn-unten und *zwickt* den Freund in den Bauch, die Kruppe, die Beine.

Was da Spiel ist, kann im Umgang mit dem Menschen für diesen ziemlich ernst werden: Pferdezähne sind dazu geschaffen, mit kräftigem Zubiß Büschel von Gras zu zerkleinern; zwicken sie im Spiel den Weidefreund, so hat der eine recht stabile Haut. Der Mensch aber muß sich vor spielerischen Pferdebissen stets in acht nehmen: besonders dann, wenn das Pferd uns sehr vertraut ist und übermütig wird. Das trifft vermehrt auf heranwachsende Fohlen zu, die den rauhen Spielbiß zwischen Gleichaltrigen auf der Koppel gewöhnt sind und nun auch beim Menschen ohne böse Absicht fest zupacken. Sagen Sie laut «Au!» (aber das tun Sie wahrscheinlich sowieso), und geben Sie ihm mit der flachen Hand einen Klaps auf die Nase. Ihm «böse» zu sein hat so lange keinen Sinn, wie das Pferd es gar nicht böse meint. Dennoch soll die liebevollste Disziplin mit genügender Energie durchgeführt werden. Ein Pferd merkt sehr schnell, ob es dem Menschen ernst ist damit oder nicht. Wie ein Kind muß es mit Festigkeit bei gleichzeitiger Geduld und Liebe behandelt werden. Kann man seinen Willen nicht durchsetzen, versuche man es gar nicht erst: Halbe Maßnahmen verwirren ein Pferd und machen die Sache nur schlimmer. Wahrscheinlich gibt es jemanden in der Familie, der sich in solchem Fall durchsetzen kann.
Doch ob scherzhaft oder böse gemeint — Pferdebisse sind auf alle Fälle gefährlich. Bei den winzigsten Verletzungen besteht Starrkrampfgefahr. Deshalb sollte sich, wer mit Pferden zu tun hat, gegen Starrkrampf impfen lassen (und das Pferd bitte auch).
Niemals sollte die Zuneigung zum Pferd in romantische Vermenschlichung ausarten. Damit tun wir dem Tier den geringsten Gefallen, denn wir erwarten dann Unmögliches von ihm. Zu denken: ich liebe mein Pferd, es muß mich dann doch auch lieben, ist falsch. Pferde haben keine sehr enge Verbindung zum Menschen; sie können die Zuneigung, die sie uns nach langem Vertrautsein sicherlich entgegenzubringen vermögen, höchstens durch Schnauben, warmes Grumbeln oder leises Wiehern gelegentlich zeigen, nicht aber durch lebhaftes Schwanzwedeln, Anspringen und Umhertollen, wie der Hund es kann und tut. Ein Pferd, das seines Besitzers Liebe aktiv und sichtbar erwidert, ist eine Seltenheit, die man wie einen Schatz hüten sollte, so man sie findet. Die weitaus meisten Pferde aber sind — wie es Herdentieren tief natürlich ist — weit mehr an einem Artgenossen als an einem Menschen interessiert, ja, sie ziehen ihm auch andere Tiere — Hund, Katze, Ziegenbock, Esel — als Gesellschaft vor.

Unbezweifelbar ist andererseits, daß unsere Pferde uns um so besser verstehen, je dichter wir sie an unserem Leben teilhaben lassen. Die Pferde der Hirten in aller Welt sind dafür der lebendige Beweis: Sie vollbringen Leistungen der Kooperation, die uns «normalen» Reitern geradezu unmöglich erscheinen. Dadurch, daß sie Tag und Nacht das Leben ihres Reiters und Betreuers teilen, wird es ihnen urvertraut; sie wissen bald schon genau, was wann und wo getan werden muß und was von ihnen dabei verlangt wird. Auch hierzulande wird zunehmend häufiger berichtet, wie «klug» sich Pferde benehmen, die dicht beim Haus am Leben der Menschen teilnehmen, statt in einer dunklen Box vom Leben abgeschlossen zu sein.

Wenn ich vorhin sagte, daß Schlagen, Beißen und Durchgehen dem Pferd natürlich seien, so heißt das nun nicht, daß wir diese an sich natürlichen Schreckreaktionen akzeptieren sollen, wenn sie in der Absicht geschehen, den Menschen zu verletzen (letztlich: ihn sich vom Leibe zu halten). Wie immer diese Untugenden auch entstanden sein mögen und wie man sie zu kurieren gedenkt: wir dürfen sie niemals dulden, sondern müssen dem Pferd *sofort* klarmachen, daß dies nicht sein soll. Die Betonung liegt dabei auf *sofort:* Der Klaps nach dem Biß muß wie ein Reflex kommen. Geht der Gebissene oder Geschlagene erst hinein und holt eine Gerte und schlägt dann zurück, so weiß das Pferd bereits nicht mehr, was das bedeuten soll. Es kann ja nicht überlegen: Aha, das ist die Strafe dafür, daß ich vorhin gebissen habe! Für das Pferd ist die Tat längst vergessen; die Strafe kommt, während es wieder ganz ruhig dasteht; es begreift die Zusammenhänge nicht; die Strafe ist nun nicht nur sinnlos, sondern erschreckend und verängstigend.

Um Strafen überhaupt wirksam zu machen, muß sich der Pfleger und Reiter strikt darum bemühen, dem Tier nie Übles zuzufügen, das nicht als Strafe auf eine erkennbar böse Tat folgt. Dem Pferd soll niemals Schmerz zugefügt werden, es sei denn als direkte Antwort auf eine Unart seinerseits.

Daß Zusammenhänge begreifbar gemacht werden müssen, gilt auch für die Wirkung von Signalen, die man ihm gibt. Ein Beispiel: Das Pferd soll lernen, am Führzügel zu gehen und auf ein leichtes Zeichen, ein kurzes Annehmen des Zügels, stehenzubleiben. Es geht neben uns, wir nehmen den Zügel ein wenig zurück — es wird langsamer — und wir ziehen gedankenlos weiter, etwa in der Vorstellung: Es steht ja noch nicht. Das Pferd aber hat durch das Langsamerwerden das Signal bereits beantwortet; eine leichte Wiederholung hätte es zum Stehen gebracht. Unser Ziehen begreift es nicht — es beginnt seinerseits zu ziehen, worauf wir, um es dennoch zum Halten zu bringen, noch fester ziehen. Dieser Vorgang spielt sich bei der Erziehung von Pferden hunderte Male ab; das Ergebnis sind Pferde, die immer nur nach Kampf gehorchen. Was Wunder — so ist es ihnen ja beigebracht worden! Wer ein Pferd erziehen will, muß sich konzentrieren und genau achtgeben. In unserem Falle also gibt er sofort nach, wenn das Signal beantwortet wird.

Man kann einem Pferd so ziemlich alles beibringen, wenn man nur stets genau überlegt, welche Zeichen dazu erforderlich sind, wie man sie einsetzt, und daß sie jeweils auch *sofort* wieder abgesetzt werden. Die Erleichterung muß sofort erfolgen, und eine besonders gute Ausführung wird mit sofortigem Lob bedacht. Man kann Pferde nur selten zwingen; dazu braucht man viel zuviel Kraft und muß sich in Kämpfe einlassen, die man als Mensch — zumal als schwächerer, älterer oder sehr jugendlicher — verlieren muß. Außerdem läuft es immer wieder auf dasselbe hinaus: Zwingt man ein Pferd allzusehr und bestraft es dazu hart, so bekommt es Angst. Ein Pferd, das sich ängstigt, verliert — wie wir inzwischen wissen — auf der Stelle jede Erinnerung an das, was es gelernt hat und tun soll. Es gerät in Panik, und alles wird schlimmer. Je ruhiger, simpler, Stufe um Stufe wir bei allem, was wir von unseren Pferden verlangen, vorgehen, um so sicherer ist das Ergebnis. Nur so erklärt sich auch, daß oft zartgliedrige junge Mädchen mit riesengroßen Pferden alles machen können, was bullige Männer mit Kraft und Grobheit nicht schaffen.

Und noch etwas: Ehe man von einem Pferd unter dem Sattel Gehorsam erwarten kann, muß es am Boden gehorsam und wohlerzogen sein. Die Arbeit des Pflegers — wer immer in der Familie das auch ist — ist eminent wichtig für alles, was das Pferd unter dem Reiter und vor dem Wagen einmal leisten soll. Damit er sie besser und verständnisvoller leisten kann, wurde dieses Kapitel über Wesen und Art des Pferdes dem praktischen Teil des Buches vorangestellt; wir kommen auf die hier erwähnten Erkenntnisse im Laufe der praktischen Anweisungen immer wieder zurück.

Einfangen 2

1. Der Neuling

Neu eingetroffene Pferde beruhigen sich am schnellsten auf der Weide. Hier sind sie ungestört, fühlen sich nicht eingeengt und gehen der höchst angenehmen Beschäftigung nach, Futter zu suchen und aufzunehmen. Da sie sich dabei selbst Bewegung verschaffen, braucht der Besitzer sich auch darum vorläufig nicht zu kümmern. Nach der ersten Nacht schon fühlen sie sich hier *sicher*. Doch wurden sie gestern oder vorgestern erst der gleichen Sicherheit einer anderen Weide entrissen; so kann es nun geschehen, daß sie sich nicht einfangen lassen wollen und fortlaufen, wenn man sie holen möchte.

Um sie leichter einfangen zu können, sollte man also neue Pferde zunächst nicht auf eine große Weide lassen. Gegebenenfalls zäunt man — provisorisch vielleicht, aber nie zu leicht — ein Stück der großen Weide ein: mit genügend Gras, aber nicht zuviel Laufraum. Mehrmals täglich bringt man dem Neuling im immer gleichen, gut erkennbaren Gefäß (etwa einer großen, bunten Plastikschüssel) ein paar Handvoll Futter. Nähert er sich nicht, sondern bleibt einige Schritte entfernt stehen, stellt man das Gefäß auf den Boden und geht fort. Nach einer Weile mißtrauischen Umherwitterns nähert er sich, um den fremden Gegenstand zu beschnobern (das Erkunden alles Ungewohnten gehört ja, wie wir wissen, zu den Zwängen, die in seinem Erbgedächtnis weiterleben); es bekommt den Duft des Futters in die Nase und wird bald freudig kauen.

Beim nächstenmal schüttelt man das Gefäß lockend, bleibt ruhig stehen und ruft das Pferd freundlich und leise. Nähert es sich, so hält man ihm das Gefäß ruhig entgegen. Hat es einmal die Nase hineingesteckt, so ist

die größte Scheu überwunden. Wahrscheinlich kommt es einem von nun an schon entgegengelaufen.
Doch so einfach ist es nicht immer. Es kann durchaus sein, daß es lieber auf das Futter in unserer Hand verzichtet (satt ist es ja ohnehin vom Gras) und mißtrauisch bleibt. Hier gilt es, die Geduld nicht zu verlieren. Man stellt das Gefäß wieder auf den Boden und geht ein paar Schritte beiseite, setzt sich gelassen hin, strömt völlige Ruhe aus und spricht leise und lockend. In den allermeisten Fällen gewöhnt sich auch ein scheues Pferd an unsere Gegenwart und nimmt bald das Futter auch aus unserer Hand. *Genau dann aber machen viele Menschen einen Kardinalfehler: sie greifen zu hastig zu*! Man sollte einen oder zwei Tage den Scheuen überhaupt nicht anfassen; dann legt man ihm sacht die Hand auf den Hals, streichelt ihn unter beruhigendem Zusprechen und läßt ihn wieder laufen. Erst wenn er sich das vertrauensvoll gefallen läßt, legt man sich unauffällig einen Strick über den Arm, legt ihn sacht über den Hals des Pferdes und streift ihn ruhig wieder ab. In den nächsten Tagen geht man nun öfter einmal auf einen Sprung zu ihm, bringt ihm einen Apfel, eine gelbe Rübe und wiederholt dabei die Prozedur mit dem Strick. Und erst wenn das selbstverständlich geworden ist, streifen wir ihm vorsichtig ein Halfter über und führen ihn damit ein paar Schritte umher.
Traut sich — in ganz hartnäckigen Fällen — ein scheuer Bursche nicht zu Ihnen heran und widersteht auch dem Futter, so können Sie ihm den Wassereimer wegnehmen und einige Stunden später frisch gefüllt hinhalten. Kommt er auch jetzt nicht, versucht man es zwei Stunden nachher wieder und wartet unter Umständen abermals zwei Stunden. Irgendwann *muß* er kommen, denn ohne Wasser kann er nicht leben. Kommt er, hält man den Eimer schön still hin und spricht ihm beruhigend zu. Nimmt den Eimer wieder mit und wiederholt den Vorgang mehrmals. Anderntags wird er bereits warten; ohne Wasser kommt er auch auf grasreicher Weide nicht aus. *Vorsicht*: Nie zu lange ohne Wasser lassen! Pferde brauchen bis zu 40 Liter am Tag. Nie das Tränken vergessen!
Im *Winter* gewöhnt der Neuling sich leichter ein, weil er dann ganz vom Zufutter abhängig ist. Man legt ihm seine Heu- und Strohration nicht täglich einmal, sondern — in kleinere Portionen aufgeteilt — mehrmals vor und reicht auch das Kraftfutter in möglichst kleinen Portionen möglichst oft. So verbindet das Pferd mit unserem Kommen bald schon das Gefühl der Sättigung und faßt Vertrauen.

Hilft das alles nichts, muß man das Pferd mit einer der nachfolgend beschriebenen Methoden einige Tage in den Stall bringen. Dort beschäftigt man sich intensiv mit ihm: füttert es, tränkt es, spricht ihm gut zu, streichelt und klopft es. Anschließend bringt man es in einen Auslauf — wenn möglich in Gesellschaft eines leicht zu fangenden Pferdes, dem es sich anschließt.
Im Normalfall und wenn es sich nur um etwas stärkeres Mißtrauen gegen die neue Umgebung handelt, sollte nach etwa einer Woche das Pferd sich eingewöhnt haben und anstandslos von der Weide holen lassen.

2. Das verdorbene Pferd

Pferde, die bei einem verständigen Züchter groß werden, in Ruhe den Umgang mit dem Menschen erlernen und von einem vernünftigen Reiter bei der Arbeit nicht überfordert werden, machen auch beim Holen keine Schwierigkeiten. Die Vorstellung freilich, sie kämen auf die Laute unserer lieben Stimme hin freudig wiehernd aus der fernsten Ecke einer saftigen Weide herbeigaloppiert und schlüpften begierig ins hingehaltene Halfter, können wir vergessen. Auch beim ruhigsten Pferd gilt es bestimmte Regeln einzuhalten, wenn wir sein Zutrauen nicht bald verlieren wollen.
Man nähert sich — nochmals sei es gesagt — einem Pferd immer von vorn, damit es einen klar erkennen kann. Dabei trägt man das Halfter auf dem linken Arm, den man ganz natürlich dicht am Körper hält. In der rechten Hand hat man einen Leckerbissen, den man dem Pferd ruhig hinhält (Abb. 10). Jede Hektik ist zu vermeiden. Wenn das Pferd kaut, tritt man ruhig an seine linke Seite, hält mit der rechten Schulter leichten Kontakt zu seinem Hals, schiebt das Gesäß gegen seinen Brustknochen und langt unter dem Pferdekopf her mit der rechten Hand auf die andere Seite. Die Linke liegt dabei sanft auf der Pferdenase. Aus dieser Position heraus ist das Aufhalftern ein Kinderspiel (Abb. 11).
Üben Sie diesen Ablauf an einem ruhigen Pferd, bis er Ihnen in Fleisch und Blut übergegangen ist. Jedes Detail hat einen Sinn: Lehnen Sie sich rückwärts leicht gegen die Pferdebrust und haben Sie seitlich Kontakt mit dem Hals, so spüren Sie es sofort, wenn sich das Pferd im letzten Moment noch dem Halftern entziehen will. Tritt es zurück, folgen Sie

sofort; tritt es vor, können Sie es mit leichtem Druck der rechten Hand auf der Nase und verstärktem Gegenlehnen der Hüfte an seine Brust festhalten. Das ist besonders bei großen — und erst recht bei kopfscheuen — Pferden wichtig. Selbstverständlich sprechen Sie auch beim Halftern dem Pferd gut zu.

10—11 *So ist das Aufhalftern ein Kinderspiel*

Zwei Fehler werden immer wieder gemacht:
1. Das Halfter wird mit beiden Händen dem Pferd vor den Kopf gehalten (Abb. 12)! Meist erfolgt diese Bewegung auch noch ruckartig. Was sich der Mensch dabei denkt, weiß ich nicht: Es widerspricht allen Trieben und Instinkten des Pferdes, von sich aus den Kopf vorzustrekken und die Nase in eine Schlinge zu stecken! Ganz und gar phlegmatischen Pferden ist es vielleicht egal, was man da mit ihnen macht, aber die allermeisten Pferde reißen entsetzt den Kopf zurück und in die Höhe, wenn sie nicht gar zu flüchten versuchen.

12—13 *Die häufigsten Fehler beim Aufhalftern: das Halfter vor den Kopf halten; sich dem Pferd von hinten nähern*

2. Der Mensch nähert sich dem Pferd von hinten (Abb. 13)! Nach allem, was im vorigen Kapitel über die Natur des Pferdes gesagt wurde, ist klar, daß das falsch ist. Schräg von hinten springt das Raubtier an! Dieser Winkel ist im Erbgedächtnis verbunden mit «Gefahr». (Wir erinnern uns, daß das Pferd nach schräg rückwärts sehen kann.) Wird dabei eine jähe Bewegung mit Armen oder Halfter gemacht oder rennt der Mensch gar, so läßt der uralte Fluchtinstinkt auch ein ruhiges Pferd wegspringen und davonlaufen. (Auf den drei Bildern 10, 11, 13 ist es dasselbe Pferd, das einmal ruhig stehenbleibt, einmal erschrocken wegspringt!) Glauben Sie nie, Ihr Pferd empfände das als fröhliche Jagd; für

Pferde sind Menschen keine Spielkameraden. Aus der Tatsache, daß sie sich untereinander spielerisch jagen, darf nicht der Trugschluß gezogen werden, auch wir könnten sie zum Spielen animieren. Vielen an sich unproblematischen Pferden ist dadurch erst beigebracht worden, wie man sich der Hand des Menschen entzieht.

Wie lange böse Eindrücke haften bleiben können, mag ein Beispiel zeigen: Ich besaß 24 Jahre lang einen Isländer, der sich auf der Weide von einer einzelnen Person nicht fangen ließ. Hatte ich keinen Helfer, so konnte ich Sóti nicht reiten. Er wurde während dieser langen Jahre mit großem Respekt behandelt (er war eine imponierende Pferdepersönlichkeit), wurde nur selten von anderen geritten, litt nie unter menschlicher Böswilligkeit oder nur Ahnungslosigkeit — aber er ließ sich nicht greifen. Brot oder Hafer lockten ihn nicht. Irgendwann in den sieben Jahren, ehe er zu mir kam, ist ihm etwas widerfahren, das ihn so handscheu machte, — diese Erfahrung hat er bis zu seinem Tod mit über 31 Jahren nie vergessen.

Daß dieses Problem in der Fachliteratur kaum gestreift wird, liegt daran, daß Pferde hierzulande allzu oft einfach ins Gefängnis der Box gesperrt und nie in die Freiheit der Weide entlassen werden. Alle jene aber, die ihre Pferde möglichst natürlich draußen halten möchten, sind ihm häufig konfrontiert. Im Laufe der Jahre habe ich möglichst viele Lösungen gesammelt.

Wir sprachen vom Neuling, der nicht kommt, weil er die Sicherheit der Weide nicht verlieren will, und vom verdorbenen Pferd, das nicht kommt, weil es schlechte Erfahrungen damit verknüpft. Aber auch Pferde, die lange eingesperrt waren, möchten die herrliche Freiheit oft nicht aufgeben, andere haben ganz einfach keine Lust zur Arbeit und denken nicht daran, von selbst zu kommen. Manche Pferde lassen sich von bestimmten Leuten gut, von anderen gar nicht fangen; andere benehmen sich nur gelegentlich so. Alle aber wissen sehr bald, daß sie schneller sind als der Mensch, — zu rennen hat also überhaupt keinen Zweck.

Lösungen gibt es aber für alle Fälle. Auch meinen Sóti hätte ich — im sehr kleinen Auslauf dicht am Haus und mit vielen täglichen Besuchen über Monate hin — handfromm machen können. Aber diese Möglichkeit bestand, da ich mitten in der Stadt wohne, nicht.

Sind mehrere Pferde auf der Weide, so holt man zunächst ruhig alle die, die sich leicht Aufhalftern lassen, und bindet sie an einer geeigneten

Stelle der Weide (nicht am Draht des Zauns, sondern an den Pfosten!) nebeneinander an. Man tut das auch, wenn man sie gar nicht braucht und später wieder laufen läßt; und man tut es, wenn es zehn sind und man nur das elfte haben will. Ohne diese Konsequenz geht es nicht. Versucht man nur das eine Schwierige aus der frei weidenden Gruppe herauszuholen, so springt der Funke seiner Angst oder der Fluchtinstinkt sofort auf die anderen über (signalisiert in der Wildherde ein Tier «Gefahr!», so flüchten immer alle gemeinsam), und schon gibt es eine wilde Hatz! Und dabei kann es geschehen, daß immer ein anderes Pferd von neuem zu rennen beginnt: *Dann* das scheue Pferd noch zu erwischen, ist fast unmöglich.

Man sollte sogar dem Pferd, das man haben möchte, gar keinen Blick schenken, während man die anderen nacheinander anbindet; um so größer ist die Chance, es schließlich schnell in die Hand zu bekommen.

Man bindet die Pferde so an, daß zwischen Zaun und erstem Pferd eine schmale Lücke frei bleibt; die übrigen werden eng nebeneinander gestellt. Nun treibt man — diesmal hinter dem Pferd gehend — sehr langsam das verbliebene Tier über die Weide; vom Herdeninstinkt getrieben, wird es zu den anderen laufen. Bei einiger Geschicklichkeit des Treibenden (und allergrößter Ruhe) wird es in den freigebliebenen Raum schlüpfen, wo man sich ihm ruhig und unter ständigem leisem Zureden nähert. Manche Pferde bleiben nun stehen, während der Fangende mit ausgestreckten Armen und *ständig sprechend* Kruppe und Rükken berührt und sich langsam nach vorn vorarbeitet und aufhalftert.

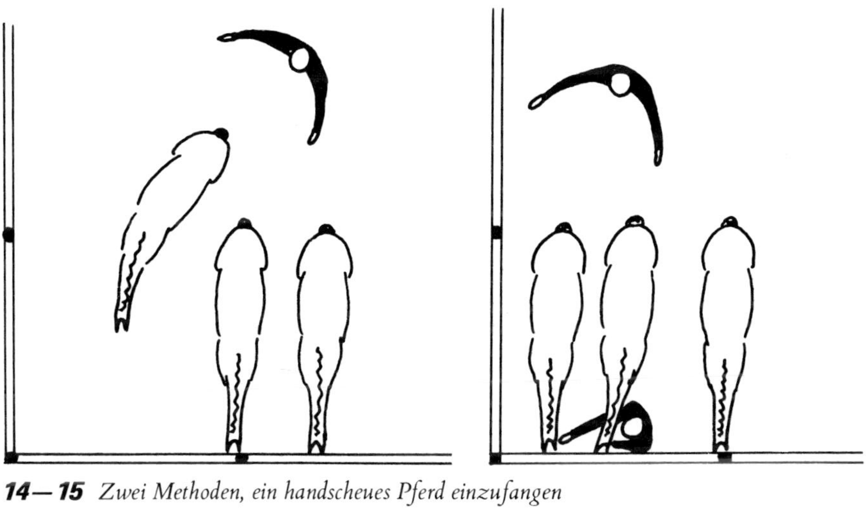

14—15 *Zwei Methoden, ein handscheues Pferd einzufangen*

Pferde, die auch aus dieser Position im letzten Moment rückwärts herausschlüpfen und wieder weglaufen, kann man allein nicht einfangen. Es ist überhaupt besser, einen oder zwei ruhige Helfer mitzunehmen, wenn man ein handscheues Pferd hat. (Die Betonung liegt auf *ruhig;* es gibt überraschend viele Menschen, die losrennen und nicht begreifen, daß sie ein galoppierendes Pferd niemals einholen! *Jedes Rennen aber erschwert das Einfangen.)* Die ruhigen Pferde sind, wie oben beschrieben, schnell angebunden. Das freie Pferd kann zielsicher in die Lücke getrieben werden (Abb. 14), wo ein oder zwei Personen es mit ausgebreiteten Armen am Weglaufen hindern, während man am Nebenpferd entlang nach vorn geht, unter dessen Hals durchschlüpft und aufhalfert (Abb. 15).

Es gibt Pferde, die wissen, daß Menschen Angst haben vor der Attacke, und die die ausgebreiteten Arme nicht respektieren. Da bindet man dann besser ein langes Seil vorher an der Stelle an, zu der man das Pferd treiben wird. Ist das Pferd in der Lücke, nimmt der Helfer das Seil auf und stellt damit eine feste Begrenzung her (Abb. 16).

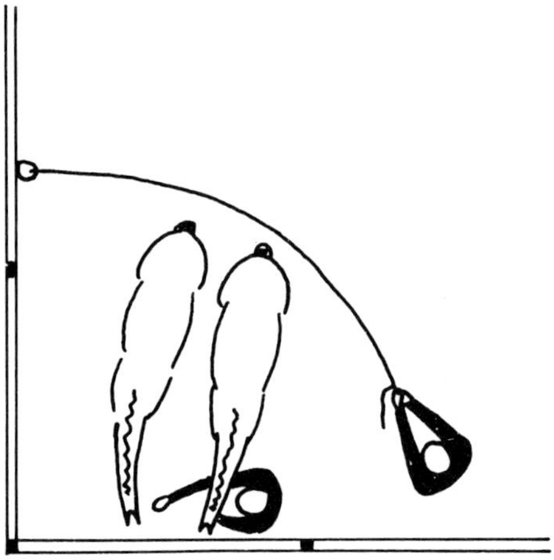

16 *Seilabsicherung nach dem Einfangen*

Nach einer Weile gewinnt man im Umgang mit handscheuen Pferden größere Geschicklichkeit und weiß, wenn nicht anders so bestimmt aus böser Erfahrung, daß Geduld und Ruhe den Erfolg bringen. Und wahrscheinlich hat man herausgefunden, daß Kinder die besten Helfer sind. Jungen und Mädchen, die gelernt haben, mit Pferden umzugehen, sind oft Gold wert. Wo immer ich in meinem Leben Pferde hielt, hatte ich ein paar dieser kleinen Helfer, die Pferde aller Art und Größe holten, versorgten, wegbrachten. Ihr absolutes Vertrauen in sich selbst, ins Leben und in die vierbeinigen Freunde geht unmittelbar auf die Pferde über, die sich gern in die kleinen Hände geben.

Ist die Weide sehr groß, so lohnt sich die Erstellung eines Fangschlauches aus ein paar Pfosten und glattem Draht, am besten gleich auf das Tor zu. Die innere Seite sollte etwas schräg verlaufen und nicht zu kurz sein. Ideal ist es, wenn sich auch die Wasserstelle — Trog oder Selbsttränke — hier befindet: Dann ist den Pferden das Hineingehen ganz vertraut (Abb. 17, 18).

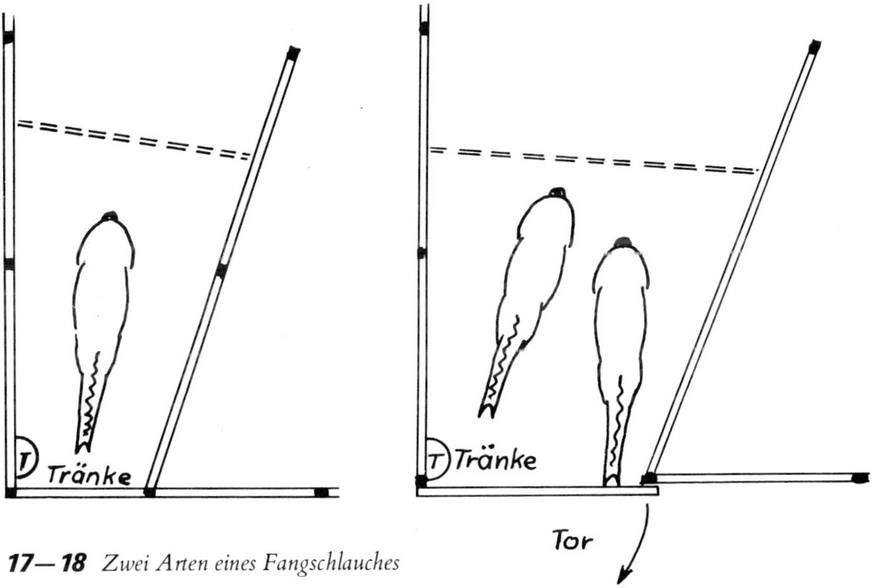

17—18 *Zwei Arten eines Fangschlauches*

Auf jeden Fall reichen Sie eventuelle Leckerbissen oder Zusatzfutter immer im Fangschlauch. Oft geht das scheue Pferd, geschickt und sacht getrieben, von allein hinein, und Sie können das andere Ende mit einem leichten Balken oder einem Seil schließen. Bei ganz schwierigen Pferden können Sie noch ein Zwischenseil spannen.

Sind mehrere Pferde auf der Weide, binden Sie wieder die ruhigen zuerst am Tor an, treiben das scheue nach und verfahren wie oben. Mit festeingebautem Fangschlauch kann meist auch ein Einzelner ein handscheues Pferd fangen.

Ganz wichtig: Hat man mit viel Mühe, oft auch mit viel Zeitverlust und nach mehrfachem Ausbrechen das Pferd endlich aufgezäumt (und so eine richtig schöne Wut im Bauch), so darf man es dennoch um Himmelswillen nicht strafen! Das Pferd kann nicht zurückdenken: Aha, das ist die Strafe dafür, daß ich eben weggelaufen bin! Es wird statt dessen glauben, daß es die Strafe bekommt, weil es sich hat aufzäumen lassen. Es kann nicht anders, als so denken. Die Strafe wäre nicht nur völlig sinnlos, sondern würde das Pferd erst recht scheu machen — wartet doch am Ende die Gerte.

Ein paar Tips noch:

- Gewöhnen Sie sich an, ein handscheues Pferd öfter «nur mal so» zu besuchen, ihm einen Leckerbissen zu geben, es zu streicheln, vielleicht auch zu putzen, damit es Ihr Kommen nicht einzig und allein mit Arbeit in Verbindung bringt.
- Je schreckhafter Ihr Pferd wegspringt, umso fester müssen alle Hilfsmittel sein, mit denen Sie es fangen wollen, und um so sorgfältiger müssen Sie Ihre Helfer aussuchen. Gelingt es ihm einmal, irgendwo durchzubrechen, wird es das immer wieder versuchen.
- Sehr schreckhafte Pferde nie in schnellem Tempo gegen den Zaun drücken: Ich habe es mehrfach erlebt, daß sie in blinder Angst selbst durch Stacheldrahtzäune zu entkommen suchten und sich schwer verletzten.
- Weiden, auf denen scheue Pferde untergebracht sind, müssen besonders fest eingezäunt sein und ständig kontrolliert werden: Ausgebrochene handscheue Pferde lassen sich ja draußen noch viel schwieriger einfangen! Jedes wilde Herumrennen aber kann in unserer dichtbesiedelten Autolandschaft die schlimmsten Folgen haben!
- Manche Pferde sind Genies im Öffnen von Torverschlüssen. Achten Sie darauf, daß alle Weiden und Ausläufe so verschlossen werden, daß auch das geschickteste Pferd sie nicht öffnen kann.
- Wenn Ihr Pferd zwar kommt und den Kopf in den Futtereimer steckt, um ein Maulvoll Futter zu nehmen, ihn dann aber so schnell zurückzieht, daß Sie es nicht greifen können, so versuchen Sie es einmal mit einem halbfesten Sack, in den es die Nase etwas mühsamer hineinwühlen muß und aus dem es nicht so schnell herauskommt (Abb. 19).
- Pferde sind ausgesprochen futterneidisch. Achten Sie darauf, daß beim Verteilen von Leckerbissen alle etwas abbekommen. Geben Sie nie nur einem Tier etwas — auch nicht, wenn es das eigene ist und

19 *Erleichtert das Greifen eines handscheuen Pferdes: Aus dem halbfesten Futtersack bekommt es den Kopf nicht so schnell heraus*

die anderen Fremden gehören. Nehmen Sie das handscheue dann lieber aus der Herde heraus auf eine eigene Weide.

- Wenn ein Pferd in der Herde niemals zum Futter kommt, beobachten Sie, ob es von den anderen verdrängt wird. Auch das kann ein Grund dafür sein, daß es sich nicht fangen läßt.
- Manche Pferde lassen sich von einer Seite gar nicht, von der anderen problemlos aufzäumen. Probieren Sie auch das aus.

Zum Schluß noch ein Rat, der für Boxen- wie Weidepferde gilt. Bringen Sie nach der Arbeit das Pferd in die Box, so drehen Sie es zum Ausgang um, ehe Sie das Halfter abnehmen. Drängt das Pferd zum Futter, erschrickt es; möchte es einen Boxennachbarn begrüßen, so entstehen leicht Situationen, in denen es den im Weg stehenden Menschen unabsichtlich verletzen kann.

Ganz besonders gilt das auf der Weide. Gehen Sie ein paar Schritte mit ihm hinein und drehen Sie es um (Abb. 20). Jetzt erst nehmen Sie das Halfter ab, geben ihm eine kleine Belohnung, gehen hinaus und schließen das Tor. Die Unsitte, Pferden beim Hineingehen das Halfter abzustreifen und sich dann noch mit einem Klaps aufs Hinterteil zu verabschieden, hat schon schwere Unfälle verursacht. Das Pferd — die Freiheit der Weide vor Augen — springt vor Freude gleich in Galopp und schlägt übermütig mit den Beinen nach hinten aus — wo der Halter noch steht!

20 *Bevor man nach der Arbeit das Halfter abnimmt, wird das Pferd zum Ausgang der Weide oder Box umgedreht*

Schlimm wird es, wenn — wie mir aus mehreren Fällen bekannt — die Besitzer den Galopp durch Armschwenken, Hoo-Rufe und kräftigere Klapse erst hervorrufen und verstärken, in der irrigen Annahme, das sei Spiel und gefalle dem Pferd. In all diesen Fällen konnten die Pferde bald nicht mehr vom Besitzer geholt werden; Kinder wurden zum Holen hinausgeschickt. Wenn Sie ein handscheues Pferd gekauft haben, kann es sein, daß es durch solche Torheit eines Vorbesitzers erst so geworden ist.

Beim Führen (s. dazu Kapitel «Führen und Vorführen») soll man ein Pferd dicht am Kopf halten und seitlich neben sich gehen lassen. Von dieser vernünftigen Regel gehen wir ab, wenn Weidepferde geholt werden (vor allem hand- und kopfscheue, die sich ängstigen). Erfahrung hat mich gelehrt, daß Pferde umgänglicher und vertrauter mit Pfleger und Reiter werden, wenn man ihren Freiheitsraum nicht stets und ständig beschneidet. Im täglichen Umgang läßt man — wenn es nicht gerade durch verkehrsreiches Gebiet oder über stark befahrene Straßen geht — das Pferd am langen Zügel hinter sich herlaufen. In der Freiheit folgt auch stets ein Pferd dem anderen: Wo dem ersten nichts passiert, fühlen auch die ihm Folgenden sich sicher. Geht nun der Mensch voraus, so

folgt ihm das Pferd ruhiger, als wenn es, neben ihm gehend, selbst nach «Gefahr» ausschauen muß. Ist das Leitseil lang genug, kann das Pferd sogar einen kleinen erschreckten Satz zur Seite machen. Weiß es einmal, daß ihm dieser kleine Fluchtschritt möglich ist, fällt Angst von ihm ab, die es innerlich noch hat, wenn man es zu kurz und zu fest hält. Wir sagen zu unseren Pferden «Komm schön!», und sie folgen — auch die, die uns als ungebärdig und gefährlich in Korrektur gegeben wurden.
Tausend winzige Kleinigkeiten sind es, die — beachtet man sie — den Umgang mit Pferden problemlos machen.
Achtung: Niemals das Ende des Leitseils um die Hand wickeln! Erschrickt das Pferd, springt es heftig zur Seite, möchte es wegrennen, ohne daß Sie es halten können, so reißen Sie sich schmerzhafte und gefährliche Wunden an den Händen auf, wenn Sie das Seil nicht unverzüglich loslassen können.

3. Aus der Trickkiste

Hin und wieder kommt es vor, daß Sie mit all den geschilderten Methoden Ihr Ziel nicht erreichen. Vielleicht steht Ihnen die Kombination von Box, Auslauf, kleiner Weide, großer Weide nicht zur Verfügung oder Sie haben keine Helfer. Wie auch immer: Greifen Sie in die Trickkiste.
Trick 1: Eignet sich nur für Menschen mit überdurchschnittlicher Geduld und zähem Willen. Er besteht darin, das Pferd nicht eher zur Ruhe (und zum Essen) kommen zu lassen, als bis es sich greifen läßt. Man braucht dazu, außer den genannten Charaktereigenschaften, eine möglichst kleine Weide und sehr viel Zeit. Und bequeme Schuhe. Am besten beginnt man morgens, denn alle Mühe ist umsonst, wenn man wegen einbrechender Dunkelheit erfolglos aufgeben muß.
Die Sache an sich ist einfach: Man geht langsam auf das Pferd zu und folgt ihm, wenn es sich umdreht und wegrennt. Auf gar keinen Fall rennt man selber auch — es genügt, daß man in ruhiger Bewegung das Pferd ebenfalls in Bewegung hält. Nach einer Weile — es kann eine Stunde sein — kommt man schon sehr viel näher heran, ehe es wieder wegspringt. Ist man sehr nahe herangekommen, darf man nur ja nicht den Fehler machen, plötzlich nach der Mähne zu greifen. Im Gegenteil: Man streckt den Arm so langsam wie möglich aus und spricht beruhi-

gende Worte. Bei der ersten Berührung wird das Pferd vermutlich gleich wieder weg sein. Doch bei der nächsten und übernächsten Annäherung bleibt es einen Moment länger stehen, man kann mit den Fingern vielleicht den Rücken kraulen oder den Mähnenkamm, den Widerrist — ehe es dann doch wieder wegläuft. Länger als vier Stunden hat es in keinem mir bekannten Fall gedauert, bis das Pferd aufgab. Nur darf der Fänger nicht selbst eher aufgeben! Nun endlich wird ein Halsriemen (s. dazu Kapitel «Halftern und Anbinden», Ziffer 5: «Der hilfreiche Strick») befestigt, dann ein Halfter angezogen. Und es beginnt, was Sie schon kennen: beruhigend zureden, füttern, klopfen. Und das Pferd laufen lassen.

Wichtig ist, daß Sie sich nicht vornehmen, anschließend einen Ritt zu machen.

Wiederholen Sie das ein-, zwei-, dreimal die Woche: Es dauert immer kürzere Zeit, bis Sie Ihr Pferd sicher aufgehalftert haben. Dehnen Sie die Zeitspanne, in der Sie sich anschließend mit ihm beschäftigen, länger aus: Putzen Sie es, gehen Sie mit ihm spazieren, reiten Sie es hin und wieder nicht zu anstrengend. Und gehen Sie zwischendurch mal in die Weide, um ihm einen Leckerbissen zu bringen.

Diese Methode ist zeitraubend; aber wenn Sie Ihr Pferd viele Jahre behalten wollen, ist sie die lohnendste. Eines Tages *weiß* Ihr Pferd, daß es Ihnen nicht entkommen kann. Nicht nur in der Weide, sondern überhaupt. Das kann Ihnen bei einem Sturz (vor dem kein Reiter sicher ist) sehr nutzen: wenn das dann frei herumlaufende Pferd auf Ihren Ruf wieder herankommt.

Vergessen Sie nie, es dafür zu belohnen.

Trick 2: Pferden, die *allein* weiden, kann man zum leichteren Fangen einen Halsstrick umlegen. Er muß einen nichtrutschenden Knoten haben (s. Abb. 59) und darf weder auf die Luftröhre drücken noch abzustreifen sein; andererseits muß er so eng sein, daß sich das Pferd beim Kopfkratzen nicht mit dem Hinterbein darin verfangen kann (Abb. 21). Man läßt das Ende des Strickes etwa 10 Meter nachschleifen und wird staunen, wie geschickt die meisten Pferde es anstellen, nicht darauf zu treten. In der Herde ist diese Methode nicht zu empfehlen, da es immerhin geschehen kann, daß eines der anderen Pferde darauf tritt.

Ich habe mit dem Halsstrick schon erstaunliche Erfolge erzielt, jedoch nur bei Pferden, die sich zwar nicht *greifen* (also nicht anfassen) lassen, dann jedoch, wenn sie sich gehalten fühlen, stehenbleiben. Doch gibt es auch Pferde, die, sowie man den Strick aufnimmt, zu rennen beginnen. Denen kann man den Strick dann, wenn man sie auf eine der anderen geschilderten Arten — gegebenenfalls mit Helfern — in die Hand bekommen hat, gleich wieder abnehmen: sie wissen, wie man den Menschen mühelos abschütteln kann. Ein Pferd, das zehn Meter vor einem zu galoppieren beginnt, hält man am Hals nicht zurück.

21 *Der frei nachschleifende Strick erleichtert das Einfangen. Aber hier ist der Halsriemen zu weit — das Pferd kann sich darin verfangen, wenn es sich gewohnheitsgemäß mit einem Hinterhuf am Kopf kratzt.*

Trick 3: Ist nur bei Pferden anzuwenden, die den Kopf in den Futtereimer stecken, ihn aber mit einem Maulvoll Futter so schnell wegziehen, daß Sie mit der Hand nicht bis ans Halfter kommen. Befestigen Sie dann am Halfter einen Strick von 70—80 cm. Er baumelt neben dem Eimer herunter, und Sie können ihn ergreifen, ehe das Pferd den Kopf zurücknehmen kann. Diese Methode eignet sich auch, wenn mehrere Pferde zusammen weiden. (Lesen Sie aber vorher die Warnungen vor dem Weidehalfter im nächsten Kapitel «Halftern und Anbinden», Ziffer 5: Halfter können gefährlich sein).
Trick 4: Es gibt Pferde, die so kopfscheu sind, daß man sie im Stall nur mit 4 Helfern, draußen gar nicht in die Hand bekommt. Sie haben meist während der Ausbildung schlimme Dinge erlebt. Ein Beispiel: Wir bekamen ein Pferd zur Korrektur, das von einem brutalen Einreiter immer wieder mit der Gerte auf die Nase geschlagen worden ist. Und Sie erinnern sich gewiß auch des früher erwähnten Falles, wo in einem Reitstall ein Pferd dadurch zur «Räson gebracht» worden war, daß man ihm mehrmals den oberen Teil der Boxentür vor den Kopf geschlagen hatte! Wen wundert es, wenn solch mißhandelte Pferde sich der Berührung durch die menschliche Hand unter allen Umständen zu entziehen versu-

chen? Da hilft dann der Futtereimer. In einen ziemlich weiten Plastikeimer werden unter dem Rand zwei Löcher gebohrt, durch die eine dicke, weiche Kordel gezogen wird. Sie muß so lang sein, daß das Pferd ohne weiteres an das Futter gelangen kann. Nichts darf weh tun! Alles muß weit und bequem sitzen! Die ersten zwei Male braucht man den Stall und die Helfer, um den Eimer umhängen zu können, doch in erstaunlich kurzer Zeit werden die schwersten Fälle handzahm: verbinden sie doch nun mit jeder Berührung des Kopfes das herrlichste aller Gefühle — Sättigung durch Kraftfutter (Abb. 22, 23).

Ein Futterbeutel eignet sich nicht so gut; die meisten sind zu eng und werden beim langsamen Essen durch den Atem feucht und starr und lassen sich nicht so leicht überstreifen und wieder abnehmen.

Überflüssig zu sagen, daß jede Berührung des empfindlich gewordenen Kopfes ruhig und flink geschehen muß und immer unter gutem Zureden.

22—23 *So hilft der Futtereimer, das kopfscheueste Pferd zu beruhigen. Abb.* ***22****: 3. Tag*

Abb. **23**: *6. Tag*

Achtung: Nicht vergessen, den Eimer abzunehmen, wenn er leer ist! Der leere Eimer irritiert nach einer Weile und macht das Pferd dann wieder mehr kopfscheu.

Trick 5: Kommt aus Amerika und wird hauptsächlich da angewendet, wo Pferde auf sehr großen Weiden laufen. Aber das kommt auch hierzu-

24—25 *Etwas mühsam herzustellen, aber todsicher gegen das Wegrennen*

lande schon vor. Sie schneiden dazu die seitliche Wand eines Autoreifens ab (was ein wenig mühsam ist) und schlingen eine Kette darum, die in einem Wirbelgelenk endet. Daran wiederum befestigen Sie eine *weichgepolsterte* Hobbel, am besten einen Lederriemen, der dick mit Filz gepolstert ist (Abb. 24). Schnallen Sie diese Vorrichtung um die linke oder rechte Fessel Ihres Durchbrenners; Sie können sicher sein, daß er das Wegrennen bald aufgibt (Abb. 25). Grast er still vor sich hin, zieht er den flachen Gummistreifen mühelos hinter sich her; beginnt er aber schnell zu laufen, fliegt er ihm von allen Seiten gegen das Bein und behindert ihn derart, daß er aufgibt. Verletzen kann er sich damit nicht.
Verletzungsgefahr besteht nur dann, wenn die Hobbel nicht wirklich dick und weich gepolstert ist und nicht gut sitzt. Dem Pferd soll das Mitschleppen des unhandlichen Gummireifens eine Lehre sein — aber es soll keinen Schmerz dadurch erleiden.
Wieder liegt es bei allen Ratschlägen, die Ihnen hier genannt werden, an der richtigen und vernünftigen Anwendung, Nutzen daraus zu ziehen und nicht Schaden damit anzurichten.

Halftern und Anbinden 3

1. Weshalb ist richtiges Anbinden so wichtig?

Das Pferd ist von Natur ein Bewegungstier, das beim geringsten Anzeichen von Gefahr erschrickt und flüchtet. Das kann gar nicht oft genug wiederholt werden, denn es liegt *sämtlichen* Spontanreaktionen des Pferdes — an der Hand und unter dem Sattel — zugrunde. Wenn wir uns das immer wieder klar machen, ist es viel leichter, uns richtig zu verhalten.

Das Pferd hat Angst und flieht vor der Bedrohung (der Hund, zum Unterschied, stellt sich ihr, knurrt, greift an, beißt). Beim Erschrecken fährt das Pferd heftig zusammen, macht einen Satz zur Seite, bäumt sich, wirft sich allenfalls noch auf der Hinterhand herum — und rennt weg. Und alle diese instinktiven Bewegungen wird es auch auszuführen versuchen, wenn es angebunden ist und erschrickt. Daran müssen wir jedesmal denken, wenn wir ein Pferd anbinden.

Das Pferd findet sein Futter am Boden. Viele Stunden hat es die Nase dicht an der Erde. Zu erkunden, was am Boden vor sich geht, ist ihm natürlich und notwendig. Es senkt also an jedem neuen Ort, an dem es sich befindet, den Kopf und fährt prüfend mit den Nüstern umher.

Und ein so auf seine Sicherheit bedachtes Tier wie das Pferd kann sich wirklich sicher nur fühlen, wenn es sich überzeugt hat, daß sich in seiner Umgebung nichts Bedrohliches befindet. Es folgt deshalb einem inneren Zwang, wenn es an fremde Gegenstände, an alles Neue in seiner Umgebung, herantritt und es mit Auge und Nase untersucht.

All diesen natürlichen Instinkten kann das Pferd nicht folgen, wenn wir

es anbinden. Wir berauben es seiner Freiheit und nehmen ihm die Möglichkeit, sich seiner Natur gemäß zu verhalten.
Durch falsches Anbinden und die vielen Fehler, die dabei begangen werden können, ist mehr Unheil geschehen als durch vieles, das spektakulärer aussieht. Und viele Untugenden des Pferdes haben hier ihre Ursache.
Dies muß der Pferdehalter wissen; und er muß überlegen, was er tun kann, um Nachteile zu vermeiden. Als Wichtigstes muß er seinem Pferd vom ersten Tag an *Vertrauen* geben und die absolute Gewißheit, daß ihm nichts Böses geschieht, wenn es angebunden ist. Andererseits muß er auch strikt darauf achten, daß das angebundene Pferd kein Unheil anrichten kann.
Ein Pferd wird angebunden, damit *wir* uns frei bewegen, es putzen, pflegen und satteln können, ohne vom Pferd dabei behindert zu werden. Außerdem wird es angebunden, damit wir uns von ihm entfernen und es eine Weile sich selbst überlassen können. Zu diesem Zweck muß es *fest* angebunden sein. Nun wissen wir aber inzwischen, daß Pferde ungewöhnlich leicht erschrecken und in panischer Angst am Halfter zerren: Deswegen muß jede Art der Anbindung schnell zu lösen sein.

2. Was braucht man zum richtigen Anbinden?

Für die hierzulande meist gebräuchliche Art des Anbindens braucht man ein *Halfter*. Halfter gibt es in allen möglichen Sorten, Farben und Preislagen. Die teuersten sind aus *Leder* (Abb. 26), handgearbeitet, mit Zierstichen, blanken Messingringen und -schnallen. Sie müssen regelmäßig gereinigt und eingefettet werden, da Leder sowohl auf Trockenheit wie auf Feuchtigkeit sehr empfindlich reagiert, brüchig wird und dann leicht reißt. Robustere Halfter, die weit weniger Pflege brauchen, sich aber — je nach Qualität — mit der Zeit erheblich in die Länge ziehen können, sind aus *Chromleder*; es genügt, sie hin und wieder mit lauwarmem Wasser abzuwaschen. Kauft man eines dieser traditionellen Halfter, so achte man unbedingt darauf, daß alle Schnallen groß und handlich sind und daß genügend lange Strippen mit ausreichend zusätzlichen Löchern zum Verschnallen daran sind. Pferde in Auslaufhaltung werden auch bei Regen und Kälte von der Weide oder aus dem

Auslauf geholt und dabei aufgehalftert: Je größer die Schnallen sind, um so schneller und leichter lassen sich die Halfter an- und ausziehen. Neuerdings treten moderne Halfter aus *Kunststoff* (Abb. 27) stärker in

26 *Lederhalfter*

27 *Kunststoffhalfter*

den Vordergrund. Es gibt sie ein- und mehrfarbig in buntester Palette im Angebot; sie sind formbeständig und reißfest. *Bandhalfter* aus Nylon oder ähnlichem Material ähneln im Aussehen und in der Verarbeitung mit Messingringen und -schnallen den Lederhalftern.

28 *Minihalfter*

Ein *Minihalfter* (Abb. 28), das in einem kleinen Täschchen am Sattel oder lose in der Jackentasche beim Reiten und Fahren mitgenommen werden und in der Größe für Zwerge und Riesen verändert werden kann, wurde hauptsächlich zum schnellen Anbinden unterwegs entwickelt und sollte in keiner Sattelkammer fehlen.

Möchte man seinen Pferden eine besondere Empfindlichkeit der Nase bewahren, weil man sie später ohne Mundstück mit Nasenriemen (Bosal, Hackamore, Donal o.ä.) reiten möchte, so sieht man am besten von der üblichen Halfterung ab und benutzt zum Anbinden einen *Halsriemen* aus doppelt genähtem Leder, sehr breit und fest, mit großer Schnalle, großem Docht sowie einem sehr fest eingenähten Anbindering für den Strick (Abb. 29). Dieses Halsband muß so eng geschnallt sein, daß das Pferd es nicht über den Kopf abstreifen kann (es gibt zirkusreife Entfesselungskünstler!), und gleichzeitig so weit, daß es die Atmung nicht behindert und, beim Anbinden vor dem Futtertrog, die Futteraufnahme erlaubt. Man muß es individuell bei jedem Pferd ausprobieren (Abb. 30). Ein Halsriemen eignet sich auch gut zum Anbinden auf der Rast bei längeren Ausritten. Man läßt ihn beim Ritt, etwas weiter geschnallt und mit daran verknotetem Strick, lose am Pferdehals hängen. Beim Wanderritt kann man als Halsriemen auch einen Ersatz-Bügelriemen mitnehmen, der dann sowohl als Anbinder wie eben auch als Ersatz für einen reißenden Bügelriemen dienen kann.

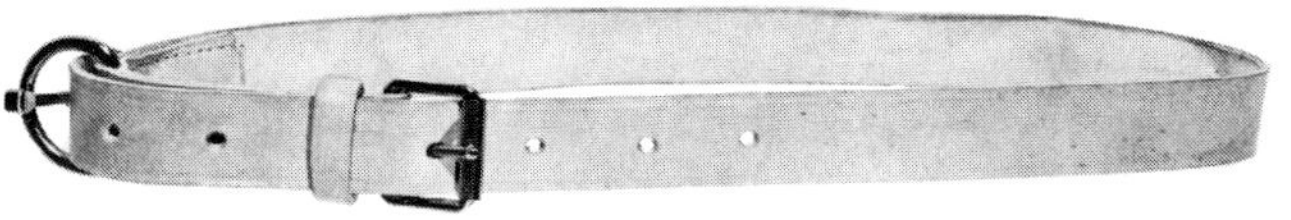

29 *Leder-Halsriemen*

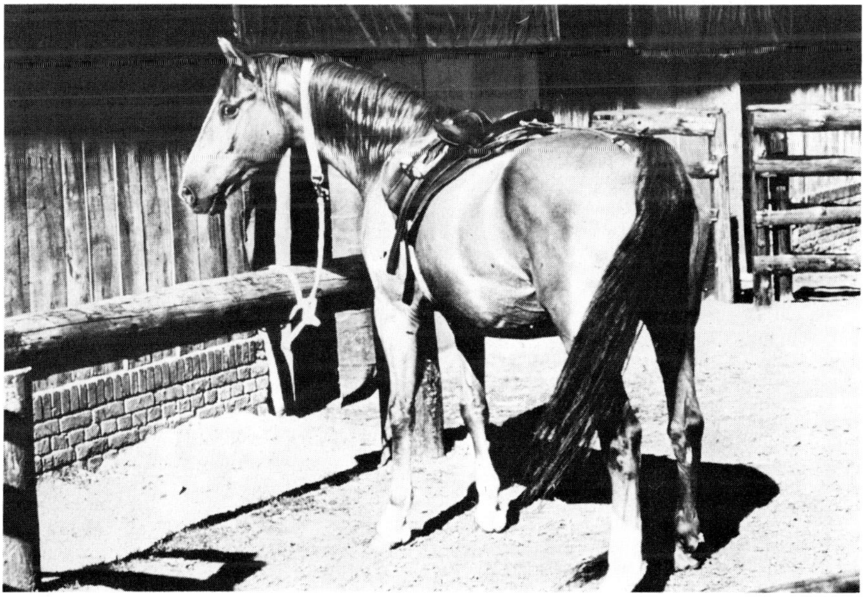

30 *Am Halsriemen angebunden*

Zum Halfter gehört der *Anbinderiemen* oder *-strick*. Lederriemen eignen sich dazu nicht (schon gar nicht der Zügel des Reithalfters!); sie reißen leicht und sind unhandlich beim Verknoten. Preiswert und stabil ist der gute, alte Hanfstrick; sehr preiswert und stark sind Anbinderiemen aus Kunststoff, die man am besten gleich im halben Dutzend kauft (weil man sie so gerne verliert!). Sie sollten eine *eingeflochtene Schlaufe* am einen, einen *eingeflochtenen Karabinerhaken* am anderen Ende haben (Abb. 31). Man zieht den Strick dann durch den Ring am Halfter und durch die Schlaufe und hakt (falls das Pferd *erwiesenermaßen* anbindesicher ist) den Karabinerhaken in den Ring an Wand oder Pfosten ein. Der Karabinerhaken muß stabil sein und sich nicht durch Zug verbiegen (Abb. 32b, c); den oft angebotenen billigen Ersatz zieht ein Pferd mühelos in die Länge und befreit sich auf diese Weise selbst (Abb. 32a).

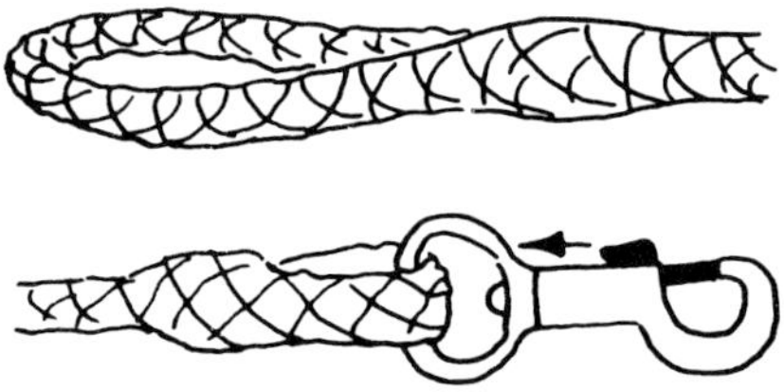

31 *Anbinderiemen. Oben: eingeflochtene Handschlaufe. Unten: eingeflochtener Karabinerhaken*

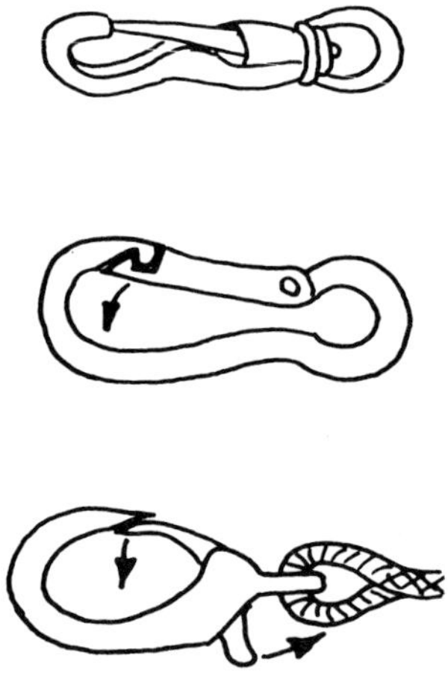

a: zu leicht

b: sehr stabil

c: praktisch zu öffnen

32 *Verschiedene Karabinerhaken*

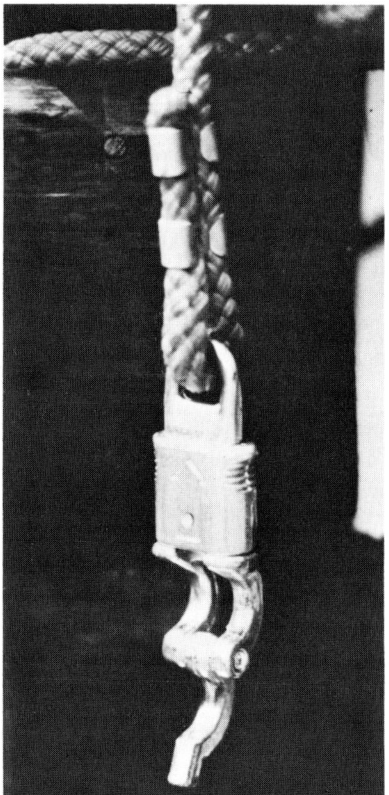

33 *Panikhaken — geöffnet*

Bei jungen, nervösen, unruhigen oder verdorbenen Pferden benutzen Sie besser einen *Panikhaken* (Abb. 33, 34). Man kann nun auch ein stark erregtes, stark zurückziehendes Pferd mit einem einzigen Griff losmachen. Freilich muß man dabei bedenken, daß das bereits erregte Pferd dann frei herumläuft (wenn man, wie es meist geschieht, den Panikhaken am Kopfstück festmacht). Pferde deshalb stets innerhalb eines umzäunten oder sonstwie abgeschlossenen Gebietes anbinden, aus dem sie nicht etwa auf eine befahrene Straße laufen können! Nach jedem Weglaufen natürlich ruhig und möglichst mit mehreren Helfern einfangen, beruhigen und erneut anbinden.

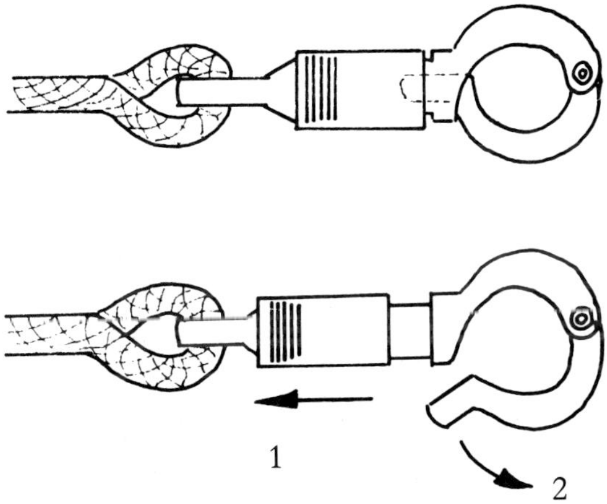

34 *Panikhaken*

Die Anbindestricke dürfen weder zu lang noch zu kurz sein (Abb. 35); 80 cm ist eine praktische Länge, falls das freie Ende um einen Pfosten geschlungen und verknotet wird. Es verbleiben dann 60 cm zwischen Halfter und Anbinder. Man bindet Pferde so kurz an, daß sie die freie Beweglichkeit des Kopfes behalten, jedoch nicht sehr weit nach hinten

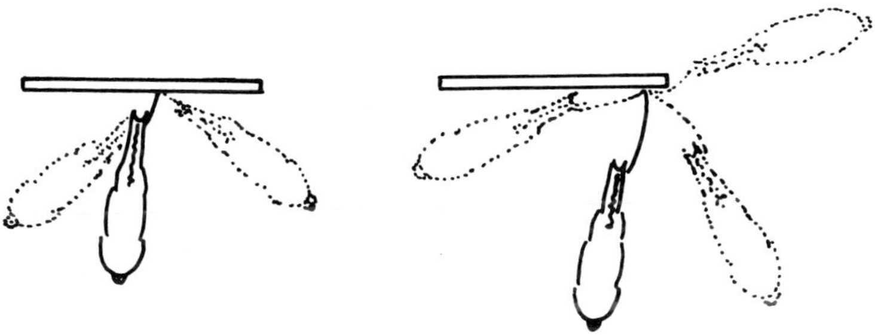

35 *Zu kurz und* *zu lang angebunden*

oder seitwärts wegtreten können. Letzteres wäre für den Pfleger unbequem und bei Pferden mit Stalluntugenden, wie Beißen oder Schlagen, wegen des größeren Aktionsradius gefährlich. Nebeneinander stehende Pferde sollen sich nicht zwicken oder beißen können.

Nicht ganz neu, aber noch ziemlich wenig bekannt ist ein sehr praktischer Anbinderiemen aus Gummi. Er hat genau die richtige Länge, leicht ein- und auszuhakende Schnappverschlüsse an beiden Enden und beruhigt nervöse Pferde schon dadurch, daß er elastisch nachgibt. Mit einer gemessenen Belastbarkeit von 1000 kg hält er auch den Zug starker Pferde aus.

Zum richtigen Anbinden schlingt man einen Sicherheitsknoten in den Strick, der mit einem Ruck zu öffnen ist (Abb. 36; Anleitung zur Herstellung s. Abb. 49).

36 *Sicherheitsknoten*

An allem Sattel-, Zaum- und Geschirrzeug ist die schwächste Stelle immer die, an der Haken, Schnallen, Ösen angenäht sind. Hier reißen die Ausrüstungsgegenstände am ehesten; es empfiehlt sich also, den Strick zweimal um den Pfosten bzw. durch den Ring zu schlingen und erst dann den Haken in den Strick einzuklinken (Abb. 37).

Zum soliden, praktischen Halfter oder Halsriemen mit ebensolchem Anbindestrick gehört auf der anderen Seite natürlich eine *unverrückbar feste Anbindevorrichtung*. Noch einmal sei es gesagt: Pferde entwickeln unter Streß (Angst, Erschrecken, Widersetzlichkeit) ganz ungeheure Kräfte.

Diesen Kräften muß die Halterung standhalten! Es genügt also nicht — wie oft gesehen —, irgendwo mit ein paar Hammerschlägen einen Pfosten in die Erde zu schlagen oder über zwei solcher Wackler eine Latte zum Anbinden mehrerer Pferde (!) zu nageln oder mit einer leichten Krampe einen Ring in die Wand zu schlagen und das Pferd daran zu binden. Überlegen Sie stets, was geschehen kann, wenn sich Ihr verängstigtes Pferd losreißt und auf die Straße stürmt oder in den Sandkasten zwischen die Kinder...

37 *Den Anbindestrick zweimal um den Pfosten schlingen*

Wenn Sie den Kauf von Pferden erwägen, gehört es zu den wichtigsten Vorbereitungen, einen auf lange Zeit passend gelegenen Anbindeplatz zu suchen (möglichst dort, wo Raum für mehrere Pferde ist; es bleibt sehr selten bei nur einem Freizeitpferd) und den richtigen Anbinder zu wählen und zu erstellen. Ganz vorzüglich eignet sich eine ausgediente Eisenbahnschwelle, 90 cm tief im Boden *einbetoniert* und mit einer Ringschraube versehen, die so lang ist, daß sie auf der anderen Seite des Holzes mit Mutter und Gegenmutter festgemacht werden kann (Abb. 38): Daran können Sie nun wirklich jedes Pferd festbinden.
Auch ein Stück Telegrafenmast, gleich tief einbetoniert, tut vorzügliche Dienste. Er braucht keinen Ring. Sie schlingen einfach das Strickende herum und befestigen es mit dem Sicherheitsknoten gemäß Abbildung 49.
Am besten planen Sie aber, wie gesagt, gleich für mehrere Pferde: Lassen Sie zwei Eisenbahnschwellen in die Erde ein und verbinden Sie sie mit einem Telegrafenmast, in den dann, wie beschrieben, im Abstand von 80 cm starke Ringe eingelassen werden.

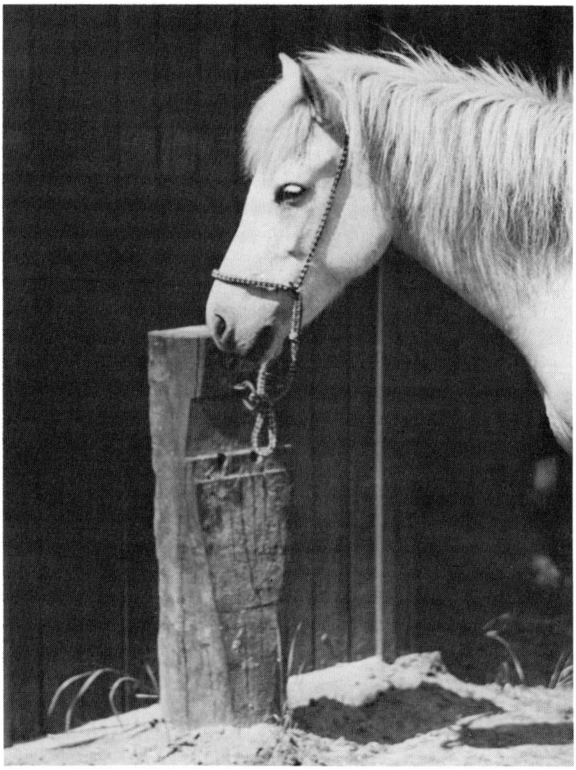

38 Eisenbahnschwelle als Anbinder

Eine solide Sache ist auch dies: Holzpfosten in die Erde einlassen, festbetonieren, oben mit durchgehenden Schrauben ein dickes Eisenrohr anbringen. Anbinderinge erübrigen sich hier; die Seilenden werden gleich um das Rohr geschlungen und verknotet (Abb. 39).
Nun haben Sie für den Rest Ihrer Tage Ruhe: An solche Vorrichtungen können Sie ruhige und nervöse Pferde anbinden und Gastpferde, deren Charakter Sie nicht kennen. Und auch beim Besuch des Tierarztes oder des Schmiedes sind Ihre Pferde hier maximal versorgt.
Möchten Sie eine Haus- oder Stallwand zum Anbinder umfunktionieren, so zementieren bzw. schrauben Sie die Anbinderinge fest ein (Abb. 40). Wenn es der Platz erlaubt, lohnt es sich sehr, an der Wand eine Überdachung für den Anbindeplatz anzubringen und den Boden mit rauhen Platten zu belegen. Das ist ideal, wenn im Regen gesattelt und abgesattelt werden muß; auch bei schlechtesten Wetterverhältnissen kann draußen geputzt und frisiert werden; Schmied und Tierarzt freuen sich über eine trockene Arbeitsstelle.

39 *Anbinder für mehrere Pferde*

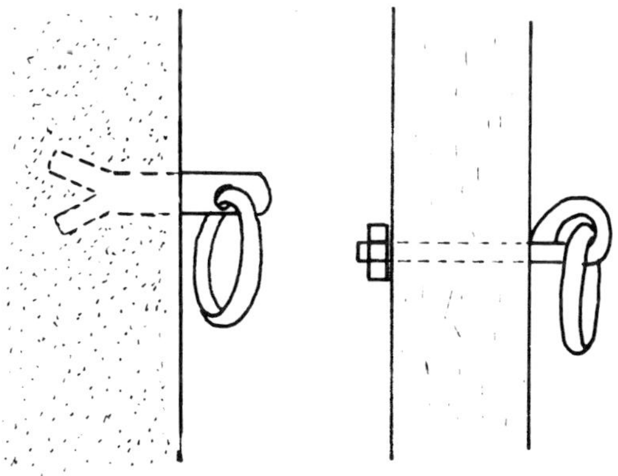

40 *Anbinderinge in Mauer oder Stallwand*

Die Stützbalken des Daches eignen sich besonders gut auch für eine ganz andere Art des Anbindens an *zwei seitliche Ringe* (Abb. 41). Bei uns noch wenig gebräuchlich, ist sie in aller Welt zu finden und hat sich sehr bewährt. An den Ringen sind in Hüfthöhe des Pferdes leichte Ketten aus witterungsfestem Material (mit Plastik beschichtet) befestigt. Bei Gebrauch werden sie mit Panikhaken im Halfterring eingehakt. (Die Dachstützen sollten freilich einbetoniert sein, damit ein erschrockenes Pferd sie nicht eines Tages mitsamt dem Dach einreißt wie Samson den Tempel der Philister.) Diese Anbindeart hat verschiedene Vorteile: Die Ketten hängen immer parat und sind schnell eingehakt; der Pfleger bewegt sich ungehindert um das Pferd herum; dieses selbst hat wesentlich mehr Bewegungsfreiheit — es kann den Kopf nach oben, unten und zur Seite bewegen, einen Schritt vor und zurückgehen; zudem kann es sich nicht festziehen.

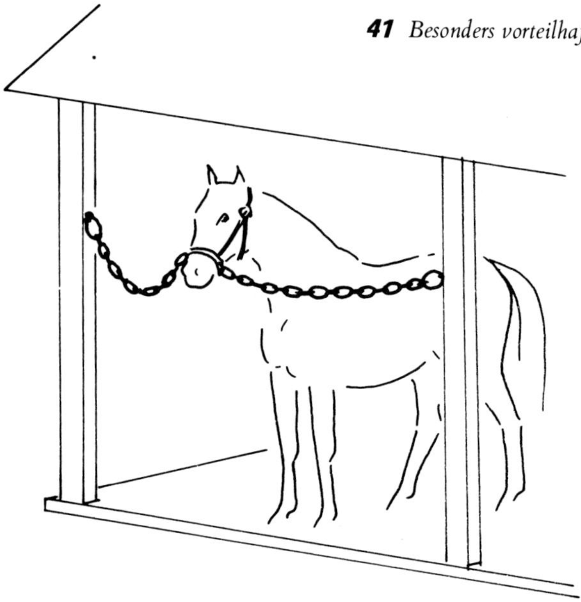

41 *Besonders vorteilhafte Anbindeart an zwei Ringen*

3. Wie und wo bindet man an?

Bei Ausritten oder bei der Teilnahme an Veranstaltungen achten Sie bitte immer darauf, die *festeste* Anbindemöglichkeit zu nutzen. Pferde, die robust — auf der Weide, im Auslaufstall — gehalten werden und dabei viel Kontakt mit der Umwelt haben, erschrecken zwar nicht so leicht wie die Gefangenen allseits geschlossener Boxen, doch kenne ich kein einziges Pferd, dem nicht aus irgendeinem Grunde doch mal der Schreck in die Glieder fährt.

Ist zum Beispiel ein Auslauf mit einem Holzgatter aus senkrecht im Boden verankerten Pfosten und davorgeschlagenen Latten oder dünnen Rundhölzern abgesperrt, so binden Sie Ihr Pferd unbedingt an den Pfosten an (Abb. 42) und nicht an Teilen, die ein zurückziehendes Pferd abreißen könnte! Denken Sie nur, was ein ohnehin verängstigtes Pferd anstellt, wenn es am Ende des Anbindestricks eine Holzlatte mitschleppt! (Auf dem Foto ist übrigens gut zu sehen, wie ein Halfter versorgt wird: man läßt es nicht einfach im Sand herumliegen, wo es verschmutzt, bei einem Regenguß gar naß wird, sondern hängt es am Anbinder auf. Es ist weder für den Pfleger noch für das Pferd angenehm, wenn Halfter dreckig, verkrustet und feucht benutzt werden.)

42 *Immer an den Pfosten anbinden, nicht an den Querbalken!*

Achtung: Ganz schlimm ist es, Pferde an bewegliche Gegenstände anzubinden. Ein Beispiel: Ein mittelgroßes, absolut anbindefrommes Pferd wurde, während man auf den Tierarzt wartete, vorübergehend an die Stange eines schweren Gartenschirms gebunden, der in einem großen Betonklotz steckte. Vom Menschen her gesehen eine stabile Sache — nicht aber für ein furchterfülltes Pferd. Als sich ihm der Tierarzt mit der

Spritze ungeschickt näherte, riß es mitsamt dem Gartenschirm aus, lief eine Hangwiese hinab — der Betonklotz rollte ihm zwischen die Beine, es stürzte. Dieses Pferd kann man seither nirgends mehr sicher anbinden; überdies fürchtet es sich nach nunmehr 17 Jahren immer noch hysterisch vor dem Tierarzt.
Gleich wenig geeignet zum Anbinden sind herumstehende Maschinen, Ackergeräte — kurz, Gegenstände, die vorspringende Spitzen, Kanten und Ecken haben und sich in Bewegung setzen könnten. Eine oft gesehene, schlimme Unsitte ist es, Pferde an den Türgriff des Autos zu binden!
Nicht nur der Gegenstand, an den man ein Pferd anbindet, bedarf der genauen vorherigen Kontrolle. Ebensoviel Aufmerksamkeit muß man der nächsten Umgebung schenken. Immer wieder kommt es vor — zumal dann, wenn Kinder herumwuseln —, daß dicht beim angebundenen Pferd ein Fahrrad abgestellt wird. Das Pferd macht, wie gewohnt, einen Schritt zur Seite, stößt gegen das Rad, zuckt zusammen, schlägt unwillig aus — und steckt mit dem Fuß in den Speichen! Panik ist unausbleiblich. Das Pferd kann sich so verletzen, daß es getötet werden muß.
Desgleichen ist häufig zu sehen, daß (zumal vor Gaststätten) Pferde dort angebunden sind, wo auch Autos parken. Vom Autofahrer ist eine Kenntnis der Psyche des Pferdes nicht zu erwarten, wohl aber sollte der Besitzer wissen, daß ein Pferd, das hinter sich an einen Widerstand stößt, leicht ausschlägt — und dabei das Auto beschädigt, sich selbst verletzt (und beim Anbinden künftig ängstlich ist).
Das sind nun lauter Dinge, von denen in Fachbüchern nichts zu lesen steht, weil sie so winzig sind. Aber glauben Sie mir nach mehr als vierzigjähriger Praxis im Umgang mit Pferden: Aus dem Nichtbeachten solcher Winzigkeiten ergeben sich immer wieder schlimme Folgen; 80 Prozent aller «verdorbenen» Pferde sind irgendwann durch diese und ähnliche Winzigkeiten verdorben worden — oft so nachhaltig, daß sie in jungen Jahren getötet wurden.
Suchen Sie zum Anbinden — ich wiederhole es — immer den sichersten, stabilsten Platz: Schlingen Sie an der Weide den Strick nicht um den Draht (!) sondern um den Pfosten; binden Sie Ihr Pferd niemals hinter einen offenen Anhänger — es könnte in Ihrer Abwesenheit versuchen hineinzuklettern und sich dabei im Strick verheddern; binden Sie es nie an die Anhängerkupplung — das ist zu tief, es könnte über das Seil treten.

Einer der folgenschwersten Fehler beim Anbinden ist es, den Strick zu lang zu lassen. Wir machten einmal einen Versuch mit zehn Testpferden hintereinander; er verlief in allen Fällen so: Das Pferd stand da am viel zu langen Strick — der Kopf hing immer tiefer, bis die Nase am Boden war, ein wenig herumschnoberte — der Strick lag nun am Boden — die Beine bewegten sich, machten einen halben Schritt zur Seite, nach vorn, ein Huf trat über den Strick (Abb. 43) — der Kopf ging wieder nach oben — das Bein hing im Strick (Abb. 44)!

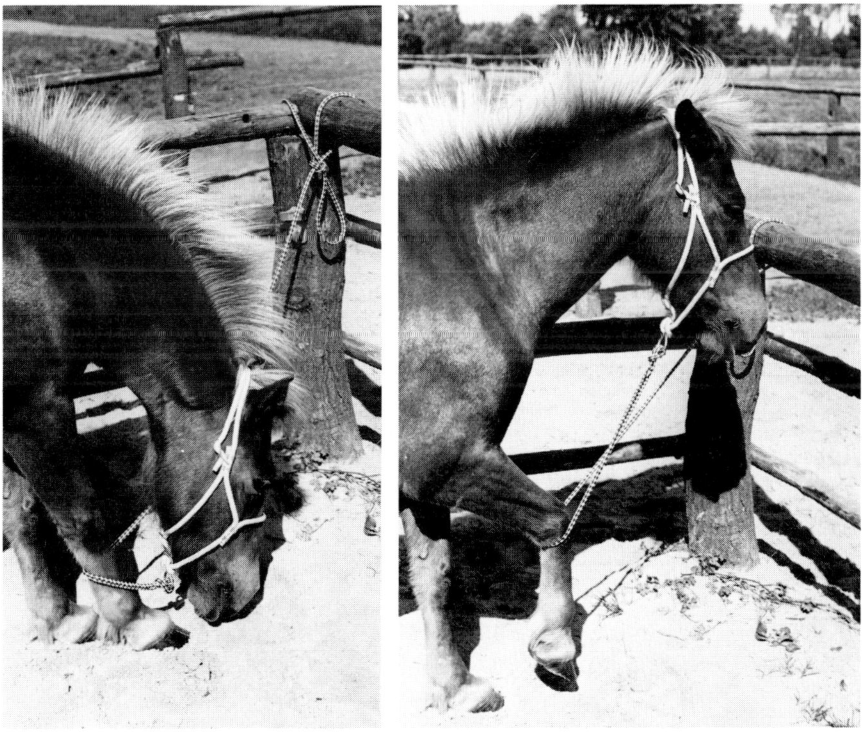

43—44 *Zu lang angebunden — das Pferd verhängt sich im Strick*

Erinnern Sie sich jetzt an das im ersten Kapitel Gesagte, so wissen Sie, daß es so kommen *muß*, weil die geschilderten Bewegungsabläufe für Pferde artgemäß und natürlich sind. Pferde erkunden ihre Welt am Boden; der Boden ist für sie Futtergrund und Nachrichtenmagazin. Wo immer sie sind, möchten sie am Boden erkunden, was los ist: ob andere Pferde hier standen und welche, ob es vielleicht etwas zu essen gibt — ein paar Halme Gras oder Heu, heruntergefallenes Brot. Beobachten Sie nur einmal, wie Pferde, die auf eine fremde Weide gebracht werden,

den Kopf tiefnehmen und die Lage «erschnobern». Nie bleiben sie an einer Stelle stehen, sondern grasen im langsamen Gehen, setzen dabei in kleinen Schritten Fuß vor Fuß. Beides tun sie folgerichtig auch am zu langen Strick: Sie nehmen den Kopf nach unten und bewegen die Füße. Und treten über den Strick. Und sitzen fest: können weder den Kopf hochnehmen noch den Fuß wieder auf den Boden bringen — geraten in Panik — können nicht flüchten — beginnen zu ziehen. Geschieht es ruhigen, gut erzogenen, dem Menschen vertrauenden Pferden, so geben sie sich nach einer Weile drein und bleiben in hilfloser Position höchst unglücklich stehen, bis jemand kommt und sie befreit. Öfter aber schlägt über nervigen, ängstlichen, temperamentvollen Pferden die Angst so zusammen, daß sie blindlings zu reißen und zu zerren und um sich zu schlagen beginnen. Haben sie sich erst einmal in solche Hysterie gesteigert, kann man sich ihnen nur unter Gefahr nähern, um sie zu befreien.
Ich habe Pferde erlebt, die sich vom einen zum anderen Augenblick in Furien verwandelten, mit dem Strick kämpften, sich mit zwei Beinen hinein verhedderten und sich dabei tiefe Reiß- und Schürfwunden, vor allem in den Gelenken, zuzogen. Waren sie endlich — vielleicht durch einen schnellen Schnitt mit scharfem Messer durchs Seil — befreit und einigermaßen wieder beruhigt, mußte man sich um Wunden kümmern, die besonders schwer und langsam heilen, weil sie, in den Gelenken, bei jedem Schritt wieder aufreißen. Es gab Pferde darunter, die monatelang ruhiggestellt und versorgt werden mußten und zum Reiten ausfielen.
Ein Beispiel: Ich war dabei, als ein sehr nachlässig zu lang angebundenes Pferd sich nach langem Kämpfen losgerissen hatte, wobei ihm beim Strampeln der für die Rast gelockerte Sattel unter den Bauch gerutscht war. Als der Besitzer herbeilief, hatte das Pferd sich, um den baumelnden Sattel loszuwerden, so heftig gewälzt, daß der Sattelbaum gebrochen war! Und der Strick hatte entlang dem gesamten rechten Vorderbein die Haut abgeschürft und in der Fessel eine tiefe Wunde verursacht.
Geht die Sache glimpflicher aus, so hat man zumindest wieder einem Pferd Mißtrauen vor dem Angebundensein beigebracht...
Will man ein Pferd *unterwegs*, bei der Rast, anbinden, so muß man wieder mit viel Überlegung den richtigen Platz finden: Unter Bäumen sucht man den mit der rauhesten Borke aus und bindet das Pferd in Brust-

höhe kurz daran an (Abb. 45); die Schlinge muß fest zugezogen werden, damit sie nicht rutscht; noch besser schaut man sich nach einer Astgabel um, bei der gar nichts rutschen kann (Abb. 46). Man achtet vor allem darauf, daß in der Nähe nichts besonders Appetitliches wächst, das das Pferd zum Ziehen und Zerren verleiten könnte. An einem dünnen, schlanken Baum mit glatter Rinde rutscht ein nicht sehr fest gebundener Strick leicht nach unten, wenn das Pferd den Kopf herunternimmt; tritt es dann über den Strick, zieht es sich den Kopf tief hinunter und kann nicht mehr hoch, weil der Strick ja nicht von selbst nach oben rutscht. Diese Position entsetzt Pferde ganz besonders (und das, während wir vielleicht eifrig Pilze suchen oder in der Gastwirtschaft ein kühles Bier trinken).

45 *Unterwegs möglichst am Baum mit rauher Rinde anbinden*

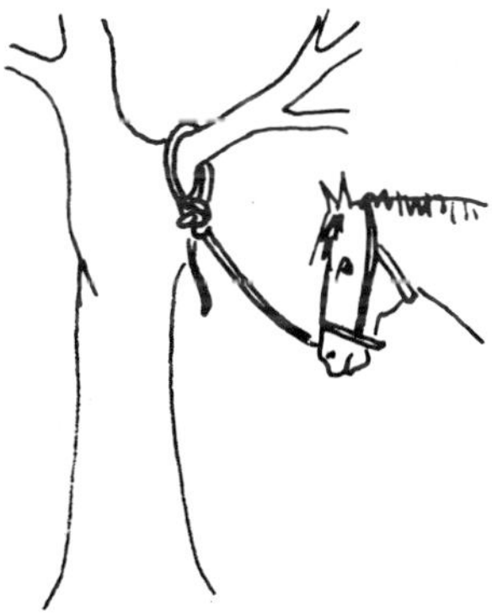

46 *Besser noch an einer Astgabel*

Mehrere Pferde bindet man draußen immer so an, daß sie sich weder mit den Zähnen noch mit den Hufen erreichen können. Findet sich keine geeignete Möglichkeit, muß eine Wache bei ihnen zurückbleiben.
Mehrere Pferde kann man auch sicher an einem fest zwischen Bäumen gespannten Seil anbinden. Der Halfterstrick muß dann genau so lang sein, daß sich das Pferd zwar nachts hinlegen, jedoch nicht mit einem Huf darübertreten kann. Kraftfutter wird am besten aus einem umgehängten oder auf den Boden gestellten Eimer gefüttert und immer so, daß sich die fressenden Pferde nicht mit den Hinterhufen erreichen können (Abb. 47).
Nur ein Pferd, das mit festem, gut sitzendem Halfter oder Halsriemen und solidem, richtig gebundenem, nicht zu langem Strick an bombenfester, sicherer

Anbindevorrichtung festgemacht ist, kann man beruhigt eine Weile sich selbst überlassen.

47 *Ein Seil zwischen zwei Bäumen als Anbinder für mehrere Pferde*

Im 1. Kapitel sprachen wir darüber, wie sehr das *Herdenverhalten* Pferde bestimmt. Auch daran gilt es zu denken, wenn wir Pferde anbinden.

Werden mehrere Pferde nebeneinander angebunden, muß man besonders gut auf den Abstand achten: Keines darf das andere beißen können! Deswegen sollten sie mindestens 80 cm weit voneinander entfernt stehen. Beißen können sie sich dann nicht; und wenn ein Pferd das andere schlägt, hat der Schlag nur geringe Wucht — zumal dann, wenn das angegriffene Pferd dem Schlagenden die Kehrseite zuwendet und damit den Schlag praktisch verunmöglicht. (Auf der Weide kann man das bei Auseinandersetzungen zwischen ranggleichen Pferden oder auch beim Spiel gut beobachten. Statt sich zu schlagen, drücken sie schrill quietschend die Hinterteile gegeneinander und verhindern eines des anderen Schlag.)

Wir gehen in diesem Buch immer davon aus, daß es am besten ist, Pferden so wenig wie möglich Zwang anzutun. Das darf aber keineswegs zu Sorglosigkeit in Situationen verleiten, bei denen es ohne geordneten Zwang zu Unfällen kommen kann.

Binden wir zum Beispiel nebeneinander stehende Pferde zu lang an, könnte eines das andere beißen oder wuchtig schlagen. Das geschähe wahrscheinlich auch aus anderem Grund durch unsere Schuld: wenn wir nämlich — aus Gedankenlosigkeit oder Unwissenheit — Tiere nebeneinanderbinden, die sich entweder nicht leiden können oder rangmäßig nicht zueinander passen. Das weckt im Stärkeren den Aggressionstrieb; er folgt ihm, indem er den anderen zu verjagen sucht — zunächst durch eine Drohgeste, dann im Ernst. Der Schwächere, der im Auslauf und auf der Weide nun unverzüglich ausweichen und damit im Sinne der Herdenordnung richtig handeln würde, kann nicht weg; diese «Unbotmäßigkeit» reizt den Nebenmann (der ja nicht mit dem Verstand realisiert, daß der andere nicht weg *kann,* weil er angebunden ist) zum Zorn.

Hier als Mensch wütend, womöglich noch mit der Peitsche oder sogar der Mistgabel, dazwischenzufahren, ist Unsinn. Wir können nur die Ausgangsposition ändern, unsere Pferde gut beobachten und herausfinden, wer am besten neben wem steht, und dann alle richtig und kurz anbinden.

Auf die gleiche Weise greifen wir störend in den allen Pferden seit Urzeiten mitgegebenen Kodex des Herdenverhaltens ein, wenn wir — was immer wieder zu beobachten ist — zwei einander völlig fremde Pferde auf die geschilderte nachlässige Weise nebeneinander anbinden. Wir sprachen schon ausführlich darüber, daß Pferde ihren jeweiligen Rang in der Gemeinschaft durch Kämpfe herausfinden müssen. Das kann, wenn Stärkerer und Schwächerer sich artgemäß verhalten, das heißt einander ausweichen können, durchaus glimpflich und nur durch Drohgesten erreicht werden. Beginnt aber die Auseinandersetzung zweier fremder Pferde unter den geschilderten beengenden Umständen, ist artgerechtes Verhalten nicht möglich: Die Situation spitzt sich im Handumdrehen zu, und es kann zu ernsthaften Verletzungen eines oder beider Pferde kommen.

Ganz und gar kriminell ist es, ein Pferd anzubinden, wo andere frei herumlaufen (also innerhalb einer Weide oder eines Auslaufs); Gipfel der Torheit ist das dann, wenn das angebundene ein fremdes Pferd ist, das im Territorium hier Heimischer steht (Abb. 48)! Das *muß* zu folgenschweren Auseinandersetzungen führen: Die Platzpferde wollen es zumindest eine Weile scheuchen — aber es kann nicht fliehen! Das macht die anderen böse; im Handumdrehen greifen sie an, und der Angebundene ist ernstlich bedroht. Das ist vonseiten der Angreifenden meist nicht beabsichtigt. In der Freiheit weicht ja das sich unterlegen fühlende Pferd jedem Schlag aus; damit «rechnet» der Angreifer. Bleibt der Angegriffene stehen, so bedeutet das im Herdenkodex, daß er sich stark fühlt und den Kampf aufnimmt — so geht der Angriff mit vermehrter Wucht weiter. Der Mensch hat hier eine Situation geschaffen, die die Pferde nicht übersehen können: Aus ihrem artgemäß richtigen Verhalten wird durch unsere Unbesonnenheit ein falsches.

48 *Nie ein Pferd als einziges in fremdem Territorium anbinden!*

Kampf entsteht blitzschnell. Es ist also unverantwortlich, gemütlich Kaffee zu trinken, die Pferde kaum oder gar nicht im Blick, und zu denken: «Ach, die werden sich schon anfreunden», oder: «Notfalls kann ich ja eingreifen.» Dazu ein Beispiel: Vor Beginn eines Reitkurses band ein Teilnehmer sein Pferd im Auslauf unserer Stuten an und ging weg, um eine Bürste zu holen. Eine der Stuten kam blitzschnell herbei und schlug aus — und traf den Wallach, der eigens zur Teilnahme an diesem Kursus 400 km weit hergefahren worden war, am Muskel des Oberschenkels. Der einzige Schlag machte für den unvorsichtigen Besitzer alle Erwartungen zunichte, viel Mühe war umsonst gewesen: Der Wallach lahmte volle drei Wochen.
Ich schreibe das alles nicht, um Ihnen Angst zu machen, sondern vielmehr, um Ihnen zu zeigen, wie Sie auf Grund der Kenntnis der arteigenen Zwänge, Triebe und Verhaltensformen des Pferdes mit Hilfe Ihres gesunden Menschenverstandes von vornherein Situationen vermeiden

können, die andernfalls böse Folgen haben. Jedes Tier, das wir aus seinem natürlichen Leben heraus- und in unsere Obhut hineinnehmen, hat das Recht, von uns mit Verständnis behandelt zu werden. Dazu gehört auch, daß wir uns ein für allemal klar machen, daß Begriffe wie «Herdenverhalten» unvermindert auch auf Pferde zutreffen, die seit Generationen keine Herde mehr erlebt haben, sondern einzeln und für sich großwerden und leben. Selbst ein paar Jahrhunderte ändern nichts an Anlagen, die seit Jahrmillionen den Pferden mitgegeben sind: Sie wirken sich sofort wieder aus, wenn durch Hinzukommen auch nur eines weiteren Pferdes «Herde» entsteht.
Pferde können das alles nicht bedenken. Wir können es. Und sollten es auch tun.

4. Der Sicherheitsknoten

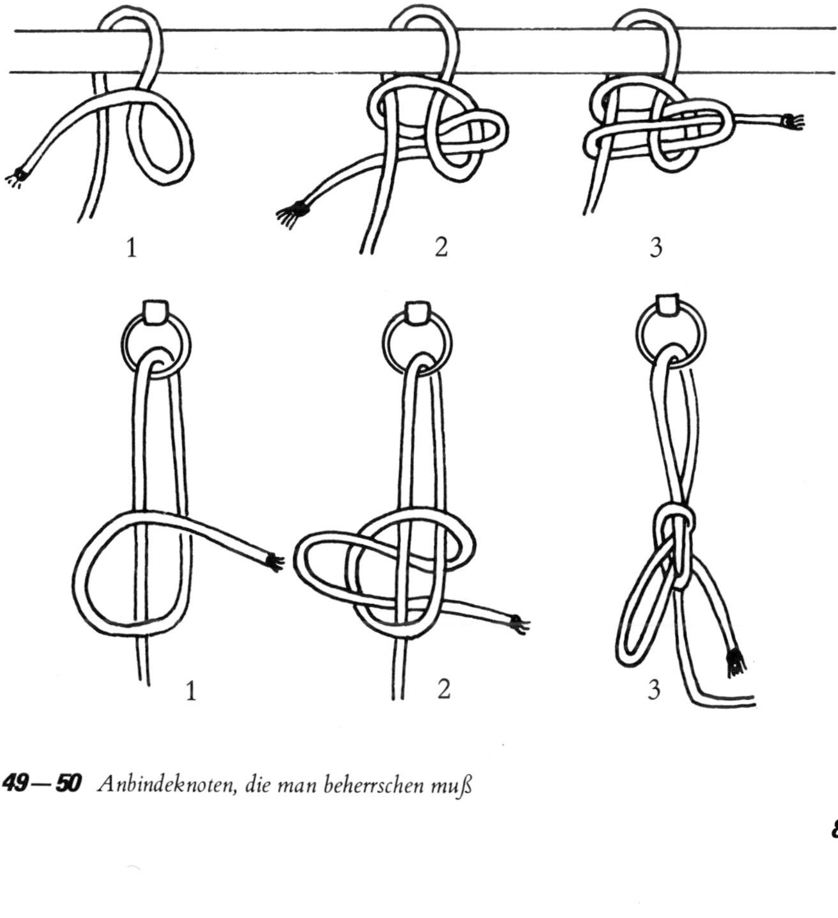

49—50 *Anbindeknoten, die man beherrschen muß*

Um Pferde so anzubinden, daß sie einerseits sicher «vor Anker liegen», andererseits ganz schnell losgebunden werden können, sollte man zwei Spezialknoten beherrschen. Die Abbildung 49 zeigt den um einen Anbinder, die Abbildung 50 den in einen Anbindering geschlungenen Knoten. Üben Sie beide so lange, bis Sie sie im Schlaf beherrschen.

5. Der hilfreiche Strick

Nur wenige Pferde lassen sich ohne ein Halfter führen. Versuchen Sie nicht, sie mit einem Griff in die Mähne oder am Schopf führen zu wollen: Mit beidem ist kein natürlicher Reflex verbunden wie etwa der, den der Druck des Halfters auf Genick oder Nase ausübt. Es ist dem Tier deswegen nicht klar, was der Zug am Haar bedeuten soll; in den weitaus meisten Fällen widersetzen sich ihm sogar Pferde, die mit Halfter oder Seil lammfromm folgen. Schimpfen hat gar keinen Zweck: Das Pferd begreift Sie gar nicht! Holen Sie lieber ein Halfter. (Vielleicht haben Sie auch Glück und tragen einen Gürtel, der lang genug ist, daß er dem Pferd um den Hals geschlungen werden kann?)
Wenn Sie hinausgehen, um ein Pferd zu holen, haben Sie natürlich ein Halfter bei sich. Doch es kann geschehen, daß Sie beim Weidebesuch eine Verletzung an einem Pferd feststellen oder es aus einem anderen spontanen Grund mitnehmen möchten; es kann auch geschehen, daß ein Pferd aus der Weide ausgebrochen ist und wieder hineingebracht werden muß. Leute, die viel mit Pferden zu tun haben, sollten deshalb immer einen Strick bei sich tragen, und sei es anstelle des erwähnten

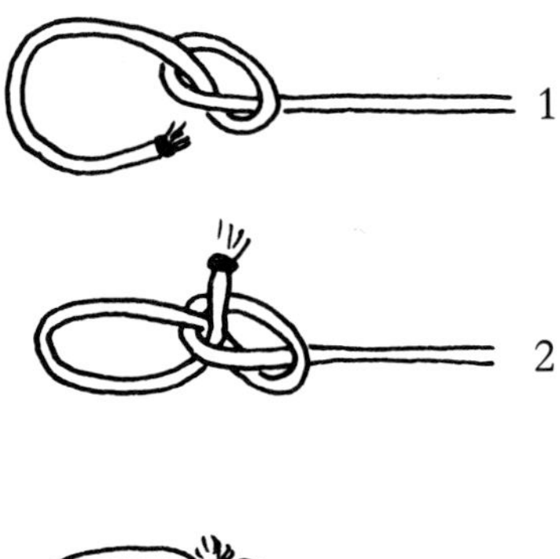

51 *Herstellung des Honda-Knotens*

Gürtels. Nichts ist vielseitiger verwendbar als ein einfacher Strick von etwa 150 cm Länge. Aus ihm ist schnell ein Leithalfter, ein Anbinder oder gar ein Reithalfter gemacht. Er sollte stets an einem Ende eine eingeflochtene Schlaufe haben. Hat er das nicht, stellen Sie zuerst einen *Honda-Knoten* (Abb. 51) her, der die gleichen Dienste tut. Sie knüpfen ihn, wie auf der Zeichnung gezeigt; er muß sich leicht lösen lassen und darf sich nicht zuziehen.
Mit ihm schlingen Sie buchstäblich im Handumdrehen ein *Behelfshalfter* zum Führen (Abb. 52, 53) (nicht zum Anbinden).

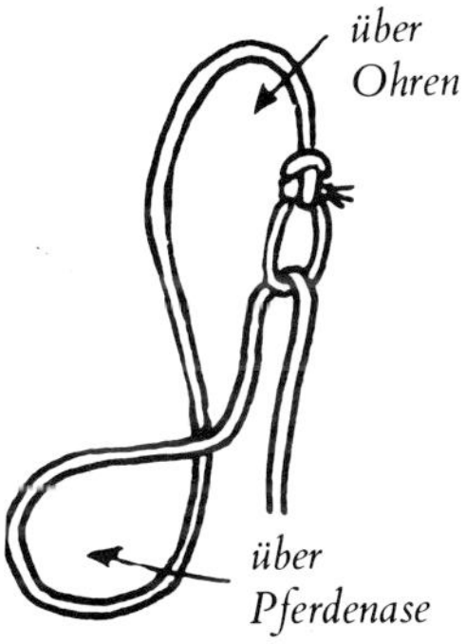

52—53 *Behelfshalfter mit Honda-Knoten zum Führen*

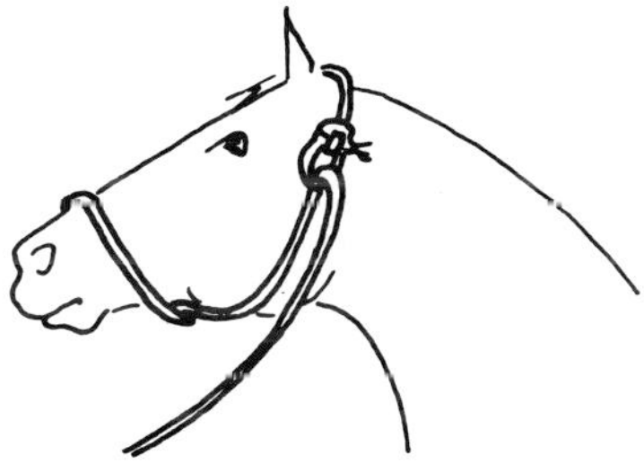

Müssen Sie das Pferd anbinden, so können Sie es an einem *Halsriemen* tun, den Sie wie in Abbildung 54 gezeigt durch den Honda-Knoten hindurch schlingen. Er ist leicht zu binden und leicht zu lösen und zieht sich am Hals nicht zusammen. Wenn man es sich angewöhnt, beim Ausritt eine Baumwollkordel am Sattel zu tragen, hat man jederzeit ein bequemes «Anbindehalfter» bei sich, das keinen Platz beansprucht, und wird nicht in Versuchung geführt, das Pferd am Zaumzeug anzubinden.

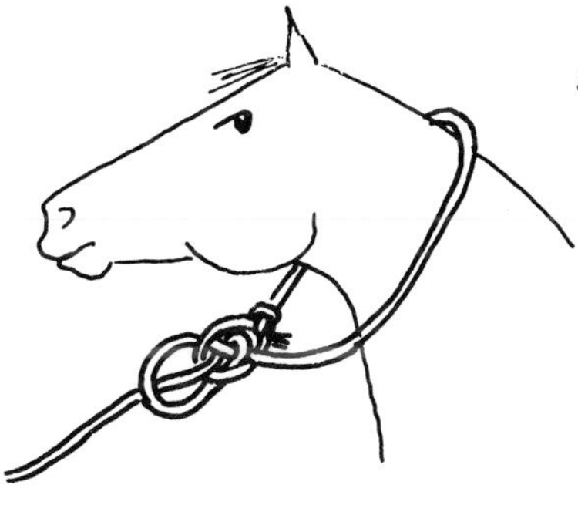

54 *Behelfs-Halsriemen mit Honda-Knoten*

Ein weiterer Schlaufenknoten ist der *Bowline* (Abb. 55). Auch mit ihm läßt sich schnell ein Halsriemen herstellen, der sich garantiert nicht zuzieht (Abb. 56). Man wendet ihn auch überall dort an, wo Pferde gezogen oder gehoben werden müssen: nach Stürzen, aus dem Sumpf, beim Verladen etwa auf ein Schiff.

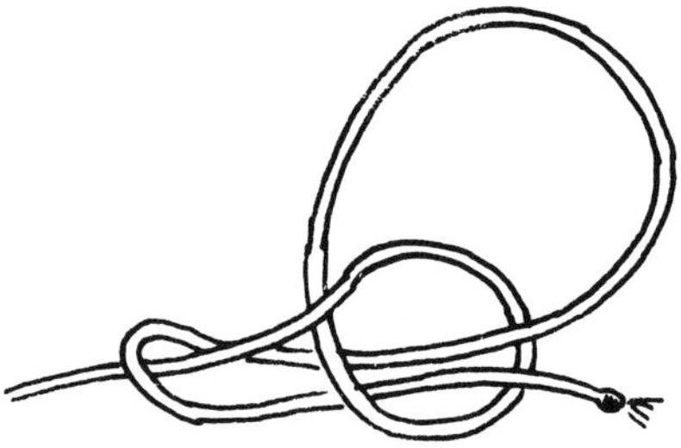

55 *Der Bowline-Knoten*

56 *Behelfs-Halsriemen mit Bowline-Knoten*

Honda und Bowline sollte jeder Pferdebesitzer beherrschen; sie sind tausendfach nützlich.

Mit Knoten ist es jedoch so eine Sache: dem einen liegt dieser, dem an-

57—58 *Behelfs-Halfter aus einem Nylonzügel*

deren jener besser. Deshalb hier noch einige weitere Schlingmuster für unterschiedliche Nutzung:

a. Aus einem Nylonzügel mit Karabinerhaken ist gemäß Abbildungen 57/58 leicht ein sehr stabiles Halfter hergestellt. (Ein Strick mit Hondaschlaufe tut die gleichen Dienste.)

b. Eine weitere Art Halsriemen, den man auch gebrauchen kann, um ein handscheues Pferd ans Fangen zu gewöhnen; entweder mit 10 m langem Ende (s. Kap. Einfangen, Aus der Trickkiste, Trick 2, mit Abb. 21) oder mit einem kurzen Fangstück (ebendort, Trick 3). Er darf weder auf die Halsröhre drücken, noch darf ihn das Pferd abstreifen können (Abb. 59).

59 *Behelfs-Halsriemen, hilfreich beim Einfangen handscheuer Pferde*

c. Ein recht gutes, da festes Halfter zeigen die Abbildungen 60/61. Man beginnt mit einem Bowline-Knoten, der sich nicht festziehen kann, und schlingt dann zwei Halbschläge um die Nase. Einer wird hinter die Ohren gezogen, und schon ist das Halfter fertig.

60—61 *Behelfs-Halfter mit Bowline-Knoten.*

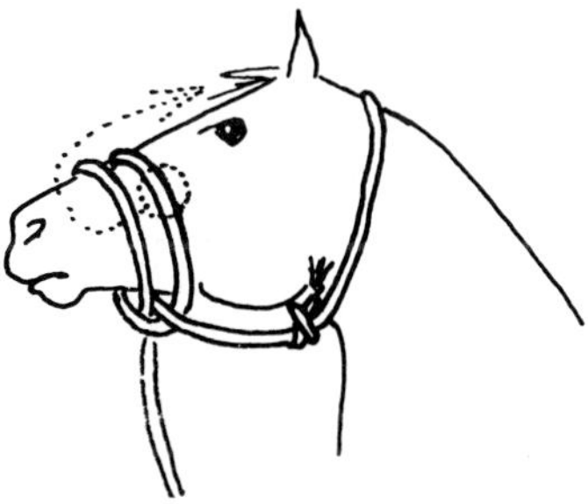

60: *So wird es geschlungen.*

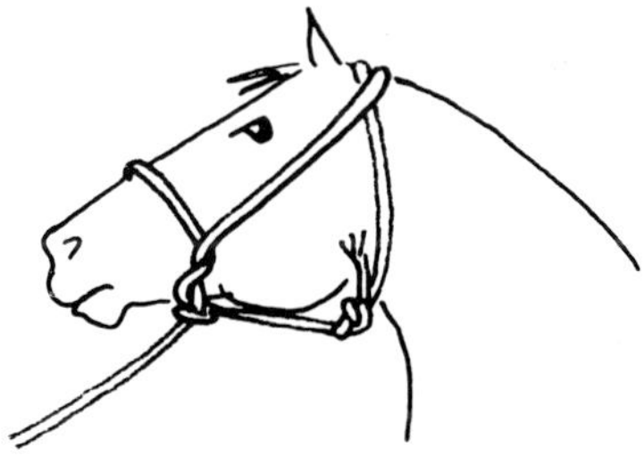

61: *So sitzt es*

d. Zum Schluß eine Ersatz-Hackamore, mit der man ein gutgerittenes, braves Pferd auch von der Weide heimreiten kann. Es ist in einer Minute hergestellt; der Knoten unter dem Kinn rutscht nicht (Abb. 62/63).

62—63 *Behelfs-Hackamore.*

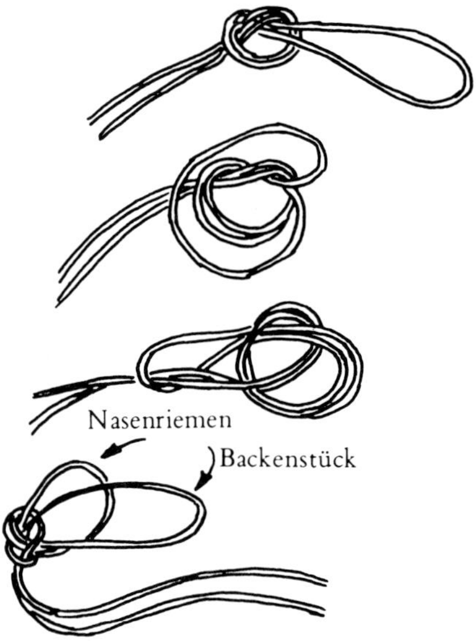

62: *So wird sie geschlungen.*

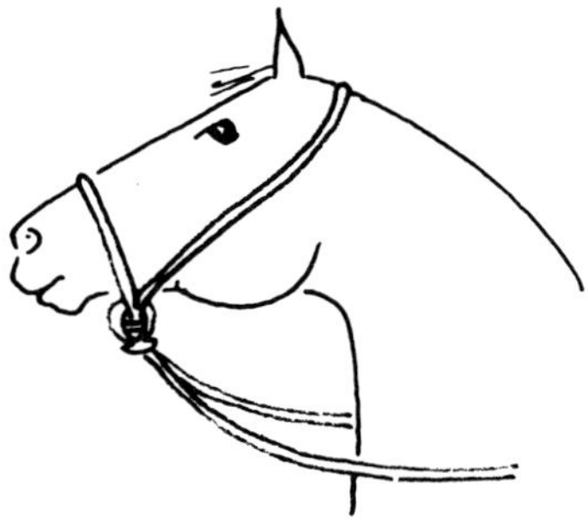

63: *So ist sie angelegt*

Achtung: Ans andere Ende aller Strick- und Behelfshalter gehört ein Mensch mit «verständiger» Hand: Ein leichtes Zupfen veranlaßt die meisten Pferde anstandslos zum Mitgehen, wohingegen Ziehen und Zerren Widerstand herausfordert; dabei können sich einige dieser Provisorien unter der Nase festziehen!

6. Halfter können gefährlich sein!

Halfter sind dazu da, um ein Pferd leichter führen und lenken und anbinden zu können. Sie sind nicht Teil seines Anzuges! Sie sehen unschuldig aus, und meist sind sie es natürlich auch. Dennoch gehen einige der schrecklichsten Unglücke mit Pferden auf ihr Konto. Man sollte sie nach Gebrauch unbedingt abnehmen.

Das Pferd, das auch im Stall ein Halfter trägt, verhakt sich allzu leicht etwa am Aufhänger des Wassereimers, an einer Ecke des Futtertrogs, in den Stäben der Heuraufe, am Türschloß, ja, schon an einem irgendwo vorstehenden Nagel oder Haken. Wir wissen inzwischen, wie schnell ein Pferd, das sich unversehens festgehalten fühlt, in wilde Panik gerät (je hochblütiger es ist, um so eher). Es kämpft nun mit allen Mitteln, um loszukommen: zieht rückwärts, setzt sich auf die Hinterhand. Bei diesem Gewürge und Geziehe können ihm die Beine wegrutschen, es kann sich festlegen und nicht mehr hochkommen — es kann sich selbst umbringen! Halfter können Todesfallen sein.

Ein Beispiel, zitiert aus einem Brief: «Wir ließen einer Stute im Abfohlstall das Halfter um und sahen jede Stunde nach ihr. Und dann fanden wir sie nahezu erwürgt vor. Sie hatte sich offensichtlich über die oben offene Stalltür gelehnt, wobei das Halfter über den Türriegel rutschte. Beim wilden Versuch, sich zu befreien, hatte sie sich so gewürgt, daß wir sie fast tot mit dem Kopf über der Tür hängend vorfanden.»

Das gleiche gilt für das Pferd, das auf der Weide ein Halfter trägt. Es kann sich an einem Baumast, einem Zaunpfosten, am Eingangstor und allen möglichen vorstehenden Dingen verfangen.

Ein Pferdehalter berichtete mir, daß sich das Halfter eines Wallachs, der es trug, weil er sich schwer fangen ließ, an einem Ast verfing. Im Bemühen loszukommen, verletzte er sich so an einem Auge, daß er die Sehkraft einbüßte.

Im Stall wie auf der Weide kann es überdies geschehen, daß sich das Pferd mit einem Huf im Halfter verhakt. Pferde haben die Angewohnheit, sich gelegentlich mit einem Hinterhuf am Kopf zu kratzen. Dabei rutscht der Huf leicht in ein zu weites Halfter. Das Pferd kann ihn nun unmöglich befreien, weil Kopf- und Hufhaltung von ihm nicht zu koordinieren sind: Es nimmt den Kopf so hoch wie möglich und kann mit dem Huf nicht noch höher reichen! So fällt es auf die Seite und zerrt oder würgt sich unter Umständen zu Tode (vgl. Abb. 21).

Ein Beispiel, aus einem Brief: «Ich hatte eine Stute, die auf der Weide stets ein Halfter trug. Morgens und abends sah ich nach ihr; eines Morgens fand ich sie am Boden liegend bewußtlos vor, ein Bein im Halfter verstrickt. Offensichtlich hatte sie die ganze Nacht gekämpft, um frei zu kommen. Der sofort gerufene Tierarzt tat alles, um sie zu retten, aber es war zu spät.»

64 *Zu weites Halfter*

65 *Zu enges Halfter*

Halfter müssen, wann immer sie angelegt werden, gut verpaßt sein. Zu diesem Zweck kaufe man stets Halfter mit vielen Verschnallmöglichkeiten und benutze diese dann auch. Ein zu lockeres Halfter ist, wie geschildert, eine regelrechte Todesfalle (Abb. 64); ganz besonders vorsichtig muß man bei jungen Pferden sein. Fohlen sind verspielt, neugierig und akrobatisch. Sie nähern sich den unmöglichsten Dingen und können daran hängenbleiben; es fällt ihnen leicht, mit dem Hinterbeinchen sich an den Ohren zu kratzen. Es ist falsche Sparsamkeit, jungen Pferden ein Halfter zum Hineinwachsen zu verpassen. Mehrere Halfter in der jeweils richtigen Größe kosten zwar mehr Geld, sind aber eine gute Versicherungsprämie. Auf der Weide sollten Fohlen niemals Halfter tragen!
Nicht minder gefährlich sind zu enge Halfter (Abb. 65); sie hindern das

Pferd daran, das Maul zum Grasen weit genug aufzusperren, und schnüren ihm die Luft ab. Bedenken Sie, was das vor allem bei Tieren bedeuten kann, die für längere Zeit auf große Weiden entlassen und nicht regelmäßig zur Kontrolle besucht werden!

7. Aus der Trickkiste

Ein Pferd wird angebunden, damit es — wie mehrfach gesagt — ruhig steht und sich von uns oder anderen satteln, pflegen oder behandeln läßt. Viele Pferde werden aber, ganz gleich, wie groß oder klein sie sind, unruhig und manchmal gefährlich, wenn etwas mit ihnen geschieht, das sie fürchten oder nicht leiden können. Am meisten Angst haben sie (infolge unangenehmer Erinnerungen, wegen des Geruchs?) vor Schmied und Tierarzt. Einige können es nicht ausstehen, wenn man Wunden reinigt, eine Spraydose benutzt, Verbände anlegt. Auch angebunden gehen sie steil in die Luft, schlagen aus oder zerren am Strick, bis ihnen die Augen aus dem Kopf stehen. In solchem Falle nutzt es schon, wenn ein Helfer (es kann ein geschicktes Kind sein) ein wenig Haut der Oberlippe zwischen Daumen und Zeigefinger nimmt und schnell hin und her schüttelt. Ein Pferd kann sein Augenmerk nicht auf zwei Sachen zugleich richten und läßt sich durch den leichten neuen Schmerz ablenken. Man muß nur aufpassen, daß die beiden unangenehmen Dinge gleichzeitig geschehen — und hinterher einen Leckerbissen geben und loben.

Das gleiche Prinzip steht hinter der zu oft und unnötig gebrauchten *Bremse*: einem Stück dicker Kordel, die als Schlaufe mit beiden Enden an einem kurzen Holzstück befestigt ist (Abb. 66). Die Schlaufe wird ebenfalls um die Haut der Oberlippe gelegt und durch Drehen des Stockes eng angezogen. Früher gehörte die Bremse zur allgemeinen Ausstattung des Schmiedes, und ich kenne nicht wenige Tierärzte, die sich einem Pferd ohne Bremse erst gar nicht nähern. Doch den Griff nach der Bremse sollten wir bremsen! Ganz abzulehnen ist sie bei jenen Auslaufpferden, die sich ohnehin schlecht einfangen und anfassen lassen. Was ihnen am Kopf Schmerzen bereitet, macht sie nur noch handscheuer. Merkwürdigerweise gibt es aber auch Pferde, die eine Bremse ganz gelassen hinnehmen: Sie lassen sich für den Augenblick dadurch ablenken und vergessen sie sofort wieder. Man muß es notfalls sehr vorsichtig ausprobieren. Dabei wird man auch herausfinden, daß bei manchen Pferden ein leichtes Anziehen der Bremse völlig ausreicht, während andere ein etwas kräftigeres Andrehen vertragen. (Ich selbst habe noch nie eine Bremse besessen und im Umgang mit Hunderten schwieriger Pferde auch noch nie gebraucht.)

66 *Nasenbremse — ich habe sie noch nie benutzt*

Hat man einen starken Helfer, so ist es auf alle Fälle besser, ihn ein Bein des Pferdes hochheben und festhalten zu lassen: So kann das Pferd nicht steigen und nicht schlagen. Freilich versuchen ängstliche oder sehr ungebärdige oder auch nur sture Pferde, sich diesem Zugriff zu entziehen, indem sie den betreffenden Fuß kräftig herauszuziehen versuchen. Gelingt ihnen das einmal, werden sie es immer wieder versuchen. Deshalb hat das Hochnehmen eines Beines nur Sinn, wenn der Halter Kraft und Energie genug hat, um wirklich festzuhalten. Man wird mit Verblüffung beobachten, wie schnell sich ein Pferd in sein Geschick ergibt, wenn es merkt, daß jeglicher Widerstand nutzlos ist. Ein Beispiel: Meine damals 5jährige Appaloosa-Stute Pinky, ein sehr stabiles Pferd, wollte beim ersten Beschlagen nach dem Kauf nicht stillstehen. Genau gezählt 32mal riß sie dem Aufhaltenden das Vorderbein aus der Hand und machte ein paar Schritte rückwärts (anbinden ließ sie sich schon gar nicht). Wir holten einen sehr starken und entschlossenen jungen Mann zu Hilfe. Er packte behutsam aber kräftig zu und hielt das Bein fest, obwohl sie fast zehn Minuten mit ihm über den Hof hoppelte. Dann ließ sie sich anstandslos beschlagen. Und nicht nur dies: Um nicht jedesmal das gleiche Theater zu erleben, bauten wir den beschriebenen Anbinder (s. Abb. 38) und banden sie beim nächstenmal mit einer Kette daran fest. Nichts geschah! Sie hatte ihre Lektion gelernt und ließ sich von da an sowohl am Fädchen anbinden als auch anstandslos beschlagen.
Hat man aber einen solchen Helfer nicht, kann man sich selbst helfen,

indem man ein Bein hochbindet. Ist es das Vorderbein, so schlägt man es um und bindet einen Bügelriemen darum. Der Riemen darf nicht zu nah am Vorderfußwurzelgelenk sitzen, weil er dann mit einer kräftigen Beinbewegung abgestreift werden kann (Abb. 67), sondern er muß um Fesselgelenk und Oberarm geschnallt werden (Abb. 68).

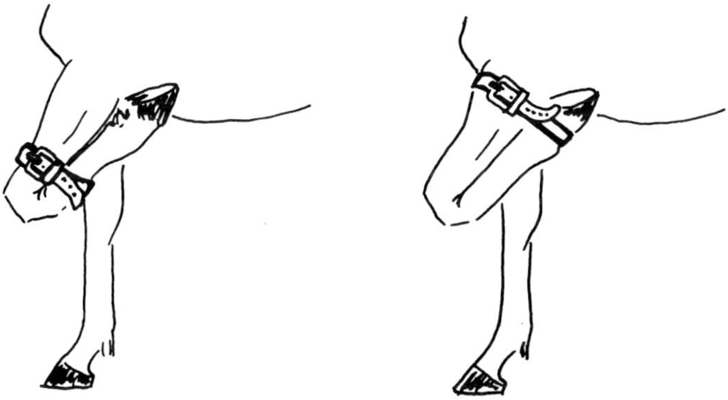

67—68 *Hochbinden des Vorderbeines.* **67**: *Falsch!* **68**: *Richtig*

Das Hinterbein bindet man hoch, indem man in den zugeschnallten Bügelriemen ein glattes, langes Seil einknotet und dieses um den Pferdehals legt. Der Bügelriemen muß dicht am Hinterhuf auf dem Boden liegen. Man legt ihn ruhig und fest um das Fesselgelenk und zieht dieses dann ebenfalls ruhig nach vorn und oben (Abb. 69). Das Seil wird auf der anderen Halsseite mit einem Knoten gebunden, den man notfalls sofort lösen kann (Abb. 70).

Selbstverständlich müssen die entsprechenden Beine hochgebunden sein, *ehe* die gefürchtete Person (Schmied, Tierarzt) auch nur auftaucht; einmal verängstigt oder aufgebracht, läßt sich kein Pferd die Füße mehr ruhig hochnehmen.

Niemals darf man zu dieser Prozedur eine Kette benutzen oder auch nur einen rauhen Strick! Die Fesselbeuge, die vorn und hinten hochgebunden wird, ist eine der empfindlichsten Stellen am ganzen Pferd: Die Haut ist dort sehr dünn und spärlich behaart und bewegt sich mit jedem Schritt, den das Pferd tut. Wunden, die hier durch Reibung, Zerren oder Reißen entstehen, entzünden sich leicht und heilen aus den geschilderten Gründen nur sehr langsam ab.

Kann man einem Pferd auf die gezeigte Weise die Hinterbeine nicht hochbinden, so hilft man sich folgendermaßen: Man nimmt statt des Lederriemens ein recht dickes, glattes Seil, das man überdies dick pol-

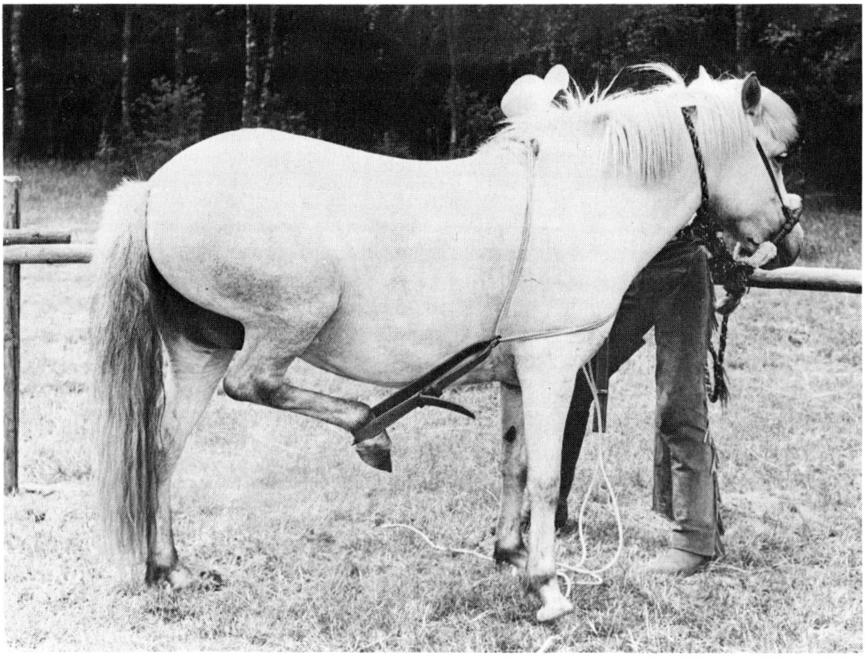

69—70 *Hochbinden des Hinterbeines.* **69**: *Am Fesselgelenk hochziehen.* **70**: *Die Verknotung des Seiles*

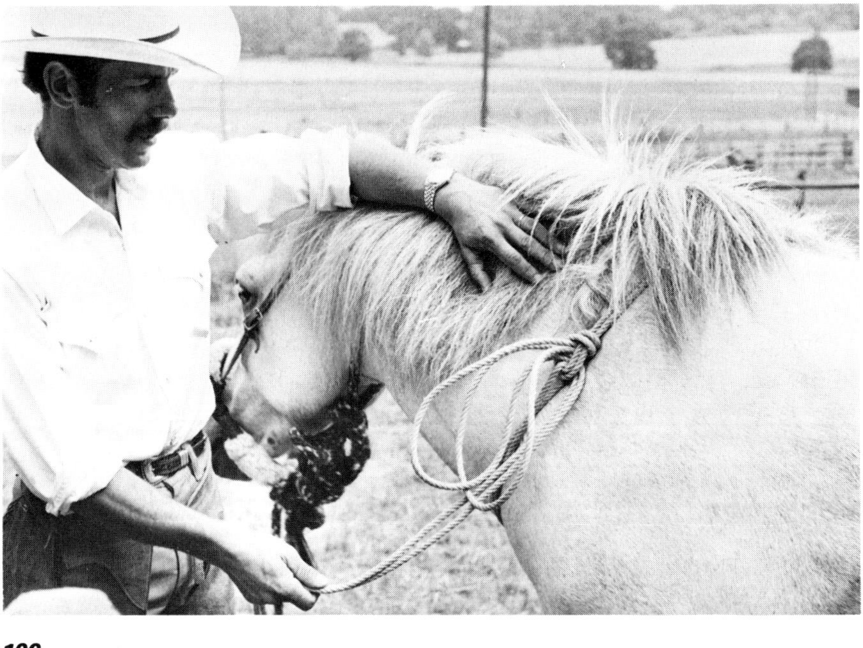

stert. Dazu legt man an einem Ende mit Hilfe des Honda-Knotens eine etwa 25—30 cm lange Schlinge aus und schneidet aus Lammfell ein etwas kürzeres Stück so breit aus, daß man die Schlinge damit umschließen kann. Das untere Ende muß frei bleiben; das Fellstück wird der Länge nach zusammengenäht und zwar so fest, daß es nicht verrutschen kann. Man zieht nun den Strick durch die Endöse und hat künftig ein Seil zur Hand, das man gefahrlos gebrauchen kann (Abb. 71).

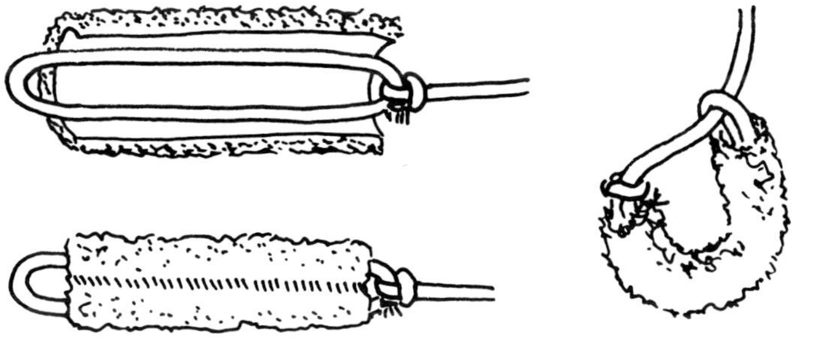

71 *Herstellung einer gepolsterten Schlinge zum Hochbinden eines Hinterbeines*

Die Schlinge wird stets mit äußerster Ruhe angelegt. Ist das Pferd sehr unruhig oder gar ein Schläger, zieht man die Schlinge weit und rund aus, legt sie dicht am Hinterhuf auf den Boden und wartet ab, bis das Pferd von selbst hineintritt. Wir wissen inzwischen bereits, daß das Bewegungstier Pferd nie ganz still steht — bald wird der Huf versehentlich in die Schlinge getreten sein, die nun ganz besonders vorsichtig und an der richtigen Stelle — im Fesselgelenk — zugezogen wird. Mit dem Hochbinden kann man sich Zeit lassen, bis das Pferd die Schlinge akzeptiert hat.

Man kann Pferde mit ein wenig Nachdenken auf mancherlei Weise übertölpeln, ohne ihnen wehzutun. Dazu aber bedarf es stets *sehr haltbarer, stabiler* Hilfsmittel. *Steiger* bindet man am Halfter ganz kurz an die Wand oder den Anbinder: Sie haben dann keine «Luft», um sich auf die Hinterbeine zu heben. Und ist der Riemen nicht mehr hundertprozentig fest, legen Sie lieber noch einen zweiten um den Hals. Selbst aus relativ harmlosen Pferden können unheilbare «Reißer» werden, wenn sie durch Erfahrung gelernt haben, daß man nur kräftig und lange genug ziehen muß, um frei zu werden!

Pferde, von denen man weiß, daß sie Reißer sind (ich habe in meinem Leben eine Menge davon kurieren müssen), darf man nie unbeaufsich-

tigt lassen; sie hören manchmal nicht auf, bis sie umfallen und sich verletzen.
Natürlich gibt es auch solche, die nur fühlen müssen, daß Widerstand zwecklos ist. Bei ihnen hilft man sich damit, daß man statt des Anbindeseils eine kräftige Kette nimmt, durch den Ring eines sehr stabilen Halfters zieht und am anderen Ende um einen starken Pfosten so schlingt, daß die Schlinge nicht rutschen kann (Abb. 72).

72 *Anbindekette*

Auch das Gegenteil kommt vor: Pferde, die nach schlechten Erfahrungen *Angst* haben vor dem Angebundenwerden. Großen Erfolg haben wir dann damit, daß wir — immer unter Aufsicht — den Anbindestrick mehrmals lose um den Ander schlingen. Beim ersten Ruck ist das Pferd frei. Es ist zunächst sehr verwundert — beim fünfzigsten Mal ist die Angst vergangen: es läßt sich nun auch wieder normal anbinden.
Fohlen, die zum erstenmal angebunden werden, vollführen — vor allem, wenn sie nicht schon in den ersten Lebenswochen vorsichtig angelernt wurden — oft die tollsten Sprünge, um sich zu befreien. Sind die Anbindevorrichtungen dann auf beiden Seiten sehr fest, kann es vorkommen (ich selbst weiß von einem Fall), daß sie sich das Genick brechen. Abhilfe ist einfach und kostet nichts: Man nagelt um einen Pfosten oder um den vorhandenen Anbinder mit ein paar kräftigen Nägeln einen alten Autoschlauch und bindet das Fohlen daran an (Abb. 73). Der

Schlauch gibt beim Zappeln soviel nach, um jeden Ruck ausreichend zu mindern. Allein das beruhigt die meisten Reißer schon (weshalb sich auch für erwachsene Pferde dieser kleine Trick als hilfreich erweist).
Sehr, sehr wirksam ist es immer — auf dem Boden und unter dem Sattel —, wenn sich die Pferde selber bestrafen. Die Wirkung setzt dann viel unmittelbarer ein, als wenn der Halter oder Reiter straft. In diesem Falle geht das so: Man nimmt einen festen, 1 1/2 cm dicken, etwa 6 m langen Hanfstrick und bringt ihn so an, wie in Abbildung 74 ersichtlich — fädelt ihn durch den Halfterring, führt ihn diagonal über den Rükken, unter dem Schweif durch, wieder diagonal zurück zum Halfterring und von dort doppelt zum Anbinder. Je mehr nun das Pferd zieht, um so mehr zieht es sich selbst nach vorn (Abb. 74). Es tut nicht weh — aber bald wird der Missetäter nicht mehr ziehen!

73 *Der am Pfosten angenagelte Autoschlauch dämpft den Zug des Reißers*

74 *So straft der Reißer sich selbst*

8. Tüdern und Hobbeln

Natürlich kann man Pferde auch anders als an feste Anbinder oder Pfosten und Mauerringe anbinden. Will man kleinere Weiden pfleglicher abgrasen lassen oder hat man die Möglichkeit, abgelegene Wegränder, ungenutzte Waldlichtungen oder gar den eigenen Garten zum Füttern oder als Beifutter zu nutzen, kann man die Pferde auch *antüdern*. Man benötigt dazu einen 40—50 cm langen Eisenpflock, der unten spitz ist. Etwa 8 cm vom oberen Rand entfernt läßt man sich vom Schmied zwischen zwei kräftigen Ringwulsten, die das Rutschen verhindern, einen starken eisernen Doppelring so anbringen, wie die Abbildung 75 es zeigt. Der innere Ring muß sich zwischen den Wulsten leicht drehen können. In den größeren äußeren Ring wird ein Ring mit Wirbel eingeschmiedet. In der Abbildung deutet der Zeigefinger auf die betreffende Stelle. Eine etwa 5—7 m lange, leichte Kette wird hier eingeklinkt und auf der anderen Seite gleichfalls mit einem Wirbelhaken am Halfter des Pferdes befestigt. Die Kette kann sich nun nach allen Richtungen frei drehen und wird sich niemals um den Pflock festzurren.

75 *Eisenwulste und Wirbelring am Tüderpflock*

Zuerst ist diese Art des Grasens dem Tier freilich fremd und es stellt sich etwas ungeschickt an, doch in den meisten Fällen gewöhnt es sich bald daran. Am besten behält man es die ersten Stunden gut im Auge oder

gewöhnt es auf einer Wiese daran, auf der man selbst andere Arbeiten verrichtet.
Tüdern ist keine Tag-und-Nacht-Dauerlösung, aber es eignet sich gut dazu, einem Pferd ein paar Stunden täglich zusätzliches Futter und — in manchen Fällen von Boxenhaltung noch wichtiger — zusätzliche Bewegung zu verschaffen.
Natürlich muß man darauf achten, daß umgepflockt wird, wenn die Stelle kahlgegessen ist und Langeweile einsetzt. Dazu schlägt man mit einem kurzen, kräftigen Hammer den Pflock durch ein paar Schläge von der Seite locker, bis man ihn leicht aus der Erde ziehen kann, und schlägt ihn an der neuen Stelle etwas schräg wieder ein.
In vielen Ländern der Welt — zumal in jenen, deren endlose Weiten durch ganz wenige oder gar keine Zäune eingekoppelt sind — hilft man sich, um Pferde am Weglaufen zu hindern und ihnen gleichzeitig über längere Zeit die Nahrungsaufnahme zu ermöglichen, mit dem *Hobbeln*.
Dabei werden meist die Vorderbeine des Pferdes in geringem Abstand voneinander so gefesselt, daß es gerade noch die zum Grasen notwendigen kleinen Schritte machen kann. Es gibt zwei Stellen, an denen man Hobbel anlegen kann: knapp unterhalb des Vorderfußwurzelgelenks (Abb. 76) oder in der Fesselbeuge (Abb. 77).

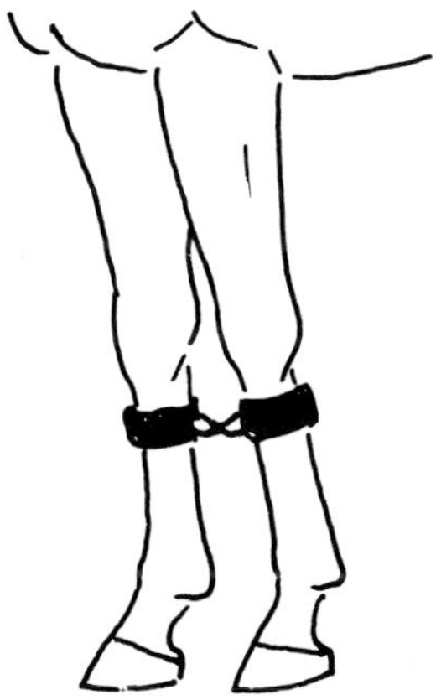

76 *Hobbel unterhalb des Vorderfußwurzelgelenks*

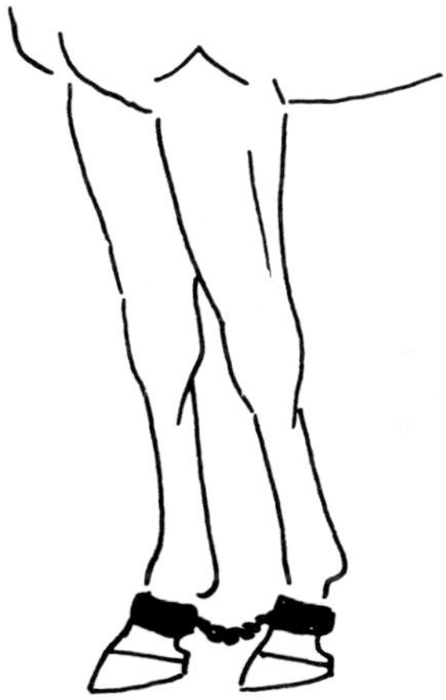

77 *Hobbel in der Fesselbeuge*

Sowohl beim normalen Vorwärtsgehen wie auch bei dem nicht seltenen Versuch des Pferdes, schnellere Hopser zu machen oder sich der Fesselung durch Reiben und Reißen zu entledigen, scheuern die Hobbel an

diesen empfindlichen Stellen. Deshalb müssen alle Hobbel — seien sie nun aus Leder mit Schnallen, aus dicken Stricken — dick mit Schaf- oder Nylonfell gepolstert sein (allenfalls noch mit Filz, der aber bei Nässe leicht hart wird).
In Ländern ohne Baum und Strauch werden Hobbel oft so angelegt, daß sich das Pferd überhaupt nicht von der Stelle bewegen kann; sie sind dann reiner Ersatz des Anbinders; mehrere Pferde werden dabei mit einem dritten Bein noch an ein gemeinsames Bodenseil gebunden (Abb. 78).

78 *An Hobbeln und Bodenseil festgelegt*

Bei uns ist das Hobbeln überall dort problematisch, wo gehobbelte Pferde auf Straßen oder fremde Grundstücke gelangen können — und das ist wohl eher die Regel als die Ausnahme. Dennoch: die Zunahme von Wander- und Ferienritten in abgelegene Gegenden kann es durchaus erwünscht sein lassen, daß ein Pferd hobbelgewohnt ist. Um auszuprobieren, ob sich Ihr Pferd überhaupt dazu eignet, können Sie sich leicht ein Probehobbel selbst anfertigen (Abb. 79). Sie schneiden dazu von einem passend breiten Sack etwa 25 cm ab (a), rollen das Stück ein (b) und drehen es zu einem Hobbel (c, d). Man kann diese Sack-Hobbel auch zum Hochbinden eines Beines benutzen (e), ähnlich wie Riemen oder gepolsterte Schlingen, wie in den Abbildungen 69 und 71 gezeigt.

Die ersten Tage lassen Sie das Pferd auf der eingezäunten Weide grasen und beobachten seine Reaktionen genau: Es könnte sein, daß es sich zunächst vom Futter ablenken läßt und später Angst bekommt und in Panik gerät! Dann müssen Sie unbedingt zur Stelle sein und es beruhigen.

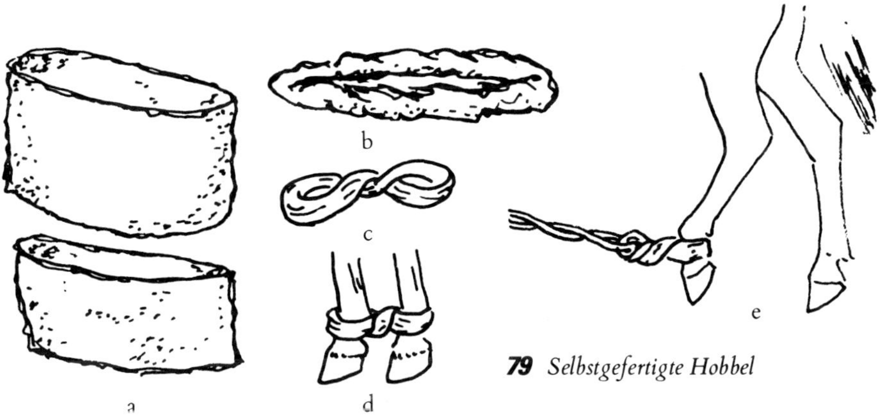

79 *Selbstgefertigte Hobbel*

Putzen 4

1. Haut- und Fellpflege — wozu?

Ist Putzen überhaupt notwendig? Wildlebende Pferde werden doch auch nicht geputzt? Pferde im Stall machen sich doch gar nicht schmutzig — weshalb sie dann putzen? Übertragen wir nicht nur unser anerzogenes Reinlichkeitsbedürfnis auch auf das Pferd?

So kann der Laie zu Recht fragen. Gehen wir den Fragen einzeln nach.

Wildlebende Pferde werden nicht geputzt, aber ihre Lebens- und Umweltbedingungen sind entscheidend von denen des modernen Freizeitpferdes unterschieden. Sie bewegen sich beim Grasen langsam und vermeiden es tunlichst, ins Schwitzen zu geraten. Sie suchen bei Sonne möglichst Schatten auf und weiden am liebsten frühmorgens, spätabends und nachts. In der Herde können sie einander bei der Fellpflege helfen: Sie rupfen sich gegenseitig ganze Haarbüschel an Hals, Widerrist und Rücken aus, reiben sich an Bäumen und Sträuchern, nehmen häufig und gern Sandbäder auf feinkiesigem oder scharfkörnigem Boden, wälzen sich im Schlamm — kurz, sie tun alles, was ihre ausgesprochen stoffwechselaktive Haut braucht. Pferde haben nämlich einen angeborenen Hautpflegetrieb: Die Haut ist stärker als bei vielen anderen Tieren in die Atmungsaktivität einbezogen. Ihr Weidegrund war stets so weit und abwechslungsreich, daß er ihnen alle Voraussetzungen zur absolut notwendigen Körperpflege bot. Wind, Regen und Sonne, Taubäder und das Kühlen der Beine in Wasserlöchern und Bächen taten (und tun heute da, wo Pferde noch ganz frei leben) ein übriges.

Weidepferde, die bei uns ähnlich frei und weit schweifen können und nicht arbeiten, brauchen gleichfalls wenig Pflege. Wo aber können sie das? Unsere Weiden sind auch im besten Falle zu klein dazu, und so müssen wir für unsere Pferde zumindest das tun, was sonst die Natur für sie tut: müssen im Frühjahr die Winterwolle, im Herbst das Sommerhaar entfernen. Haben sie nicht genügend sandigen Wälzgrund, müssen wir mit dem Putzzeug nachhelfen, die im Fell verfilzten Stellen aufrauhen, reinigen und wieder durchlässig machen für den Wind von außen, die Körperausscheidungen von innen. Beim Putzen werden Schuppen gelöst, wird totes Haar herausgebürstet, die Durchblutung der Haut gefördert. Und da sich auf unserem weichen Wiesengrund die Hufe nie genügend ablaufen, müssen wir außerdem die Hufränder raspeln und beiputzen (fegen) lassen.

Daß sich Stallpferde nicht schmutzig machen, ist ein großer Irrtum. Sie bewegen sich ständig auf engem Raum und müssen sich auf ihren eigenen Kot und schmutzige Stellen der Einstreu legen; bei jeder Bewegung wühlen sie Staub auf, der viel Schmutzpartikel der Streu enthält und sich auf ihrem Körper niederläßt — kein Wind fegt ihn fort. Ihre Stalle sind meist zu warm und oft mit «schwitzenden» Betonwänden versehen; so schwitzen auch sie, und der feine Schweiß vermengt sich mit Staub und Hautschuppen und verstopft die Poren, die nicht mehr frei zu atmen vermögen. Das alles erzeugt äußerstes Unbehagen bei einem Wesen, das für die klare, saubere Luft der Steppe geschaffen wurde. Dort übten Wind und Regen eine andauernde sanfte Massage aus, deren Reiz die Muskeln stimuliert, die Blutzirkulation anregt. Auch das müssen wir durch die Arbeit mit den verschiedenen Putzgeräten ersetzen.

Ein ganz entscheidender Unterschied zum Wildpferd ist sodann, daß unsere Pferde *arbeiten* müssen, dabei zusätzlich mit Umweltschmutz in Berührung kommen und vermehrt schwitzen. Dieser Schweiß vermischt sich noch stärker mit dem Staub der Reitbahn, der Wege, den Abgasen der Autos...

Ein gewisses Pensum an Pflege ist also selbst dann erforderlich, wenn wir unsere Freizeitkameraden auch nur im Zustand wildlebender Pferde auf der Weide erhalten möchten. Für jedes Mehr, das wir ihnen an Leistung abfordern oder das wir ihnen zu unserer Bequemlichkeit (etwa durch Einstellen in eine Box) oder unserem Schönheitsbedürfnis zuliebe (beim Vorstellen auf einer Schau, bei der Teilnahme an Wettbewerben) auferlegen, müssen wir selbstverständlich ein Mehr an pflegerischer Mühe aufwenden.

Pflege also muß sein.

Art und Intensität der Haut-, Haar-, Huf- und Gesundheitspflege unterscheiden sich nach der Art der Haltung (im Stall oder auf der Weide, im freien Auslauf) sowie nach der Art des Gebrauchs (Zucht, gelegentliches Reiten und Fahren, häufiges Reiten und Fahren, Sport). Die geringste Mühe macht das ausschließlich zur Zucht genutzte Freiluftpferd oder -pony mit ganzjährigem Weideauslauf, die meiste das zum Hochleistungssport gebrauchte Stallpferd. Dazwischen ergeben sich alle möglichen Anlässe zu intensiverer oder gar zusätzlicher Pflege; letztere etwa, wenn eine Zuchtstute von der Weide weg zur Schau, ein Hengst zur Körung vorgestellt wird; wenn ein Gespann bei einer Schaunummer mitwirken oder Erbtante Adele vom Bahnhof abholen soll; wenn wir an einem Treffen, einer Jagd, einer sportlichen oder geselligen Veranstaltung teilnehmen wollen — kurz: wenn wir unsere Pferde in der Öffentlichkeit zeigen und herausstellen möchten.

Pflege muß also dem Anlaß angepaßt werden.

Wenn wir hier von Pflege sprechen, so ist damit beileibe nicht nur das Putzen gemeint. Zur Pflege eines Pferdes gehört zunächst, daß wir ihm die richtige, seinen Bedürfnissen maximal angepaßte Umwelt verschaffen (saubere Box mit großem Auslauf, Unterstand mit trockener Einstreu und Auslauf, gepflegte Weide), daß wir es seinen Bedürfnissen entsprechend füttern (es weder über- noch unterernähren) und daß wir ihm ausreichend Bewegung verschaffen. Mit «ausreichender Bewegung» ist nicht gemeint, ein eingesperrtes Pferd täglich ein bißchen herumzuführen, es eine Viertelstunde zu longieren oder ein paarmal in der Halle herumlaufen zu lassen, denn das genügt *bei weitem* nicht. Pferde sind auf die echte Belastung des ganzen Organismus entsprechend ihrer Erbveranlagung angewiesen; ihr Kreislaufsystem funktioniert nur, wenn ihrem *Bedürfnis nach starker Bewegung* Rechnung getragen wird. Bei ungenügender Bewegung wird der Kreislauf schwach, der Körper zu wenig durchblutet, die Zellen können sich nicht regenerieren. Und vergessen wir nie, daß — genau wie beim Menschen — nicht beanspruchtes Gewebe vom Körper zurückgebildet wird (bei uns etwa am Bein im Gipsverband. 24 Stunden in der Box — vom Ständer überhaupt nicht zu reden — verschleißen Pferde mehr als kräftige Arbeit unter dem Sattel). Ehe das Pferd «schön» werden kann, muß es also gesund sein. Ein Pferd, das sich in gutem Futterzustand befindet und sich in seiner Umwelt wohlfühlt, hat auch eine feste, glatte Haut mit glänzendem Haar. Ist die Haut trocken, das Haar glanzlos, stumpf und spröde, dann fehlt bestimmt dem *ganzen* Pferd etwas, nicht nur seinem Fell; daran ändert dann auch intensivstes Putzen nichts.

Pflege muß also zuerst Gesundheitspflege sein.

Noch aus einem anderen, sehr wichtigen Grund sollten wir uns die regelmäßige Pflege unseres Pferdes angelegen sein lassen: sie fördert das gegenseitige Kennenlernen mehr als alles Reiten und Fahren, erzeugt und vertieft das Vertrauen und gibt uns jederzeit Bescheid über den Gesamtzustand unseres Pferdes.

Wir sagten zu Anfang schon, daß unser Pferd uns durchaus «sagen» kann, wie es ihm geht, was ihm fehlt, wie es sich fühlt. Nur kann es das nicht tun, wenn es uns nicht sieht, wenn es in einer abgeschlossenen Box weggesperrt oder auf einer großen Weide vergessen wird. Es braucht den *Kontakt* zu uns.

Weshalb kam der Landwirt früher so problemlos mit dem Pferd zurecht? Er ging morgens in den Stall, fütterte es, putzte es, ging neben ihm auf den Acker, tat seine Arbeit mit ihm, nahm es mittags in den Schatten mit und gab ihm eine Kruste von seinem Brot, arbeitete wieder, marschierte müde mit ihm heim und fütterte und versorgte es. Ölte er das Geschirr ein, so setzte er sich auf die Futterkiste, pfiff vor sich hin, sagte ab und zu: «Na, Ella, magste das Lied?» oder: «Willste noch was haben?» und warf ihr eine Rübe vor. Sie kannten sich, sie verstanden sich — und Probleme miteinander hatten sie nicht.

Unsere Pferde kennen uns meist gar nicht. Sie verstehen unsere Gesten nicht, und wir nicht die ihren. Sie eine Stunde täglich dem Zwang unter dem Sattel auszusetzen, bringt uns einander auch nicht viel näher, da wir mit einer uns beide fordernden *Aufgabe* beschäftigt sind. So bleibt also nur das intensive Beobachten in der Freiheit von Auslauf und Weide — und eben das regelmäßige Pflegen. Hier spüren wir jede Reaktion der Haut unter der Bürste, das Temperament im Stillstehen und Ausweichen, Untugenden beim Ausschlagen oder Schnappen, manchmal auch erleben wir die sichtbare Wonne, die ein Pferd beim Bürsten, Kratzen, Waschen empfindet (Abb. 80). Im täglichen vertrauten Umgang gewöhnen wir uns aneinander wie nirgends sonst; durch unser ständiges leises Reden lernt das Pferd den Tonfall unserer Stimme und seine Bedeutung kennen. Es lernt, auf leichten Handdruck beiseite zu treten, auf ein Zupfen am Strick einen Schritt vorwärts zu tun, auf eine andeutende Geste hin den Huf zu heben. Unsere Art zu loben oder zu tadeln ist ihm bald bekannt. Und alles dies, was es bei der Pflege lernt, erleichtert uns den Umgang mit ihm beim Reiten oder Fahren. *Körperpflege ist also auch Kontaktpflege.*

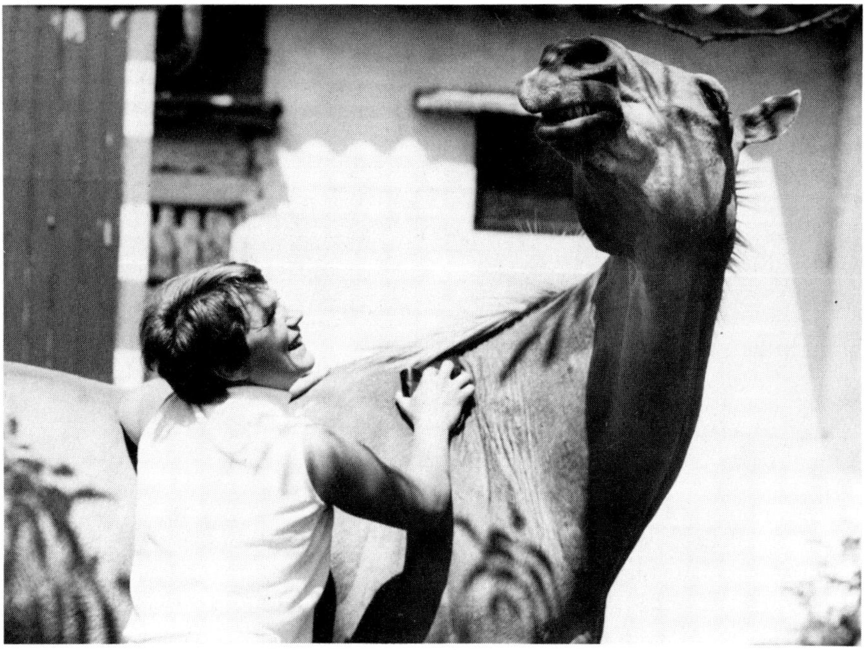

80 *So sichtbare Wonne empfindet das vertraute Pferd bei der Pflege*

2. Womit wird geputzt?

Von Jahr zu Jahr kommen mehr Putzgeräte auf den Markt; längst gibt es neben Striegel und Kardätsche eine Fülle modernerer Mittel aus Plastik und exotischen Fasern, elektrisch angetriebene Staubsauger und Schermaschinen, komplette Sprüh-, Dusch- und Bürstensortimente zum Waschen und vieles andere mehr. Das Putzen wird dadurch verkürzt; viele Geräte sind einfacher zu handhaben und leichter sauberzuhalten. Was man davon alles anschafft, hängt oft von der Verlockung im Laden, zum anderen von der Zahl der zu pflegenden Pferde und den zur Verfügung stehenden Pflegern ab. Der durchschnittliche Freizeitreiter braucht mindestens dies (Abb. 81—83):

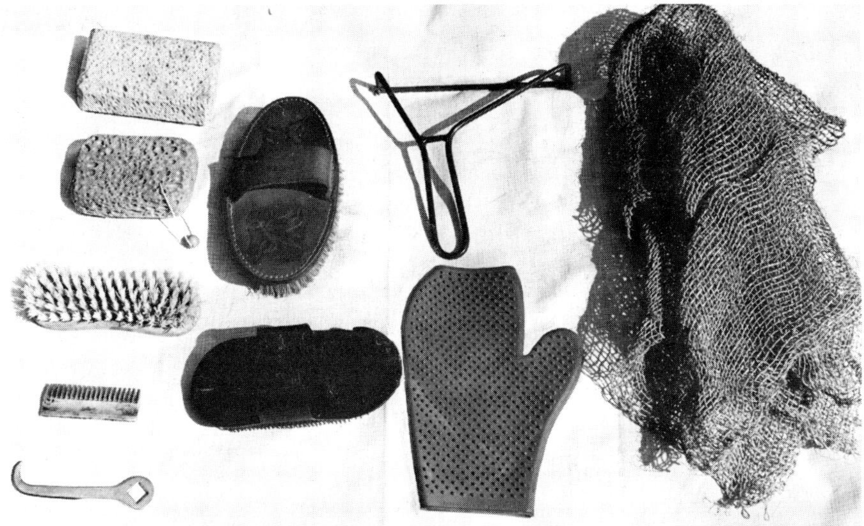

81 *Putzzeug. Linke Reihe: 2 Schwämme, Wurzelbürste, Mähnenkamm, Hufräumer. — Mitte links: Kardätsche, Plastikstriegel. Mitte rechts: Fellreiniger, Gummihandschuh. — Rechts: Kaktustuch*

82 *Der Plastikstriegel von unten*

83 *Der Plastikstriegel (rechts) von oben; unten: Schweißmesser*

Für Pferde aller Rassen das ganze Jahr über:
einen *Plastikstriegel* mit verstellbarem Griff; eine *Wurzelbürste*, grob; einen *Gummihandschuh*; ein *Kaktustuch* für die Reinigung des ganzen Körpers; *Mähnenkamm* und *-bürste* für Mähne und Schweif; einen

Schlauch zum Waschen und 2 *Schwämme* für Nüstern/Augen und After; ein *Schweißmesser* zum Abziehen nach dem Waschen; eine *Schere* mit runder Spitze zum Wegschneiden überstehender Haarspitzen usw.; *Hufräumer, Hufbürste, Huffett, Lorbeeröl, Holzteer,* einen *Pinsel* und einen *Spachtel* zur Pflege der Hufe.

Für Stallpferde und zum zusätzlichen Feinputz:
einen *Striegel* (rund, aus Kunststoff, mit abgerundeten Zacken), eine *Kardätsche* (ovale Bürste, meist aus Holz, mit Lederschlaufe und Naturborsten), eine *Fesselschere* zum Stutzen der überlangen Fesselhaare, eventuell einen elektrischen *Staubsauger* und, für besondere Fälle, eine *Schermaschine*.

Für den Haarwechsel bei Pferden in Auslaufhaltung:
einen *Hundestriegel* mit möglichst kräftigen, nicht zu nahe beieinanderstehenden Zacken, und einen *Fellreiniger* mit Ersatzblättern.

Da das Putzzeug seine Aufgabe — das Pferd zu säubern — nur erfüllen kann, wenn es selbst sauber aufbewahrt und abgelegt wird, brauchen Sie außerdem entweder einen *Schuhputzkasten* aus Plastik mit einem Tragegriff in der Mitte (in jedem Kaufhaus zu haben) oder einen *Plastikeimer* mit Griff (ein leerer, gesäuberter Waschmitteleimer tut's auch). Man ordnet für jedes Pferd einen eigenen Satz der meist gebrauchten Putzsachen hinein und stellt ihn beim Putzen neben sich. Das hat zwei Vorteile: einmal hat man, auch wenn mehrere Pferde gleichzeitig geputzt werden, den kompletten Satz zur Verfügung, und zum anderen können über das Putzzeug nicht eventuell vorhandene Hautkrankheiten oder auch Milben und Schuppen von einem Pferd auf das andere übertragen werden.
Das Putzzeug sollte von Zeit zu Zeit selbst in einem Eimer mit Seifenwasser gereinigt, gut gespült und getrocknet werden.

3. Wo und wie wird geputzt?

Ehe wir auf Einzelheiten in der Pflege unterschiedlich gehaltener und genutzter Pferde eingehen, schauen wir uns an, wie man mit den einzelnen Putzgeräten umgeht und was sonst alles beim Putzen getan und gelassen werden soll.

a. Man putzt Pferde niemals auf der Weide, im Auslauf oder gar im Stall! Letzteres ist besonders unappetitlich und überdies sinnlos: Der neue Schmutz gesellt sich dem alten zu und hat im Nu, von den Beinen aufgewirbelt, wieder auf den Körper zurückgefunden. Weidepferde bindet man außerhalb der Weide an; im Umkreis des Hauses gibt es zum Putzen ja den Anbinder, der möglichst über einem festen Boden ein Dach haben sollte (s. Abb. 41); anfallender Schmutz und ausgebürstete Haare können hier schnell mit dem Besen weggekehrt werden.

b. Eine kleine Freundlichkeit, die das Pferd von uns erwarten kann, besteht darin, es nicht beim Füttern zu putzen. Das Steppentier Pferd ist von Natur aus daran gewöhnt, seine Nahrung langsam und in Ruhe aufzunehmen (ganz anders als das Raubtier Wolf/Hund, das sein Futter möglichst schnell hinunterschlingt). Es macht das Pferd unnötig nervös, wenn es während dieser für sein Wohlbefinden so wichtigen Tätigkeit gestört wird.

c. Man bindet zum Putzen alle Pferde — große wie kleine — mit gut sitzendem Halfter oder Halsriemen und festem Strick solide am festen Ausbinder an (s. Kap. «Halftern und Anbinden»). Erst dann beginnt man zu putzen. Jedes Pferd hat zwei Enden: ist das eine sicher verankert, kann höchstens am anderen noch was passieren...

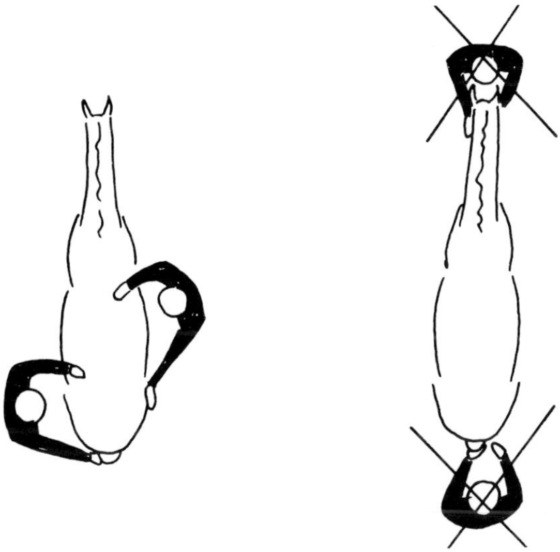

84 *Zum Putzen usw. tritt man stets seitlich ans Pferd heran, weder direkt von vorn, noch direkt von hinten. Links: Richtig. Rechts: Falsch.*

d. Man stellt sich weder beim Putzen noch bei irgendeiner anderen Tätigkeit am Pferd (Frisieren, Versorgen von Wunden) direkt hinter oder vor das Tier, sondern stets seitlich von ihm hin (Abb. 84). Pferde können aus schierer Nervosität sowohl vorn wie hinten ausschlagen; das muß durchaus nicht böse gemeint sein — das bravste Pferd kann mit leichtem Keilen oder unwilligem Vorwerfen eines Vorderbeins auf eine etwas zu harte Behandlung empfindlicher oder kitzliger Körperstellen reagieren, oder auch auf das Gegenteil: eine zu zimperliche Behandlung, die vor allem von Pferden mit viel Blut als lästiges Kitzeln empfunden wird.

Man hüte sich deshalb im Umgang mit Pferden (auch solchen, die uns längst vertraut sind) vor jähen, abrupten oder zu zimperlichen Bewegungen. Die Hand, die frei ist, sollte immer flach auf dem Pferdekörper liegen. Einerseits beruhigt solch spürbare, ruhige Nähe das Pferd, andererseits kann man unter der Hand am Zusammenziehen der Muskeln rechtzeitig spüren, ob es ausschlagen oder sich abdrehen will. Ein lautes «Na!» läßt es diese Absicht meist ändern; denn Pferde sind, genau wie Menschen, fasziniert von jemandem, der ihre Absichten durchschaut, noch ehe sie ausgeführt wurden.

Da mit unwilligem Stampfen, Vor- oder Zurücktreten aber beim Bewegungstier Pferd auch im günstigsten Falle gerechnet werden muß, trägt man zum Putzen weder Sandalen noch Tennisschuhe, sondern Stiefel oder feste Schuhe. Ob bös gemeint oder nicht, ob absichtlich oder versehentlich geschehen: ein auf unsere Zehen gestellter Pferdehuf wird uns noch lange an die falsche Schuhwahl erinnern — mit Flecken!

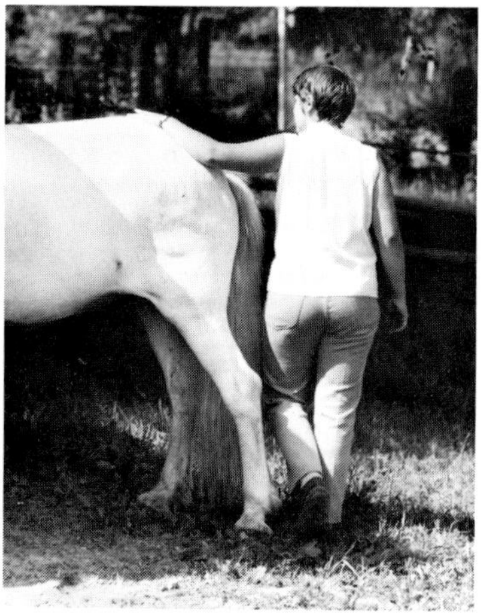

85 *Die Hand flach auf der Kruppe, wenn man von einer Seite des Pferdes zur anderen herumgeht*

Geht man von einer Pferdeseite auf die andere, so legt man eine Hand auf die Kruppe und läßt sie dort, mit leisem, beruhigendem Druck, bis man — unter stetem Sprechen — das Pferd umrundet hat. Man bleibt dabei so dicht wie möglich am Pferdekörper. Direkt hinter sich kann das Pferd, wie wir wissen, nichts sehen; *fühlt* es den Pfleger dort, ist alles in Ordnung (Abb. 85).

e. Man putzt immer von vorn nach hinten und beginnt am Hals. Zur Pflege des normalen Freizeitpferdes ist der *Reformstriegel* aus Kunststoff

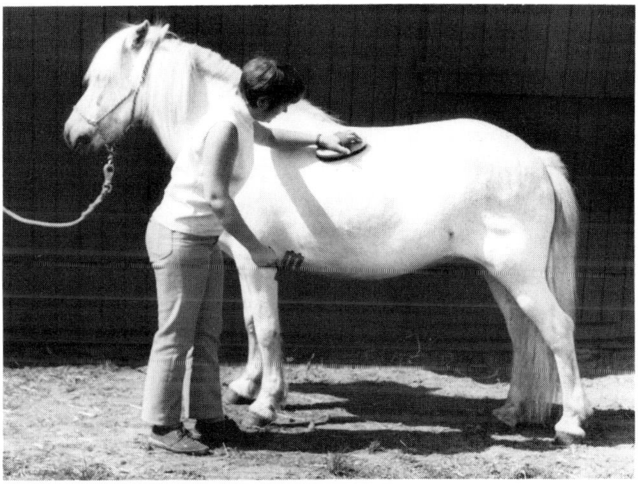

86 *Beim Putzen in der Vorhand-Region*

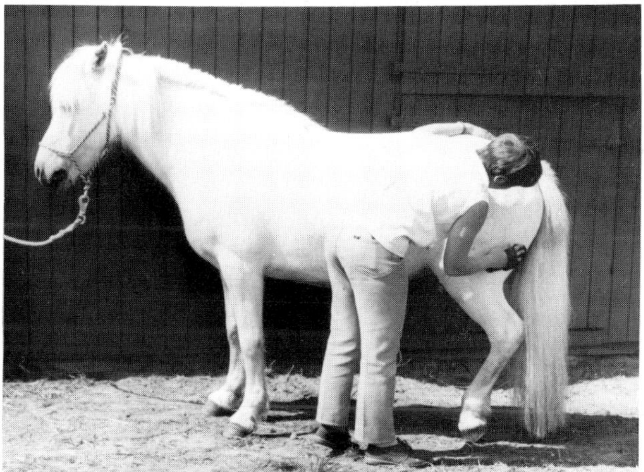

87 *Beim Putzen in der Hinterhand-Region*

das wichtigste Putzgerät. Er liegt leicht in der Hand und ist in sich nicht ganz starr. Das ist sowohl für die Hand wie für die Pferdehaut angenehm. Mit dem Reformstriegel rauht man zuerst alle verkrusteten Schmutzstellen auf und putzt dann in ruhigen, weiten Strichen, immer der Haarrichtung folgend, über Hals, Schulter, Rücken, Rippen, Bauch und Kruppe. Den Striegel hält man dabei in der Hand, die dem Pferd zugewandt ist (Abb. 86). Gelangt man an das Hinterteil, so liegt der Striegel besser in der «falschen» Hand — also rechts, wenn man links vom Pferd steht (Abb. 87); denn so kann man den linken Arm auf das Pferd legen und sich mit dem ganzen Oberkörper dagegen lehnen. Faustregel ist ja, sich möglichst dicht beim Pferd aufzuhalten: es erleichtert die Arbeit und beruhigt das Pferd.

Hin und wieder klopft man den angesammelten Staub auf dem Boden oder gegen eine Wand, einen Baum oder Pfosten aus — aber bitte nicht in Windrichtung auf das Pferd hin! Bei jeder Arbeit mit Striegeln und Bürsten aller Art gilt es, mit festem Druck zu bürsten, das Gerät aber nie abrupt oder hart aufzusetzen. Setzen Sie Striegel und Bürste sanft auf und bürsten Sie so kräftig wie nur möglich — so haben es die Pferde gern.

Dasselbe gilt sinngemäß für das zweite Universalputzmittel: das *Kaktustuch*, aus den spröden Fasern eines mexikanischen Kaktus grob gewoben. Es wird vor dem ersten Gebrauch 24 Stunden in Wasser gelegt und ist dann für immer gebrauchsfertig. Man kann es in eine oder zwei Hände nehmen und damit Schmutz losrubbeln, Staub aus dem Fell wischen, die Beine kräftig in beiden Richtungen abreiben (Abb. 88); es eignet sich ebenso zum Lösen einer dicken, angetrockneten Schmutzkruste wie zum Blankreiben ganz am Schluß des Putzens. Und wenn Sie vom Reiten heimkommen, eignet sich das Kaktustuch, zu einem langen Wulst gerollt, ganz vorzüglich zum kräftigen Massieren der Beine. Sie nehmen die Enden dazu in beide Händen und ziehen es fest an den Sehnen ab, ehe Sie sie kalt waschen. Rubbeln Sie gleich auch noch die Fesselbeuge sauber — und fühlen Sie mit den Fingern nach, ob unterwegs durch Dornen, Äste oder gar Glasscherben an diesen empfindlichen Stellen etwa Wunden entstanden sind. Das Reinigen des Kaktustuches ist denkbar einfach: Sie schlagen es aus wie jedes Staubtuch, der Schmutz fällt heraus.

Ein Pferd von oben zu putzen ist sicher notwendig — aber beim Auslaufpferd besorgen das notfalls Wind und Regen. Wichtiger ist es, alle jene Stellen zu reinigen, an denen sich Schmutz, ausfallende Haare und Schweiß verfilzen, ohne daß sich das Pferd selber davon befreien kann: also unter dem Bauch, um die Geschlechtsteile herum, zwischen den Hinterschenkeln, zwischen den Vorderbeinen und an der Brust. Für die gründliche und zugleich dem Pferd angenehme Reinigung dieser Stellen eignet sich das Kaktustuch ohne alle Ecken und Kanten ganz besonders gut.

88 *Ein Universal-Putzzeug: das Kaktustuch*

Kardätsche (Abb. 89) und *Striegel,* die bislang meist gebrauchten Putzgeräte, können wir beim normalen Freizeitpferd im normalen Gebrauch vergessen. Hingegen brauchen wir sie bei der Pflege des Stallpferdes, bei dem das Putzen ja vermehrt die Funktion einer Kreislauf und Blutzirkulation anregenden Massage haben soll. Man nimmt dazu den Striegel in die dem Pferd abgewandte, die Kardätsche in die ihm zugewandte Hand. Um die Massagewirkung zu verstärken, müssen die Bewegungen der Kardätsche zugleich fest, regelmäßig und von weitem Schwung sein. Wieder folgt die Hand mit der Bürste der Haarrichtung von vorn nach hinten, in die Wirbel hinein, über Hals, Rücken, Rippen, Bauch und Kruppe — selbstverständlich ohne zu hacken oder zu stoßen. Kno-

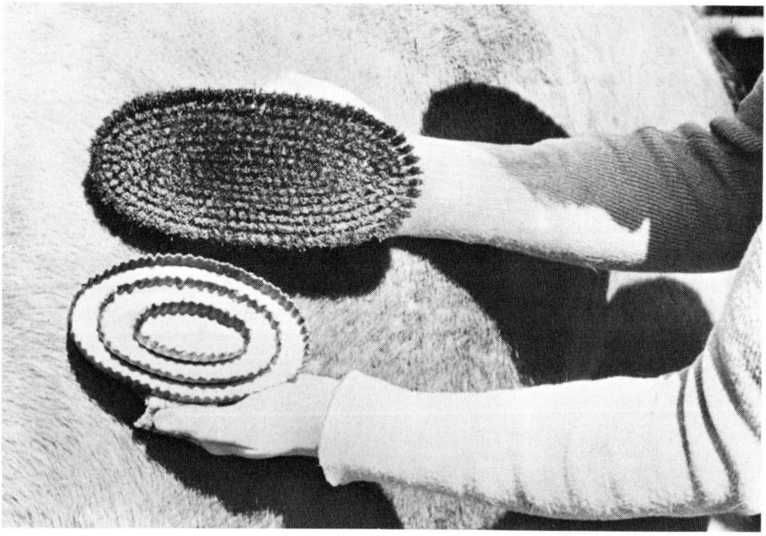

89 *Kardätsche und Striegel*

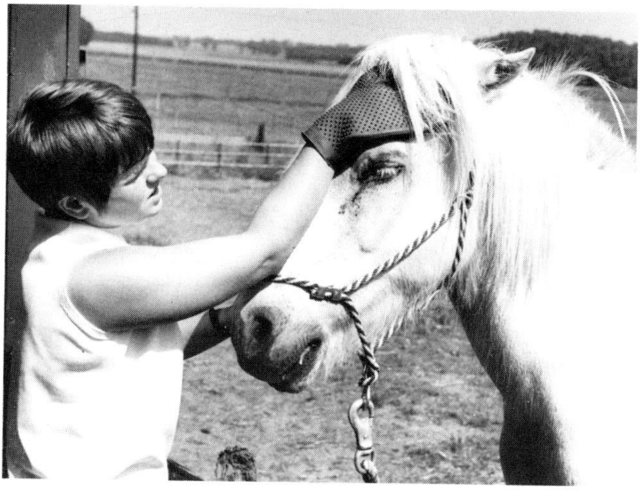

90 *Den Kopf putzt man mit dem Gummihandschuh*

chige Partien wie Hüfte und Gliedmaßen werden vorsichtiger durchgeputzt.

Nach jedem der reinigenden und massierenden weiten Bürstenstriche wird die Kardätsche über den Striegel in der anderen Hand gezogen und so vom Staub befreit. Von Zeit zu Zeit dreht man die Hand mit dem Striegel um und klopft ihn aus, wobei es sich erübrigt, die Zahl der so entstehenden weißen Staub«striche» zu zählen. Als Pferdepflege im privaten und vor allem im militärischen Bereich noch eine tagfüllende Beschäftigung war, gehörten zur Pflichterfüllung möglichst viele Striche. Uns genügt, daß das Pferd sauber ist und sich wohlfühlt.

f. Kopf und Extremitäten werden besonders sorgfältig geputzt. Für den *Kopf* nimmt man am besten den *Gummihandschuh* mit zahlreichen weichen Noppen (Abb. 90); er schmiegt sich der Hand ganz weich an, und man kann die empfindlichen Partien um die Augen, an den Ganaschen und ums Maul herum sachte rubbelnd reinigen. Jähe und harte Bewegungen sind mit ihm auch versehentlich kaum zu machen; deswegen ziehe ich ihn jeder Bürste vor. Pferde werden sehr leicht kopfscheu; das ist sowohl beim Einfangen als auch beim Aufhalftern und Auftrensen sehr hinderlich. Sehr behutsam werden die Ohren gereinigt. Pferde haben — wir wissen es schon — ein unglaublich feines Gehör und vernehmen Geräusche (schon gar direkt am Ohr) mit erschreckender Lautstärke. Durch Abwenden des Kopfes, häufig auch durch Steigen, versuchen sie sich solcher Tortur zu entziehen. Das zu bestrafen ist Unsinn: das Pferd würde den Zusammenhang nicht begreifen. Behutsamkeit und gutes Zureden haben viel mehr Erfolg.

Die *Augen* werden, vor allem im Sommer, mit dem Schwamm gereinigt; das klare, wasserartige Sekret, das ihnen oft entfließt, ist zwar harmlos, aber es zieht vermehrt Fliegen an und muß deshalb weggewaschen werden.

Die *Beine* werden immer von oben nach unten geputzt, es sei denn, man rubbelt sie mit dem Kaktustuch ab. Je länger und dichter der Haarwuchs ist, um so notwendiger ist es, die Beine bis auf die Hufe hinunter sorgfältig zu reinigen. Nur so bemerkt man auch kleinste Verletzungen im Fesselgelenk oder am Hufrand. Diese beiden Stellen sind besonders gefährdet. Weidepferde greifen beim spielerischen Lauf schon mal mit der Spitze eines Hinterhufes in den Ballen des Vorderfußes (Ballentritt), oder aber sie verletzen sich diese empfindliche Stelle an spitzen Steinen, Wurzelstücken, einem in die Weide geworfenen Stück Stacheldraht. Das heraustretende Blut versickert im dichten Behang, verkrustet mit Staub, wird unsichtbar. Und darunter entzündet sich vielleicht die Wunde! Beim Stallpferd entsteht in der Fesselbeuge durch den Einfluß verjauchter Streu häufig die gefürchtete Mauke, eine Entzündung, die wegen der steten Beweglichkeit des Gelenks schwer abheilt. Deshalb ist es immer wichtig, die Beine bis auf den Huf sauber durchzuputzen.

Den *Huf* selbst nimmt man kurz hoch und entfernt mit dem *Hufräumer* Schmutz, Erde oder Reste der Einstreu, die sich darin festgesetzt haben. Man setzt den Hufkratzer immer hinten an und zieht ihn nach vorn; dabei bemerkt man auch Steinchen oder andere feste Gegenstände, die sich in den Hufrollen festgesetzt haben, und entfernt sie. (Näheres zur Hufpflege im nächsten Kapitel). Beim Säubern der Hinterhufe gewöhnt man sich am besten an, den Schweif unter den Arm zu klemmen, damit das Pferd einem nicht — ohne jede böse Absicht — damit ins Gesicht schlägt.

g. Das *Langhaar* — Mähne, Schopf und Schweif — wird mit der groben Wurzelbürste gesäubert. Die Mähne schlägt man zuerst auf die falsche Seite und beginnt von unten zu bürsten, ehe man oben kräftig nachbürstet. Stallpferde haben oft eine sehr dünne Mähne, die zusätzlich noch verkürzt wird (s. Kap. «Frisieren»); entsprechend vorsichtig muß man beim Bürsten sein. Robustere Rassen und solche, denen man

91 *Bürsten des Schweifes*

für die Auslaufhaltung die Mähne «natur» beläßt, vertragen schon ein gründlicheres Bürsten. Feinere Haare kann man zum Schluß leicht mit dem Mähnenkamm durchkämmen.
Den Schweif nimmt man, seitlich vom Pferd stehend (nicht hinter ihm!), fest in die Hand und beginnt immer damit die unterste Spitzen zu bürsten. Sind sie locker, faßt man den Schweif oben an der Rübe an und läßt Strähne um Strähne herausfallen und bürstet sie mit der groben Wurzelbürste von oben nach unten durch, bis die Haare glatt und ohne Knoten herunterfallen (Abb. 91). Bei sehr empfindlichen, hochblütigen Pferden mit spärlichem Schweif verzichtet man ganz auf die Bürste und zieht die Haare einzeln mit der Hand heraus, bis der Schweif ganz locker geworden ist.

Damit ist die allgemeine Haut-, Haar- und Hufpflege erledigt. Das Pferd ist sauber, vom Kopf bis zum Schweif kontrolliert, gesund und zur Arbeit bereit. Auf zusätzliche Pflege aufgrund unterschiedlicher Haltung oder besonderer Anlässe gehen wir unter Ziffern 5—7 hiernach ein.

4. Das Waschen

a. Waschen mit Wasser: zur regelmäßigen Körperpflege

Unser eigenes Verhältnis zu Wasser und Bad hat sich in den letzten Jahrzehnten grundlegend geändert: Wir baden oder duschen täglich, bei großer Hitze oder nach anstrengender Tätigkeit, schon gar nach allem Sport, nehmen wir noch eine zusätzliche erfrischende Dusche. Was aber machen wir mit dem Pferd?
An einem Schimmel sieht man am besten, was nach einem langen Ritt in der Reitbahn oder im Gelände mit dem Pferd passiert (Abb. 92): Es ist naß und schmutzig, Schweiß, Staub und Haare bilden eine klebrige Schicht auf der Haut. So entlassen wir es auf die Weide, in den Auslauf (bei Pferden mit dunklerer Hautfarbe sehen wir es nicht einmal richtig); Boxenpferde werden in diesem Zustand gar noch eingedeckt. Und was geschieht? Die verklebten Haare trocknen — und jucken fürchterlich. Das Weidepferd hat nun wenigstens die Möglichkeit, sich zu wälzen; das Stallpferd steht vergessen in seiner Box und fühlt sich äußerst unbehaglich. Wie würde ihm nun eine kühle Dusche guttun!
Wir waschen bei uns alle Pferde von vorn bis hinten, sowie sie im Früh-

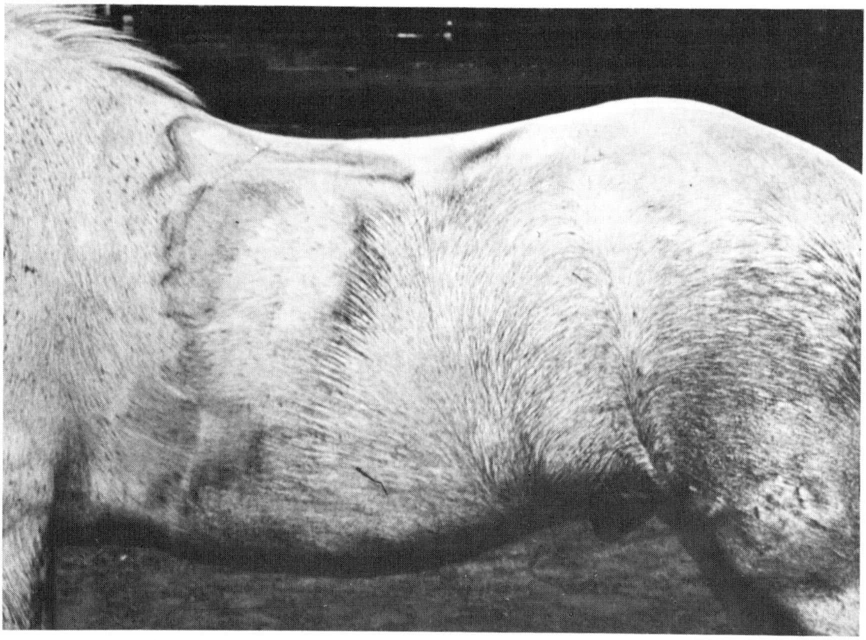

92 *Nach dem Ritt: naß, schmutzig, schweißverklebt*

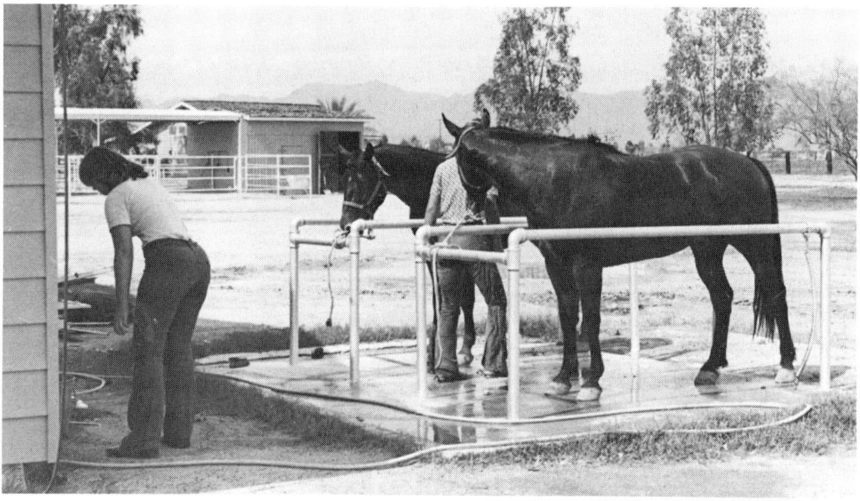

93 *Praktischer Waschplatz für mehrere Pferde*

jahr aus dem Haarwechsel heraus sind. Boxenpferde können ganzjährig gewaschen werden. Wo nicht ganz leichter Sand vorherrscht, plant man am besten von Anfang an eine Waschanlage, bestehend aus rauh betoniertem Boden (man kann auch Platten mit tiefen Rillen verlegen), Wasseranschluß und Schlauch sowie einer Anbindemöglichkeit. In Betrieben, in denen mehrere Pferde gleichzeitig gewaschen werden sollen, haben sich einfache Ständer aus Rohr bewährt, die hinten mit einer Kette verschlossen werden (Abb. 93). Hier können auch Reitschüler und Jugendliche (in Lehr- und Ferienbetrieben) Pferde schnell und gründlich abwaschen.

Man schraubt einen der modernen Duschverschlüsse aus Plastik auf den Schlauch oder drückt den Schlauch mit der Hand flach und dreht den Hahn *nur halb* auf (Abb. 94), denn ein scharfer Strahl aus dem Schlauch verletzt und verängstigt die Pferde. Man beginnt, um bei schwitzenden Pferden keine Blutstauungen hervorzurufen, immer an den Beinen, zuerst ein paar Minuten vorn, dann hinten, geht dann langsam höher zu den Schultern, den Hüften, der Kruppe, schließlich an den Rippen entlang und hoch zum Rücken. Die freie Hand reibt dabei unter

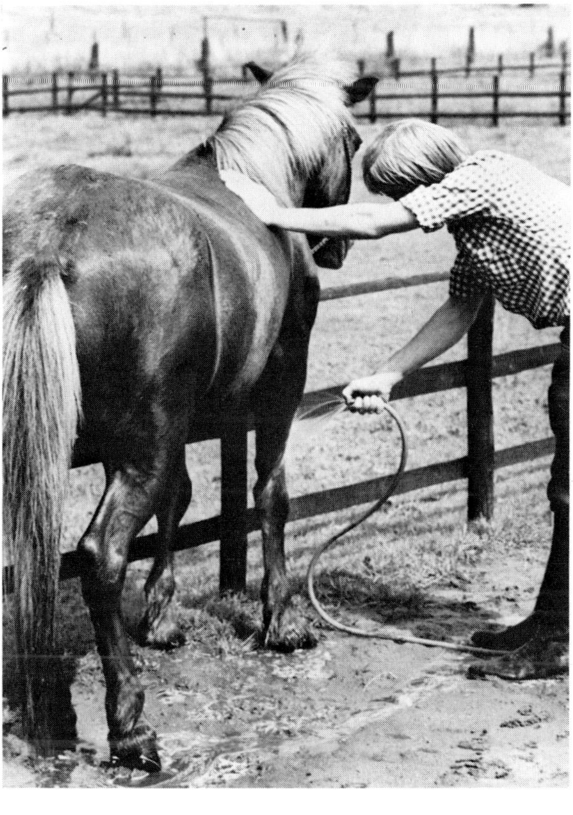

94 *Mit schwachem Strahl abspritzen*

dem Wasserstrahl die Schmutzränder weg, bis sie verschwunden sind (man kann dazu auch einen Schwamm nehmen). Ist oben aller Schmutz weggewaschen, machen wir Bauch und Innenseiten der Hinterschenkel gut naß und waschen auch dort den — besonders reichlich hochgespritzten — Schmutz sorgfältig weg. Keine Angst vor gründlicher Reinigung der Geschlechtsteile! Pferde sind dort nicht kitzlig, und genieren tun sie sich schon gar nicht. Das Wegwaschen des in den dünnen Haaren der Unterseite scheußlich juckend festsitzenden Schmutzes ist ihnen im Gegenteil besonders sympathisch. Auch hier wieder gilt: Oben macht's notfalls der nächste Regen, *unten* müssen wir uns kümmern.

Die vorher ausgekratzten Hufe werden aufgenommen und von unten gewaschen.

Mit einem Schwamm waschen wir sodann, seitlich hinten am Pferd stehend und den Schweif mit einer Hand hochnehmend, die Innenseite der Schenkel und die Scheide. Dort schwitzt das Pferd stark und empfindet die Wohltat der Reinigung intensiv. Ist der Schweif sehr versandet, taucht man ihn zum Schluß in den Eimer und schüttelt ihn dort ein bißchen, streift dann das überflüssige Wasser ab.

Mit einem zweiten Schwamm waschen wir das Gesicht: rund um die Augen, in den Nüstern, die ganze Nase.

Achtung: Beim Waschen mit dem Schlauch müssen wir darauf achten, daß auch nicht ein Tropfen Wasser in die Ohren gelangt! Und auch den Kopf mit den Augen schützen wir vor dem Wasserstrahl!

Haben Sie keine Möglichkeit, Ihr Pferd mit dem Schlauch abzuduschen, oder fürchtet sich Ihr Pferd vor der unbekannten Nässe, so waschen Sie es mit Wassereimer und Schwamm ab — aber gründlich und so, daß wirklich das Wasser über die Haut fließt und dabei die schwarze, warme Brühe aus Schweiß und Schmutz wegspült. Die Abfolge ist die gleiche wie beim Schlauch; der Eimer wird mehrmals frisch gefüllt.

Anschließend streifen Sie das überschüssige Wasser vom ganzen Pferd ab. Das geht am schnellsten und vollständigsten mit dem *Schweißmesser* mit Gummikante; es genügt aber auch ein normaler Auto-Scheibenputzer (Abb. 95), und wenn Sie Ihr Pferd einmal dort waschen, wo Sie nichts davon bei sich haben, nehmen Sie Ihre Hände (Abb. 96). *Ganz wichtig:* Nachdem Sie das Pferd oben und unten abgestreift haben, gehen Sie eigens noch einmal über den Bauch! Dort sammelt sich ja das vom Rücken ablaufende Wasser.

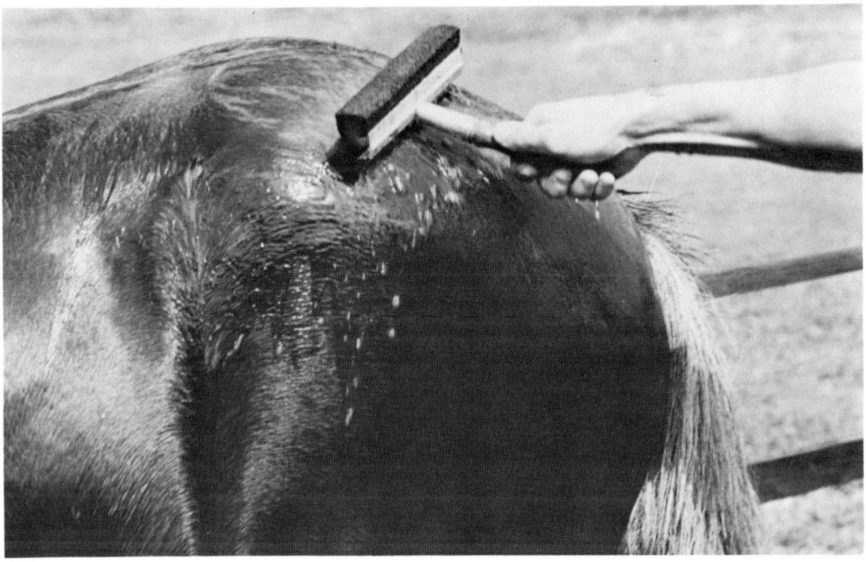

95 *Nach dem Waschen abstreifen — auch der Autoscheibenputzer tut's*

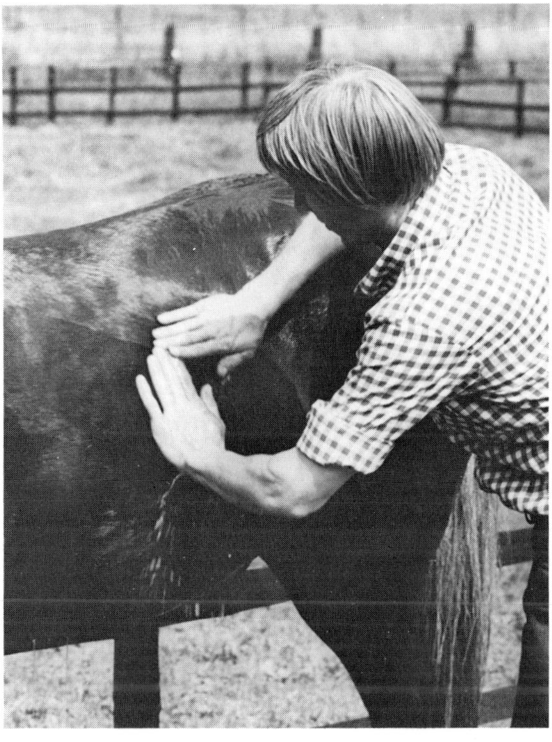

96 *— notfalls selbst die Hände*

Bei Stallpferden die Fesselbeuge mit einem Tuch gut abtrocknen, ehe sie in den Stall kommen. Maukegefahr!

Waschungen mit klarem Wasser entfernen das schützende Hautfett nicht. Sie können daher beliebig oft vorgenommen werden.

Es ist viel besser, ein Pferd abzuwaschen, als es trockenzureiben. Beim Abreiben wird die Anordnung der Wirbel im Haar aus dem Gefüge gebracht; sie können dann ihre Schutzfunktion gegen Regen und Kälte nicht mehr wahrnehmen. Überdies trocknet Schweißnässe (auch die nach dem Reiben im Fell verbleibende) viel langsamer als frisches Wasser. Daß kaltes Wasser, gar noch in Verbindung mit dem Strahl aus dem Schlauch, die Blutzirkulation anregt, ist ja bekannt.

Die gewaschenen, abgestreiften Pferde werden an einem absolut zugfreien Ort angebunden, bis sie gut angetrocknet sind. Dann kann man sie, je nach Witterung früher oder später, in Auslauf oder Weide entlassen. Sie werden sich dort prompt wälzen und wieder schmutzig machen; das ist aber nicht gefährlich: Aus dem gewaschenen, nicht mehr klebenden Fell fällt der lose anhaftende Sand heraus, sowie es trocken ist (oder ein Regenguß spült ihn ab). Wir haben jedenfalls nach Jahren dieses regelmäßigen Waschens festgestellt, daß wir vor dem Ritt kaum noch etwas zu putzen haben.

Boxenpferde können nun vorübergehend mit einer *leichten Decke* eingedeckt werden. Am besten geeignet ist eine normale Netzdecke (als Sommerdecke gegen Fliegen verkauft), die einerseits die Feuchtigkeit aufsaugt, andererseits aber die aus dem Fell aufdampfende Wärme durchläßt. Gar nicht geeignet (aber immer wieder gebraucht) sind Decken aus Leinen und anderen schweren Stoffen. Selbst wenn man darunter ein paar Strohwische auf Widerrist und Kruppe legt, kann die Feuchtigkeit nicht schnell und vollständig entweichen.

Trick 1: Man legt eine schwere Wolldecke (Woilach) auf, die sich mit der aufsteigenden Feuchtigkeit vollsaugt. Sie muß aber unbedingt nach einer Viertelstunde, völlig durchnäßt, abgenommen und durch eine leichte zweite Decke ersetzt werden.

Trick 2: Das Pferd wird dick mit Sägemehl bedeckt und dieses, das sich ebenfalls mit Feuchtigkeit vollsaugt, nach 10 Minuten gründlich abgebürstet. Man kann unter Umständen die Prozedur dann wiederholen.

Eine leichte Saug- und Schutzdecke kann man sich preiswert und schnell selbst herstellen, indem man 6 neue Küchenaufnehmer (Bodenputzlappen) zusammennäht (Abb. 97). Sie läßt sich, zusammengefaltet, hinter dem Sattel überallhin mitnehmen, schützt bei winterlicher Rast, lose aufgelegt, Pferd und Sattelzeug vor Nässe und Wind, saugt Feuchtigkeit auf und wärmt gerade soviel, daß man sein Pferd damit nicht verweichlicht; schließlich ist sie in der Maschine im Nu gewaschen.

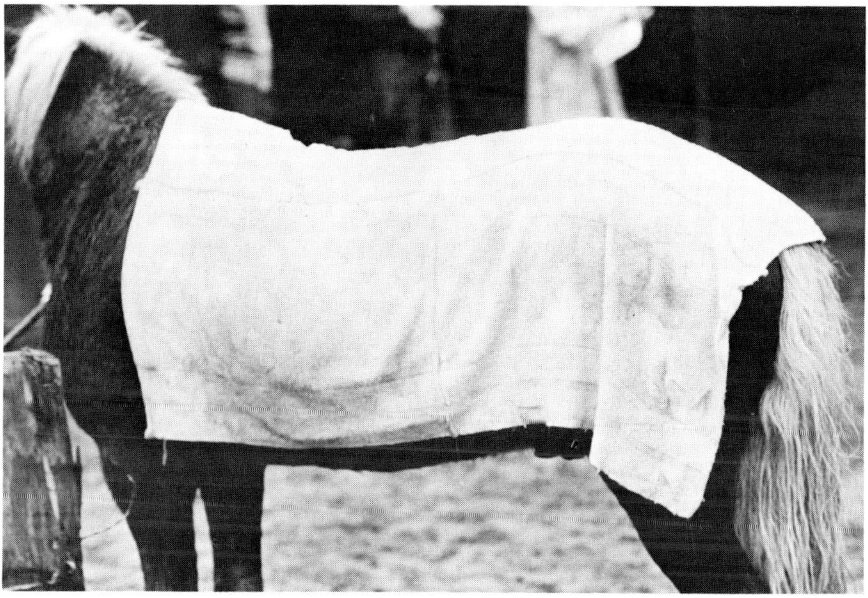

97 *Selbst hergestellte Schutzdecke*

Wir sollten uns strikt davor hüten, Pferde zuviel einzudecken. Das Pferd kann scharfe Witterungsumschläge nicht nur besonders gut vertragen, es *braucht* Temperaturschwankungen ausdrücklich zu seinem Wohlbefinden. Die Wissenschaft unserer Tage hat dies so einwandfrei bestätigt, daß es an den Tatbestand der Tierquälerei grenzt, im — meist ohnehin zu warmen — Stall Pferde auch noch mit einer Decke von der Luftzirkulation abzuschneiden!

Wichtig: Nach dem Trocknen brauchen Pferde Zugang zu Wasser; die entwichene Feuchtigkeit muß ja ersetzt werden.

Teilwäschen

Wenn bei robust lebenden Auslaufpferden im Winter die Haare zu lang sind und wenn Stallpferde wegen zu großer Kälte nicht mehr ganz gewaschen werden sollen, wenden wir auf jeden Fall nach dem Ritt ausreichende Teilwäschen an:

Dazu nehmen wir einen Schwamm und, wenn vorhanden, leicht überschlagenes Wasser und waschen überall dort, wo unter Sattel und Geschirr das Fell verklebt ist. Wir befeuchten diese Stellen so gründlich wie nötig und waschen Schweiß und Schmutz heraus.
Die Sehnen der Röhrbeine vorn und hinten können bei jedem Wetter gekühlt werden.
Sehr wichtig: Die Stelle, wo unter dem Bauch der *Gurt* sitzt, nicht vergessen! Schmutz, der hier antrocknet und vor dem Reiten auszubürsten vergessen wird, kann zu den gefürchteten Gurtdrücken führen, die ebenso wie der Satteldruck oft die Ursache sind, daß ein Pferd wochenlang nicht geritten werden kann! Mit dem Schwamm auch den hinteren Bauch und die Innenseite der Hinterschenkel abwaschen!
Kein Trockenreiben, wie schweißtreibend und anstrengend auch immer für den Reiter, hat annähernd den gleichen Effekt wie das Waschen. Wir selber reiben ja nach einer Partie Tennis auch nicht den Schweiß mit einem Frottiertuch ab (und in die Haut ein), sondern gehen schleunigst unter die Dusche!
Befürchtet man auch nach der Teilwäsche noch, ein allzu verzärteltes Pferd könne sich erkälten, so reibt man anschließend Rücken und Bauch trocken — aber nicht, wie herkömmlich, mit Stroh, dessen glatte Halme Wasser besonders schwer aufnehmen, sondern mit einem Tuch, das danach ausgespült und zum Trocknen aufgehängt wird.

b. Waschen mit Seife: zur Schönheitspflege

Gelegentlich möchten wir unsere Pferde waschen, damit sie bei einer Schau oder Veranstaltung blank und sauber aussehen. Dazu nehmen wir nicht nur Wasser, sondern auch ein reinigendes Mittel — eine milde Seife, ein Shampoo oder ein Feinwaschmittel bester Art: Pferde sind empfindlich gegen juckende Seifen. Die meiste Arbeit machen Mähne und Schweif (und das wiederum am meisten bei Schimmeln). Zum Waschen wählen wir einen warmen Tag; ist das nicht möglich, weil die entsprechende Veranstaltung in der kalten Jahreszeit stattfindet, müssen wir unbedingt für einen ganz zugfreien Ort zum Trocknen sorgen (Scheune, Box) und ausnahmsweise eindecken.
Alles Waschen mit Seife hat nur Sinn, wenn wir tief an die Haut kommen. Wir zerteilen dazu die Mähne Strähne um Strähne, am besten mit einem Helfer, und arbeiten den Schaum mit der Hand knetend in Haare und Mähnengrund ein. Anschließend, wenn möglich, mit sanf-

tem Strahl aus dem Schlauch alles gründlich (in der Mähne wieder Strähne um Strähne) auswaschen; andernfalls muß man sich schon die Mühe machen, reichlich frisches Wasser (im Winter leicht warm) herbeizuschaffen.
Der Schweif wird zum Schluß so schnell wie möglich gewaschen. Wir stecken ihn dazu (zu zweit geht's besser!) in ein Gefäß mit Lauge (Abb. 98) und waschen zuerst gründlich die Schweifrübe, kneten sie gut durch (der Schmutz sitzt ja auf der Haut) und waschen dann, wiederum knetend, die Langhaare, die wir vorher gut durchgebürstet haben. Mit viel Wasser klarwaschen (Abb. 99)!

98 *Den Schweif in Seifenlauge waschen —*

Auch hier gilt wieder: Immer bedächtig arbeiten, dicht am Pferd, ständig mit ihm redend! Vor ausgestreckten Armen und plötzlichen Bewegungen hat es, zumal in diesem Blickwinkel, Angst.
Zu bestimmten Jahreszeiten verfilzen Mähne und Schweif von Weidepferden, die man lange sich selbst überläßt, mehr als gewöhnlich; in manchen Gegenden setzen sich auch noch Kletten darin fest. Es kann scheußlich mühsam sein, hier wieder Ordnung zu schaffen. Man puhlt mit den Fingern heraus, was sich eben losarbeiten läßt, und bürstet die Zipfel des Schweifes partienweise glatt, zunächst unten, dann immer weiter von oben, so gut es nur eben geht. Dann wäscht und knetet man besonders gründlich und spült aus und wiederholt die Prozedur notfalls mehrfach. Ich habe einmal drei volle Tage daran gearbeitet, einen verfilz-

99 — *mit viel Wasser klarspülen*

ten Schweif wieder kämmbar zu bekommen. Keine Gewalt anwenden! Dabei gehen zuviele Haare aus. Besser ist es da schon, die Langhaare auch bei Weidepferden einmal wöchentlich durchzubürsten.
Achtung: Nicht ausgewaschene Seife juckt! Spülen Sie mehrmals nach, sonst könnte es sein, daß bei der Schau Ihr Pferd einen zwar sauberen, aber nach allen Seiten abstehenden, weggescheuerten Schweif hat.
Seifengewaschene Pferde müssen anschließend angebunden bleiben, bis sie ganz trocken sind. Niemals in der prallen Sonne, sondern immer im Halbschatten und zugfrei trocknen lassen!

c. Waschen mit medizinischen Mitteln: zur Gesundheitspflege

In langen Haaren setzen sich leicht Milben aller Art fest, Haarlinge und auch Räudemilben, Schorf, alter Schmutz, ja sogar Läuse. Der dicke, warme Winterpelz hat es ihnen angetan. Läuse sind besonders unangenehm; sie saugen Blut, kriechen im Fell herum, stechen zu — kurz, quälen das Pferd zum Erbarmen. Und es werden durchaus nicht nur erschöpfte, alte oder vernachlässigte Pferde von ihnen befallen; ich bekam

einmal Ungeziefer in den Bestand, nachdem eine alte Scheune als Sommerquartier bezogen worden war.
Scheuert sich ein Pferd nur am Schweif, so kann das auf starken Wurmbefall deuten. Zuerst aber prüft man, ob sich im und um den After Schmutz festgesetzt und verkrustet hat. Manchmal hilft schon ein gründliches Waschen dieses Körperteils. Auf jeden Fall darf man Jucken — ganz gleich aus welchem Anlaß — nicht zur Angewohnheit werden lassen: es kann dann, wie es auch uns Menschen passiert, soweit kommen, daß sich der Juckreiz verselbständigt.
Auslaufpferde beginnen sich meist im Frühjahr heftig zu jucken, wenn die erste richtige Sonne das Fell erwärmt und sich die Wärme staut. Bei Ungezieferbefall werden die Untermieter nun lebhaft! Am besten macht man eine Radikalkur gegen Milben und Läuse mit einem vom Tierarzt verordneten Mittel (Alugan o.ä.). An einem schönen sonnigen Tag wäscht man das vorher gut durchgeputzte und von überflüssiger Wolle befreite Pferd vom Kopf bis zum Schweif durch. Je früher im Jahr man diese Prozedur vornimmt, desto früher am Tag sollte man damit beginnen, um zum anschließenden Trocknen die Mittagssonne ausnutzen zu können. Man löst das Pulver in lauwarmem Wasser auf und wäscht zuerst mit dem Schwamm vorsichtig den Kopf mit Kehlgang und Kehle. Zum schwierigen Waschen der Mähne nimmt man eine kleine Plastikdose oder einen Behälter mit langer Drucktülle zu Hilfe und gießt die Flüssigkeit Strähne um Strähne auf den Haarboden: *dort* sticht und beißt das Ungeziefer ja, nicht in den dicken Haaren! Geht man nicht Zentimeter um Zentimeter vor, kann man es ganz bleiben lassen, denn dann nutzt diese Art von Wäsche überhaupt nicht. Auch die anschließende Wäsche des Körpers ist nur sinnvoll, wenn das Fell *bis auf die Haut* naß wird. Bauch und das Innere der Schenkel nicht vergessen!
Diese Waschung sollte man bei jeder Art von Auslaufhaltung im Frühjahr routinemäßig auch dann vornehmen, wenn sich die Pferde nicht auffallend scheuern. Es erleichtert sie bestimmt, einmal den ganzen Winterschmutz loszuwerden.
Bei diesen medizinischen Waschungen wird das Mittel meist anschließend nicht ausgespült (Gebrauchsanweisung beachten!). Die gewaschenen Pferde werden — im Frühjahr in der milden Sonne, sonst im Halbschatten — angebunden, bis sie ganz trocken sind. Dann werden die losgelösten Schmutzpartikel der Haut, die als schwarze Schuppen in den Haaren erscheinen, mit der Wurzelbürste kräftig ausgebürstet.

Bei Seifenwaschungen und solchen mit medizinischen Mitteln wird das wärmende Hautfett weggespült, das sich erst in Tagen wieder bildet. Es ist deshalb wichtig, die Tiere möglichst früh am Nachmittag und *ganz trocken* wieder in Auslauf oder Weide zu entlassen.

d. Waschen des Schlauches bei Hengsten und Wallachen

Das Geschlechtsorgan des männlichen Pferdes, der Penis oder Schlauch, ist normalerweise nicht sichtbar; es wird in den Bauch aufgezogen und ruht dort geschützt in einem weichen Hautbeutel. Nur zum Deckakt oder zum Wasserlassen wird der Penis «ausgeschachtet», d.h. er tritt dann sichtbar hervor. Bei diesen Gelegenheiten stellen wir an dem bis ca. 30 cm langen Schlauch, der eine glatte Haut haben sollte, häufig schuppige, schilfrige, hellfarbene Schichten fest, die bei einzelnen Tieren einen dicken Belag bilden. Es sind angetrocknete Absonderungen der Präputialdrüsen, das sogenannte Smegma. Gelegentlich können sich in der Eichelgrube des Penis Smegmasteine in Pflaumengröße bilden. Alle diese verhärtenden Auflagerungen reizen den Schlauch und können zu Entzündungen und mechanischer Verlagerung der Harnröhre führen und den Harnabsatz erschweren. Oft tröpfelt das Wasser nur noch oder der Strahl ist unregelmäßig, das Pferd zeigt Schmerzen, tritt unruhig umher, versucht sich am Bauch zu scheuern. Spätestens dann muß der Schlauch gereinigt werden. Bei sehr ruhigen Pferden, die gründliche, regelmäßige Reinigung des ganzen Körpers gewohnt sind, kann man nach dem Harnabsatz den Penis in eine Hand nehmen und mit der anderen die schilfrigen Blättchen ablösen.
Eine einfachere Methode, bei der auch das Ausschachten des Schlauches nicht abgewartet werden muß, ist die Spülung mit dem Wasserschlauch. Dabei verwendet man hand- bis lauwarmes Wasser ohne alle Zusätze. Pferde, die an regelmäßige Ganzwaschungen gewöhnt sind, werden sich dagegen kaum wehren (vor allem dann nicht, wenn man die Waschung nach einem längeren Ritt vornimmt; viele Pferde lassen dann ermüdet den Penis ohnehin hängen). Bei anderen beginnt man die vorsichtige Vorbereitung damit, daß man einen sanften Wasserstrahl von den Beinen an aufwärts langsam höher und in die Nähe des Geschlechtsorganes führt. Schließlich werden auch sie es dulden, daß man die nasse Hand in die Schlauchhülle einführt und den Penis abspült. Das erfordert einige Geduld, denn die Smegmateilchen weichen nur langsam auf.

Wenn sich die Pferde erst an den angenehmen Effekt der Befreiung von den juckenden, ätzenden Belägen gewöhnt haben, lassen sie freiwillig den Penis zum Reinigen fallen.
Widersetzen sich unruhige Pferde der ganzen Behandlung, so muß man unbedingt den Tierarzt zu Rate ziehen, und zwar um so dringender, je mehr schon von bloßem Auge und aus der Entfernung die Verunreinigungen zu erkennen sind. In letzter Zeit häufen sich übrigens Fälle von Peniskrebs. Bei der leisesten Unsicherheit darüber, ob es sich nur um Schmutzteilchen oder schon um Krebsgebilde handelt, wird natürlich auch sofort der Veterinär zugezogen.

5. Haut- und Fellpflege des ganzjährig weidenden, nicht zur Arbeit genutzten Zuchtpferdes

Die Pflege von Pferden, die zur Zucht und ganzjährig im geräumigen Auslaufstall oder auf der Weide gehalten werden, macht natürlich die wenigste Arbeit. An gewisse einfache Pflegemaßnahmen müssen wir dennoch denken:

a. Im Frühjahr und im Herbst müssen die abgestoßenen Haare gründlich ausgeputzt werden (s. hiernach Ziff. 6 c).

b. Die Hufe werden drei- bis viermal jährlich durch den Schmied gefegt (Kap. «Der Huf und seine Pflege», Ziff. 3 b).

c. Bei Dassellarvenbefall müssen im Sommer mehrmals die gelben Dassellarveneier von der Vorderpartie des Pferdes abgelesen werden; Dezember-Januar wird eine Dasselkur nach Angaben des Veterinärs durchgeführt (s. hiernach Ziff. 8 b und c).

d. Mindestens vier Wurmkuren per Jahr sind erforderlich, bei Fohlen mindestens sechs.

Im übrigen besteht die wichtigste Pflege solcher Pferde darin: daß sie sommers wie winters einen frei zugängigen Schutz gegen Regen und Sonne haben (das kann ein ständig gesäuberter Stall oder Laufstall am Auslauf, eine ebensolche, dreiseitig geschlossene Schutzhütte auf der Weide sein); daß die Weiden regelmäßig abgesammelt und so natürlich wie möglich gedüngt werden; daß stets reichlich frisches Wasser vorhanden ist.

Außerdem gehören tägliche Visiten auf der Weide dazu, damit die ersten Anzeichen von Lahmheit, Verletzungen oder Krankheit festgestellt werden. Ein erfahrener Pferdebesitzer hebt immer mal einen Huf hoch, läßt die Hand über die Rippen und unter die Mähne gleiten, schaut nach, ob ein Auge tränt, ob das Fell gesund glänzt oder etwa stumpf und krank aussieht.

6. Haut- und Fellpflege ganzjährig mit Auslauf und Weide gehaltener Reit- und Wagenpferde

Ich sagte an anderer Stelle schon, daß für den modernen, aufgeschlossenen Freizeitreiter die maximale Haltung seiner Pferde jene ist, bei der die Tiere aus dem immer offenen Stall beliebig einen zugehörigen Auslauf oder, in der schönen Jahreszeit, ausreichende Weiden mit Schutzhütten aufsuchen können. Die Pflege so gehaltener Pferde ist in vieler Hinsicht von der des Stallpferdes unterschieden. Es genügt also nicht, wie herkömmlich zu putzen.

a. Vor der Nutzung

Vor dem Gebrauch wird das Pferd vom groben Schmutz befreit, indem man es mit dem Reformstriegel, dem Kaktustuch, dem Gummihandschuh oder der Wurzelbürste oben und unten kräftig abreibt, ganz intensiv dort, wo Sattel oder Geschirr aufgelegt werden. Die Hufe werden einzeln hochgenommen und gesäubert.

b. Nach der Nutzung

Pferde aller Rassen, die gleich nach dem Reiten oder Fahren wieder in Weide oder Auslauf entlassen werden, brauchen während der schönen Jahreszeiten wenig zusätzliche Pflege. Sie werden schnell abgewaschen (s. hiervor Ziffer 4a) und zum Trocknen angebunden; dabei schaut man gründlich nach, ob sich das Pferd unterwegs verletzt hat: ein Tropfen Jod, ein wenig Puder, sofort angewandt, hat schon manchen Stehtag verhindert. Vor allem entzündete Wunden im Huf- oder Fesselbereich können ein Pferd auf Wochen lahm machen. Die Hufe werden einzeln hochgehoben, mit dem Hufkratzer gereinigt und dabei auf eingeklemmte Fremdkörper oder lockere Eisen untersucht.

Zu dieser normalen Pflege kommen dann in verschiedenen Jahreszeiten Arbeiten nach anderen Gesichtspunkten hinzu.

c. Im Frühjahr und im Herbst

Das Pferd, das seinen Stall nach Belieben verlassen kann, hält sich unweigerlich die meiste Zeit im Freien auf. Dadurch ist es einem Garderobenwechsel ausgesetzt, von dem das Stallpferd (und dessen Besitzer) nichts weiß. Es schützt sich mit beginnender Kälte, die es besonders nachts spürt, im Herbst mit einem dichteren Pelz, der im Laufe des Winters — je nach Witterung — ständig nachwächst, und es beeilt sich vom ersten warmen Sonnenschein im Frühjahr ab, ihn loszuwerden und sein kurzes Sommerfell anzuziehen. Uns scheint die Umstellung im Frühjahr die schwierigste zu sein, fällt ihm die Winterwolle doch gleich büschelweise aus — aber der Schein trügt: Wächst in einem besonders milden Herbst das Winterhaar zu früh nach, so kann das für ein Pferd noch beschwerlicher sein. Zu beiden Zeiten ist das Pferd schonungsbedürftig; zur Pflege gehört es nun auch, daß wir es nicht zu stark beanspruchen und ihm helfen, den Überfluß an toten Haaren loszuwerden.

In der Freiheit weiter Schweifgründe gibt es Felsvorsprünge, Bäume, rauhe Böden mit Unebenheiten, wo Pferde sich wälzen und scheuern können. Im Auslauf, auf der kleinen Weide finden sie dergleichen nicht. Ausgefallene tote Haare bleiben im dichten Frühjahrspelz hängen, verfilzen zu juckenden Zotteln, zu einem atemundurchlässigen zweiten Pelz, dessen sich die armen Tiere durch ständiges Reiben und Scheuern zu entledigen suchen. Hier *müssen* wir nachhelfen. Zum richtigen Zeitpunkt unternommen, ist das eine eher vergnügliche Sache: Wem machte es nicht Spaß, die stumpfe Wolle in dicken Flocken auszukämmen, den Erfolg der eigenen Arbeit sichtbar zu erkennen, die Erleichterung der Pferde zu spüren?

Drei Wochenenden genügen für die Haupt-Prozedur: je nach Witterung Mitte bis Ende April, Anfang und Ende Mai. Selbstverständlich putzt man *vor* dem Gebrauch, weil sich nachher die feucht gewordene Wolle nicht mehr entfernen läßt.

Ein trockener Nachmittag sollte es sein, an dem man sich tunlichst mit einem langen Arbeitskittel versieht (kein Mitbewohner liebt Pferdehaare in der Suppe und auf dem Sofa), die Pferde von der Weide holt und sie, wie üblich, nebeneinander solide anbindet. Pferde lieben die Gesellschaft der anderen, die ihrerseits geduldig darauf warten, bis sie an der Reihe sind. (Bei dieser Gelegenheit kann man auch junge Pferde oder unruhige Pferde ein paar Stunden anbinden; in Gesellschaft lernen sie das lange Stehen leichter.)

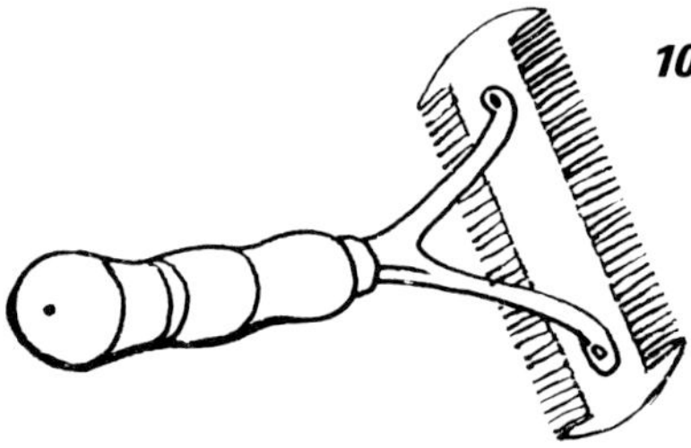

100 *Hundestriegel zum Herauskämmen toter Haare*

Das Putzzeug muß dem Zweck angepaßt sein. Aus Bürsten ist die Wolle nicht zu entfernen; auch der sonst so nützliche Plastikstriegel hält die Haare so fest, daß man sie nur mit den Fingern mühsam herausholen könnte. Am praktischsten ist ein kleines Gerät, das eigentlich zur Pflege langhaariger Hunde verkauft wird: der *Hundestriegel* (Abb. 100). Man arbeitet immer mit dem Strich und wird sich wundern, was man bei jedem Durchziehen an Haaren herausholt! Diese Haare bleiben zwischen den Zähnen stecken, von wo man sie mit einem Griff alle zusammen herausholen kann. Ziehen Sie bei dieser Arbeit kräftig durch! Pferde mögen keine huschenden, kitzelnden Bewegungen. Sie sind im Umgang

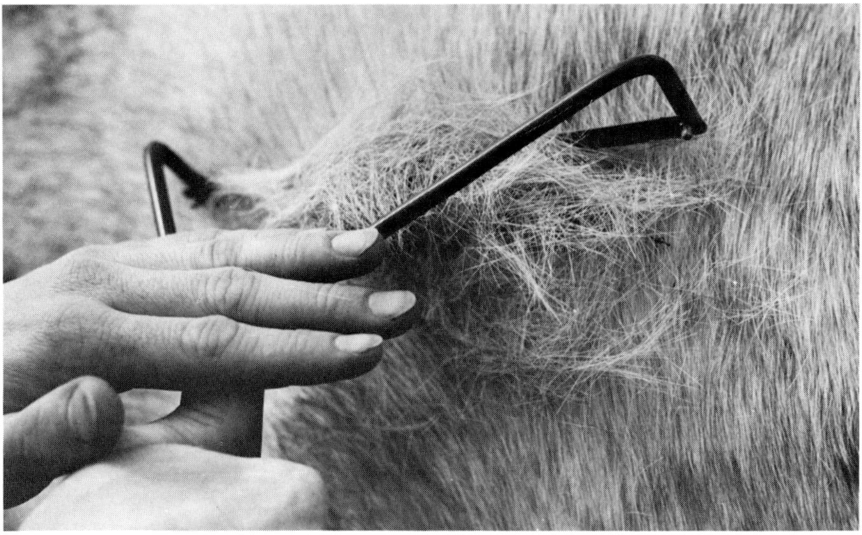

101 *Handhabung des Fellreinigers*

mit anderen Pferden kräftige Rangeleien, kräftiges Zupacken gewöhnt — das ist ihnen natürlich, das mögen sie. Um diese Jahreszeit sind sie mehr als sonst dankbar für energisches (nie ruckartiges!) Tun; manche lehnen sich geradezu dem Striegel entgegen.

Die meisten Haare, die Sie so auskämmen, nehmen Sie mit der Hand aus dem Striegel, aber es bleiben immer noch eine Menge übrig, die herumfliegen und zur Erde fallen. Putzen Sie deshalb nie dort, wo Pferde grasen oder gefüttert werden! Nie so, daß der Wind die Haare ins Heu blasen kann! Mitgegessene Haare in den Mengen, wie sie im Frühjahr anfallen, haben schon manche böse Kolik verursacht.

Ein weiteres sehr praktisches und noch schneller arbeitendes Gerät, den *Fellreiniger*, kann man überhaupt nur dort verwenden, wo garantiert mit den Haaren nichts passieren kann. Die feinen Messer dieses handlichen Apparates, die man mit zwei Fingern leicht aufs Fell drückt (Abb. 101), entfernen das lose Haar im Nu, aber es fällt dabei zu Boden.

Achtung: Man nimmt zum Putzen immer einen Eimer mit, in den man die ausgekämmten Haare sofort hineinwirft! Ehe man den Putzplatz verläßt, fegt man alle zu Boden gefallenen Haare zusammen und läßt sie ebenfalls in den Eimer fallen. Der Inhalt wird anschließend am besten verbrannt oder in einer Plastiktüte auf den Abfall geworfen.

Eine Handvoll der flaumigsten, weichsten Haare von unter dem Bauch kann man in einen Graben oder an den Waldrand werfen: Die Vögel sind dankbar dafür; sie bauen ihre Nester daraus.

Achtung: Nie Langhaare aus Mähne und Schweif wegwerfen; es wurden schon Vögel gefunden, die sich darin aufgehängt haben.

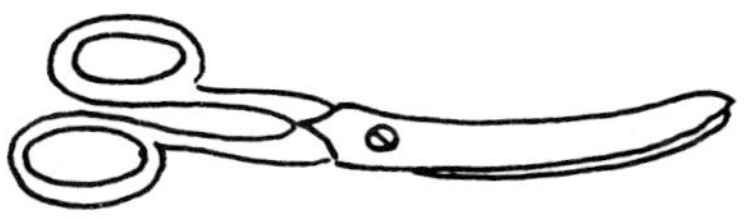

102 *Schere zum Fellausputzen*

Besonders gründlich putzen wir an jenen Stellen, an denen es den Pferden am wärmsten ist: unter dem Bauch und vor der Brust, zwischen den Vorderbeinen, am Unterhals, an der Kehle, unter der Mähne und um die Ohren. Je länger das Winterfell ist (also bei den ganz urigen Rassen wie Isländern, Shettys u.ä.) greift man nach dem allergründlichsten Putzen entschlossen zur *Schere* mit gebogener Spitze (Abb. 102). Und schneidet Löcher und Rinnen in den Pelz! Das klingt barbarisch, und es sieht auch ein paar Wochen nicht sehr schön aus, aber die Erleichterung der Pferde entschädigt dafür.

103 *Zu dichtes Mähnenhaar wird herausgeschnitten*

Zuerst schlägt man die Mähne auf die andere Seite und macht sich daran, 1—2 cm Mähnenhaar von der Unterseite wegzuschneiden (Abb. 103); die Menge richtet sich nach der Fülle der Mähne; ich habe bei Isländermähnen schon 4 cm weggeschnitten —, das waren bis zu 2 Pfund Haare. Darauf säbelt man entlang dem inneren Haaransatz auf dem Hals bis zu 10 cm Winterwolle weg. Die Mähne vertuscht beides; das Pferd, dem nun der Wind unter die Mähne blasen kann, fühlt sich um Zentner erleichtert.

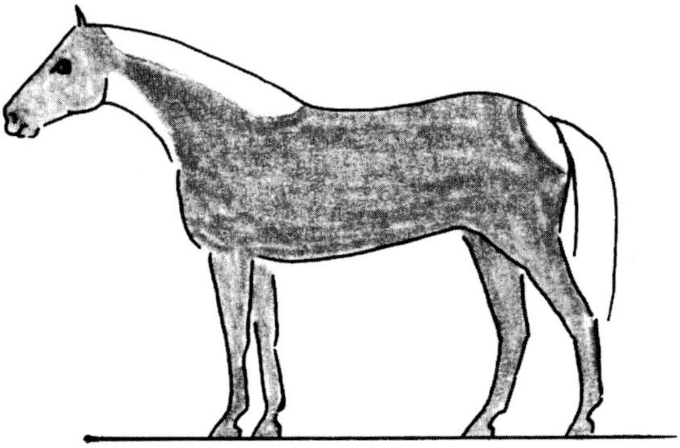

104 *Die Winterwolle fällt der Schere zum Opfer*

Anschließend pflege ich, was weniger schön aussieht, aber vielen Pferden das Schweifjucken erspart, um den Schweifansatz einen 10 cm breiten Streifen wegzuschneiden, sodann 5 cm rund um die Ohren und 15 cm entlang Kehle und Unterhals (Abb. 104). Die Ohren drücke ich vorsichtig mit einer Hand zusammen und schneide behutsam die überstehende Wolle weg.

Achtung: Niemals das Haar in den Ohren oder gar die langen Tasthaare um Maul und Nüstern wegschneiden! Ersteres ist Schutz gegen das Eindringen von Schmutz und Fliegen, letztere sind Orientierungshilfen des Pferdes beim Absuchen des Bodens (von dem wir ja wissen, wie wichtig es für das Sicherheitsempfinden des Pferdes ist).
Achtung: Vor der Benutzung der Schere Handschuhe anziehen. Haar und Wolle sind fettig und leisten erheblichen Widerstand; im Handumdrehen hat man Blasen an den Fingern.
Im Herbst ist die Pflege nicht so intensiv; es genügt, ein paar Wochen lang vor dem Ausreiten gründlicher als gewöhnlich durchzuputzen.

d. Im Winter

Wenn wir uns, um des Pferdes willen, einmal entschlossen haben, es in Auslaufhaltung leben zu lassen, nehmen wir es gelassen in Kauf, daß ihm im Winter das Haar länger und dichter wächst, daß es im Regen und nach einer behaglichen Suhle in der schlammigsten Stelle des Auslaufs oder der Weide bei weitem nicht mehr dem Bild gleicht, das wir (oder unsere meist entsetzten Besucher) bei der Vorstellung «Reitpferd» vor Augen haben. Sei's drum – das Pferd ist glücklich!
Was aber ist an Pflege nun doch erforderlich? Dem «alten Reiter» mag es in den Armen zucken vor Verlangen, hier «mal richtig durchzuputzen», indes der Freizeitreiter, der das Bild täglich vor Augen hat, sich sagt, daß Putzen überflüssig ist, weil sich das liebe Tier doch wieder schmutzig macht. Natürlich sind beide Übertreibungen falsch.
«Gründlich» durchputzen soll man kein Auslaufpferd; das heißt man soll es nicht mit Striegel und Kardätsche feinputzen. Die Haut sondert Talg ab, der sich schützend und wärmend um die Wurzel jedes einzelnen Haares legt und die Haut weithin unempfindlich macht gegen Regen, Kälte und Hitze. Die Kardätsche mit ihren dichten Haaren bürstet auch diese Schutzschicht weg und sollte deswegen in der Winterpflege fehlen. Andererseits darf man das Putzen nicht vernachlässigen. An der Oberfläche des langen Winterfells bilden sich Schmutzkrusten; Weidepferde haben die Neigung, sich eine warme Schmutzhülle anzuwälzen. Das ist bei trockener Kälte ganz gesund, aber bei Regen hält sie die Nässe länger fest, nach dem Reiten kann die Körperfeuchtigkeit schlecht verdampfen. Locker gebürstetes Haar, das mit dem Reformstriegel oder dem Kaktustuch vom verkrustenden Oberflächenschmutz befreit ist, schützt besser als verklebtes; überdies läßt es den Wind durch, und Pferde sind ja aus-

gesprochen windhungrig; und Wind trocknet das Haar nach dem Regen schneller!

Unbedingt muß jeder Schmutzrest dort vor dem Reiten weggeputzt werden, wo das Fell mit Sattel- und Zaumzeug in Berührung kommt! Also in der Sattellage, entlang der Gurtlage, um den Schweif (beim Sattel mit Schweifriemen) und am Kopf. Tut man das nicht, kommt es leicht zu den schon so oft erwähnten Scheuerwunden.

Unter dem Bauch bilden sich vom Liegen auf der nassen Erde oft harte Dreckzotteln im langen Winterhaar, die unbedingt entfernt werden müssen, ehe man den Gurt anzieht. Man kann sich helfen, indem man da, wo der Gurt anliegt, eine etwas mehr als gurtbreite Schneise ins Haar schneidet; dazu braucht man eine mechanische oder elektrische Schermaschine, denn mit der normalen Schere schneidet man allzu leicht in die Haut! Besser macht man sich die — gewiß nicht kleine — Arbeit, mit einem Schwamm und möglichst warmem Wasser die Zotteln auszuwaschen. Manche Reiter drücken sich, zum eigenen Schaden, um diese etwas mühselige Prozedur.

Auch im Winter gehört zur Pflege mehr als das bloße Putzen. Nicht immer ist es möglich, ganze Weiden und große Ausläufe trocken zu halten, aber man sollte unbedingt dafür sorgen, daß die Einstreu von Stall oder Schutzhütte pulvertrocken ist, sollte öfter noch als sonst den Kot absammeln, Sägemehl oder -späne frisch aufwerfen und auch vor dem Stall eine mindestens 2 m breite Stehfläche durch Drainieren oder Unterlegen von Endlos-Vlies so trocken halten, daß die Pferde nicht gezwungen sind, im Schlamm zu stehen. Wir sprachen schon mehrmals von den zwei empfindlichsten Stellen am Fuß: der Fesselbeuge, in der sich bei Feuchtigkeit die entzündliche *Mauke* entwickelt, und dem Hufstrahl, bei dem Wasser und Jauche (aus ungepflegtem Stallboden) die stinkende *Strahlfäule* (s. Kap. «Der Huf und seine Pflege», Ziff. 6) hervorrufen. Das sind zwei typische Winterkrankheiten, die durch die erwähnten Maßnahmen leicht verhindert werden können.

Reine Weidepferde, die vielleicht weit vom Haus untergebracht sind und nicht so intensiv versorgt werden können wie Auslaufpferde beim Haus, sollte man bei nassem und kaltem Wetter nicht mehr nach 15 Uhr reiten — sie können sonst vor der Nacht nicht mehr durchtrocknen. Auch reitet man keine langen und schnellen Galopps und bemüht sich, die Tiere so trocken wie möglich auf die Weide zurückzubringen. Hier wäscht man mit dem feuchten Schwamm Sattel- und Gurtlage, Augen

und Nüstern aus, trocknet kurz nach und bindet die Pferde wenigstens eine halbe Stunde vor einer Gabe Heu im *zugfreien* Unterstand an. Diese Wartezeit muß man um seines Pferdes willen schon in Kauf nehmen. Das Anbinden ist vor allem dann erforderlich, wenn ungerittene Pferde auf der Weide sind und der Heimkehrer aus Herdendrang zu ihnen strebt. Pferde können dann nicht selbst «auf ihre Gesundheit achten».
Am Haus stehende Pferde kann man schon eher strapazieren, weil man sich mehr um sie kümmern kann. Sie werden gleichfalls abgewaschen, getrocknet, dann eventuell vorübergehend leicht eingedeckt (s. dazu Kap. «Putzen», Ziff. 4). Keineswegs aber verweichliche man sie dadurch, daß man ihnen die Decke die ganze Nacht aufläßt. Sind sie die offene Auslaufhaltung einmal gewöhnt, ist es viel gesunder, sie nicht einzudecken. Das gilt übrigens für Pferde *aller Rassen;* langjährige Erfahrung hat erwiesen, daß auch häufig gerittene Vollblüter von Trab- und Galoppbahn gesund und abgehärtet bei Auslaufhaltung und der geschilderten Pflege überwintern.

105 *Winterschur des Offenstall-Pferdes*

Sollen Pferde mit extrem dichtem oder langem Haar im Winter sehr viel und lange geritten werden (etwa regelmäßig Jagden gehen), so hat sich eine *Strichschur* als sehr praktisch erwiesen. Ihre Bedeutung liegt darin, daß das Fell schneller trocknet und die Gefahr einer Erkältung geringer ist. Der Teil des Körpers, an dem sich — hinuntersickernd — am meisten Schweiß ansammelt, wird in Form eines schmalen Striches freigeschoren: entlang Unterhals, Brust, Bauch und Lenden (Abb. 105). Die Feuchtigkeit verdunstet nun schnell, während das Fell immer noch ausreichend Schutz vor der Witterung bietet. So behandelte Pferde können im Offenstall gehalten werden.
Die erste Schur wird im November vorgenommen, wenn das Winterfell

vollständig ist; wiederholt wird im Januar. Danach nicht mehr — die Entwicklung des Sommerfells würde gestört.
Geschoren wird mit einem elektrischen Scherapparat, nachdem das Fell gründlich gereinigt ist und mit einem Stück Glyzerinseife die Begrenzungsstriche gezogen wurden. Das stoppt die Schere, wenn man über die Linie hinausgerät. Ist das Pferd das Putzen mit elektrischem Striegel gewöhnt, wird ihm das Scheren kaum etwas ausmachen. Andernfalls muß man betont sorgsam, geduldig und ruhig vorgehen. Ein Freund lenkt am besten während der Prozedur das Pferd mit Leckerbissen ab.
Achtung: Beim Gebrauch elektrischer Geräte nie auf nassem Untergrund stehen! Man selbst wie auch das Pferd könnten einen elektrischen Schlag erhalten.
Und — kümmern Sie sich nicht um die Blicke der Leute. Ihr Pferd fühlt sich wohler — das ist die Hauptsache.

7. Haut- und Fellpflege des Stallpferdes

In einem Handbuch für den Freizeitreiter sind mit der Bezeichnung «Stallpferde» natürlich nicht die zu speziellen Hochleistungen gehaltenen Sportkanonen gemeint, sondern Pferde, die in der Box gehalten werden müssen, weil weit und breit keine Ausläufe zu haben sind. Auch diesen sollten die Besitzer aber möglichst einen Weideurlaub im Sommer verschaffen und jede kleine Auslaufmöglichkeit nutzen. Allermindestens sollte die Tür der Box zur Außenwelt gerichtet und ihre obere Hälfte offen sein, damit das Pferd hinausschauen kann. Das Pferd ist einfach nicht dazu geschaffen, sein Leben zwischen den öden, alle seine Triebe hemmenden, seinen Bewegungsdrang radikal beschneidenden vier Wänden eines Stalles zu verbringen!
In der Pflege ist das Stallpferd — im Gegensatz zum Auslaufpferd, dem Wind und Wetter das Fell pflegen — ganz auf den Menschen angewiesen.

a. Vor der Nutzung

Das Stallpferd muß unbedingt täglich geputzt werden. Die Massagewirkung der Kardätsche ist für die gesunde Blutzirkulation und seinen

Kreislauf unbedingt nötig: wie sehr, wird sofort deutlich, wenn wir sein Leben mit dem des Auslaufpferdes vergleichen, das sich tagaus, tagein Bewegung in frischer Luft verschaffen kann. Wer ein Pferd im Stall hält, muß ihm an zusätzlicher Pflege zukommen lassen, was er ihm an natürlicher Stimulation nimmt.

Beim Putzen wird das Pferd unbedingt aus dem Stall herausgenommen (s. Ziff. 3 hiervor); darüberhinaus ist jede Abwechslung aus dem Einerlei seines Boxenlebens dem Pferd willkommen. Da Stallpferde kürzeres Haar haben, müssen die Gegenstände zum Putzen weicher sein; je dünnhäutiger und empfindlicher das einzelne Tier ist, um so behutsamer muß es geputzt werden.

Zum Losarbeiten verkrusteter Schmutzstellen eignet sich sehr gut das Kaktustuch. Das Stallpferd ist sein Leben lang einem Dauerstaub ausgesetzt, den es bei jeder Bewegung in seiner Box, beim Aufstehen und Hinlegen, selber aufrührt. Es muß deshalb an den Weichteilen (Genitalien, Innenseiten der Hinterschenkel, Maul- und Nüsternpartie) peinlich sauber gehalten werden. Man reinigt sie regelmäßig mit verschiedenen Schwämmen, die man zur Unterscheidung mit farbigen Aufhängern versieht. — Mähne und Schweif werden mit der Wurzelbürste bearbeitet; manche Schweife sind so dünn, daß sie nicht einmal ein kräftiges Durchbürsten vertragen. In solchem Fall verliest man die Haare einzeln mit den Händen. — Selbstverständlich reinigt man vor dem Ritt die Hufe mit dem Hufräumer, fettet sie aber nicht ein: unterwegs oder in der Reitbahn würde sich das Fett mit Erde, beziehungsweise dem Bahnbelag zu einer Schmutzschicht mischen, die hinterher mühsam abgewaschen werden müßte.

b. Nach der Nutzung

Das im Stall gehaltene Pferd muß nach jeder Arbeit sehr gründlich versorgt werden. Man reitet oder fährt die letzten zehn Minuten prinzipiell Schritt, damit das Pferd nicht zu naß ankommt und nicht zu sehr nachschwitzt. Nachdem es von allem Geschirr befreit ist, gibt man ihm *unbedingt* Gelegenheit, sich in feinem Kies oder grobem Sand zu rollen. Ein kleiner *Sandplatz* sollte bei jedem Stallgebäude angelegt werden; beim Wälzen in der 3 × 3 m kleinen Box kann es zu leicht geschehen, daß sich ein Pferd festlegt (d.h. mit den Beinen so vor der Mauer liegt, daß es sie nicht ausstrecken und sich zum Aufstehen nicht abstoßen kann). Das Wälzen gehört zum angeborenen Ritual der Reinigung; alle

Pferde wälzen sich in der Freiheit häufig. Den bescheidenen Luxus, sich nach der Arbeit gründlich dehnen und strecken zu können, sollte jeder Pferdebesitzer seinem Freizeitkameraden gönnen! Der Sand verreibt die Schweißkrusten; er fällt beim anschließenden Schütteln größtenteils wieder ab. Sodann reinigt man mit Striegel und Kaktustuch, kräftig gegen den Strich reibend, die eingetrockneten Stellen (meist um den Sattel herum und auf der Schulter) und wäscht Sattellage, Hals, Unterbauch und Beine mit kaltem Wasser ab. Augenwinkel, Nüstern, After und Schlauch müssen beim Stallpferd — zumal dann, wenn es in der Halle geritten worden ist — nun besonders sorgfältig mit feuchten Schwämmen gesäubert werden; überall dort, wo wäßrige Ausscheidungen auftreten, und seien sie noch so leicht, setzt sich ja Staub zuerst und am hartnäckigsten fest. Dann stellt man das Pferd entweder im Halbschatten draußen oder in der Box kurz angebunden hin, bis es ganz trocken ist.

Während es trocknet, reinigt man die Hufe mit dem Hufräumer, fettet sie (wenn auch nicht jedesmal, so doch von Zeit zu Zeit) mit lorbeerölhaltigem Huffett ein und trocknet mit einem Tuch die Fesselbeugen. Zum Schluß bürstet man das ganze Pferd schnell noch einmal über. Nun fühlt auch das eingeschlossene Pferd sich körperlich wohler. Wenn alles dies zur Routine geworden ist, geht es sehr flink vonstatten. Die zusätzlichen Minuten der Sorgfalt machen sich durch ein gesundes, ausgeglicheneres Pferd bezahlt.

c. In den verschiedenen Jahreszeiten

Die Jahreszeiten wirken sich beim Stallpferd natürlich nicht so gravierend aus wie beim Auslaufpferd, es sei denn, der Halter entschließt sich zur modernen, gesündesten Haltung im *Kaltstall*. Ist das der Fall, müssen die vorstehenden Ausführungen sinngemäß abgewandelt werden. Zum Beispiel putzt man dann gegen die kalte Jahreszeit hin nicht mehr so gründlich durch, da im kalten Stall das Pferd ebenfalls den feinen Fettschutz um die Haare braucht. Das Fell wird länger und kann nicht mehr auf Hochglanz gebracht werden (was auch durchaus nicht nötig ist).

Den *Haarwechsel* im Frühjahr und im Herbst darf man nie gewaltsam vortreiben (etwa, weil das Pferd auf einer Zuchtschau «schöner» aussehen soll): Weder schert man Schutzhaare weg, noch rupft man die Tasthaare (von manchen «Fachleuten» empfohlen) unter Schmerzen für das Pferd aus, noch deckt man Pferde langfristig ein, um unter künstlicher Wärme den Fellwechsel zu beschleunigen. Bei jedem Witterungsumschlag ist ein so behandeltes Pferd doppelt anfällig gegen Krankheiten.

Das *Scheren* von Freizeitpferden ist nur bei schwerem Parasitenbefall oder Hautkrankheiten auf Anordnung des Tierarztes wirklich nötig. Wie man Pferden, die im Winter viel arbeiten müssen und stark schwitzen, durch eine Strichschur Erleichterung verschafft, wurde bereits gezeigt (s. Abb. 105). Eine weitere Art, vor allem Jagdpferde zu scheren, wird im Kapitel «Frisieren» erklärt. Pferde, die in der kalten Jahreszeit nur in der Halle geritten werden, sollten ja nicht geschoren werden; schwitzen sie zu stark nach, empfiehlt sich das Auflegen (und wieder Abnehmen!) einer *leichten* Decke.

Im Sommer sollten auch Stallpferde möglichst nach jeder Nutzung ganz gewaschen werden. Gerade sie, die weder wärmende Sonnenstrahlen noch erfrischenden Regen auf der Haut spüren, sollten die Wohltat einer Schlauchdusche erleben dürfen. *Nichts* spricht dagegen; es erhöht die Erkältungsgefahr nicht, sondern fördert die Abhärtung (falls richtig durchgeführt). Denken Sie immer daran, daß auch wir Menschen viel, viel öfter duschen und baden — und dabei gesünder sind als unsere Vorfahren in wasserscheuen Zeiten! Dabei gilt natürlich verstärkt, was an anderer Stelle gesagt wurde: Pferde ans Waschen vorsichtig gewöhnen, sie nie in Zug und Kälte stehenlassen, Wasser sehr gut abstreifen, Fesselgelenk mit Tüchern abtrocknen, eventuell mit ganz leichter Decke eindecken — und zur normalen Waschung keine Seife verwenden! Seife greift die Fettschicht auf der Haut an und sollte nur ganz gezielt verwendet werden (s. hiervor Ziff. 4).

8. Weitere Pflegetips

a. Der empfindliche Rücken

Zu den lästigsten, schmerzhaftesten und langwierigsten Erkrankungen des Reit- und Wagenpferdes gehören Sattel- oder Geschirrdrücke, die mehrere, genau erkennbare Ursachen haben können: schlecht sitzende Sättel oder Geschirre, schlecht gepflegtes, brüchiges Leder, schlecht aufgelegte Sättel oder Geschirre, schlechter Sitz des Reiters, Verschmutzung.

Zur regelmäßigen Pflege nach dem Reiten gehört es, alle Stellen, an denen Geschirrteile aufliegen, mit den Fingerspitzen zu untersuchen. Nach dem Reiten also gleitet die Hand über den Rücken — vor allem dort, wo die Ränder des Sattels auflagen, über den Widerrist und unter den Bauch, wo der Gurt fest angezogen lag. Das erste Anzeichen dafür, daß Unheil im Anzug ist, ist erhöhte Wärme. Wer dann schon eine kühlende Salbe verstreicht und vielleicht einen Tag mit dem Reiten aussetzt, kann Schlimmeres verhüten. Verpaßt man den Augenblick, schwillt als nächstes die Haut sicht- und fühlbar an, bei gleichzeitig gesteigerter Wärme. Wird nun nicht sofort gekühlt, kommt es zu offenen Wunden, die nicht nur die Haut schädigen, sondern auch die darunterliegende Muskulatur oder die Schleimbeutel am Widerrist. Das Pferd kann dann sehr lange nicht geritten werden.

Für die Wundbehandlung ist der Tierarzt zuständig. Hier geht es um die *vorbeugende* Pflege. Magere Pferde oder solche mit sehr hohem, schmalem, scharf hervortretendem Widerrist sind besonders gefährdet; bei ihnen muß ganz besonders auf die richtige Lage des Sattels geachtet werden. Um empfindliche Rücken abzuhärten, empfiehlt es sich, dem Wasser, mit dem man die Sattellage nach dem Reiten abwäscht, einen Schuß Essig, Salz oder Methylalkohol beizumischen oder sie mit verdünntem Spiritus oder im Handel erhältlichen Lotionen (Afta Ride o.ä.) abzureiben.

Zu den vorbeugenden Pflegemaßnahmen gehört es auch, die Sattellage bei Auslaufpferden, die aus dem Regen kommen, erst gründlich trockenzureiben, ehe man den Sattel auflegt, und dabei zu beachten, daß alle Schmutzreste, die sich im Fell festgesetzt haben, entfernt sind.

Zur Pflege des Pferdes gehört, was den Rücken und die Vermeidung von Drücken angeht, dringend das *Sauberhalten des Sattelzeugs:*

die *Unterseite des Sattels* wird nach jedem Gebrauch abgewischt;

Gurt aus Leder wird mit feuchtem Schwamm abgewaschen, trockengerieben und leicht eingeölt;

Gurt aus Schnur wird abgebürstet oder in lauwarmes Seifenwasser gelegt, nach einer Weile abgespült und getrocknet; von Zeit zu Zeit wäscht man ihn, locker in einen Tuchbeutel geknotet, in der Waschmaschine;

benutzt man eine *Satteldecke*, so wählt man sie auf keinen Fall mehr aus schlecht zu reinigendem Filzmaterial, sondern nimmt klinisch getestete Synthetik-, leichte Leinen- oder dünne Lederdecken, die allesamt im Handumdrehen zu waschen oder zu reinigen sind.

Pferde, die draußen gehalten und geritten werden, sind schmutziger und machen ihr Geschirr schmutziger: Das ist ein Teil des Preises, den wir für das Reiten im Gelände und die gesunde Auslaufhaltung zahlen. Angetrockneter Schmutz aber scheuert und reibt und muß deshalb sofort entfernt werden: als Teil der täglichen Pflege.

b. Läuse, Milben, Würmer

Einer der Hauptfeinde der Pferdegesundheit sind die inneren und äußeren Parasiten des Pferdes. Während die Außenparasiten (Milben, Läuse) auch dem Besitzer durch Hautveränderung und Juckreiz leicht auffallen, werden Innenparasiten häufig erst entdeckt, wenn irreparable Schäden entstanden sind.

Läuse siedeln sich in der Hauptsache im ungepflegten Langhaar der Pferde an und können von bloßem Auge gesehen werden.

Die verschiedenen *Milben*arten, Grab- und Saugmilben, werden durch Tierkontakt, verunreinigte Streu und unsauberes oder für mehrere Pferde verwendetes Putzzeug übertragen; sie gewinnen vor allen Dingen bei dem längeren Kötenbehang vieler Robustpferde wieder starker an Bedeutung. Mit den heutigen Kontaktinsektiziden wie Alugan® oder mit Hexagal®-Waschungen ist eine Behandlung gut möglich.

Wesentlich vielfältiger in der Art und gefährlicher in der Wirkung sind die verschiedenen Parasiten, die im Inneren des Pferdes schmarotzen und dieses schwer schädigen. Beim ursprünglichen Wildpferd als umherziehendem Pflanzenfresser, der höchstens im jahreszeitlichen Rhythmus wieder einmal mit früheren Weideplätzen in Kontakt kam, wurde durch das Normalverhalten eine Begegnung mit den Kotplätzen verhindert und eine Reinfektion vermieden. Gerade bei der heutigen Robustpferdehaltung auf der Weide, die oft nicht optimal gepflegt ist, stecken sich Pferde immer wieder durch Aufnahme von Wurmeiern oder Larven an und die Verwurmung der Pferde wächst immer mehr. Von Innenparasiten, meistens Würmern, befallene Pferde entwickeln sich nicht nur als Fohlen sehr viel schlechter und erreichen häufig trotz guten Voraussetzungen der Veranlagung, Abstammung und Fütterung nicht das genetisch mögliche Maximum, sie erkranken durch die verminderte Widerstandsfähigkeit sehr viel häufiger und sind leistungsschwächer als wurmfreie Pferde. Einige Wurmarten, wie die Larven der Blut- oder Palisadenwürmer (Strongyliden), können sich auf ihrer Wanderung durch die Blutgefäße in der Aortenaufteilung festsetzen und dort die gefährlichen Wurmkoliken hervorrufen. Aber auch Massenansammlungen von Spul-

würmern (Askariden) im Darm des Pferdes können zu schweren Koliken und zum Absterben ganzer Darmteile führen.
Viele der Pferde-Innenparasiten haben einen sehr komplizierten biologischen Entwicklungszyklus über Larvenstadien, die auf ihrer Wanderung durch die Organe des Pferdekörpers das Tier häufig mehr schädigen als die erwachsenen Würmer.
Die wichtigsten Innenparasiten des Pferdes sind die *Blut- und Palisadenwürmer* (Strongyliden). Fast alle Pferde jeden Alters beherbergen sie. Ein geringgradiger Befall ist nicht bedenklich. Die erwachsenen geschlechtsreifen Würmer saugen in der Darmschleimhaut und entziehen dem Pferd Blut. Sie legen Eier ab, die mit dem Kot des Pferdes ausgeschieden werden. Hieraus entwickeln sich in einer Woche ansteckungsfähige Larven. Diese lieben feuchtes Milieu: nasse Einstreu oder feuchte Weiden. Beim Wühlen in der Streu oder beim Weidegang, hier vor allen Dingen morgens im taufeuchten Gras, werden diese Larven vom Pferd aufgenommen. Vom Dünndarm treten die Larven eine Wanderung durch verschiedene Organe des Pferdes an. Besonders gefährdet sind Leber und die großen Gefäße. Diese Wanderungen schädigen die Pferde schwer. Erst nach ca. 11 Monaten sind die Würmer geschlechtsreif, scheiden, im Darm lebend, ihre Eier aus und können erst nun durch die Kotuntersuchung nachgewiesen werden. Ihre verhängnisvollen Schäden haben sie aber dann bereits bewirkt.
Am zweithäufigsten sind Pferde von *Spulwürmern* (Askariden) befallen. Diese bis 40 cm großen runden Würmer schmarotzen im Dünndarm. Die mit dem Kot abgehenden Eier entwickeln sich in der Eischale zu Embryonen, die von den Pferden wieder aufgenommen werden. Im Dünndarm schlüpft die Larve aus dem Ei, dringt durch die Darmwand und durchläuft ebenfalls einen komplizierten Wanderweg durch Gefäße und Lunge. Askarideneier sind außerordentlich widerstandsfähig und können nur bei Vorhandensein geschlechtsreifer Würmer im Darm des Pferdes nachgewiesen werden.
Die *Zwergfadenwürmer* (Strongyloides) verursachen vor allen Dingen bei Fohlen Lungenentzündungen, eine typische Wurminfektion unhygienischer Ställe.
Die *Magenbremsen* (Gasterophiluslarven) sind Larvenstadien von Fliegen, den sogenannten Pferdedasseln. Diese Insekten legen im Juni bis August ihre gelbweißen, gut sichtbaren Eier an den Vordergliedmaßen des Pferdes ab. Die aus den Eiern schlüpfenden Larven verursachen Juck-

reiz und veranlassen die Pferde, die Gliedmaßen zu belecken und die Larven aufzunehmen. Die abgeleckten Larven bohren sich durch die Schleimhaut von Zunge und Mundhöhle und wandern zum Magen.
Dort saugen sie sich in der Magenschleimhaut fest und gelangen erst nach 10 Monaten mit dem Kot ins Freie. Nach 3—5 wöchiger Puppenzeit schlüpft aus der engerlingförmigen Larve die legebereite Dasselfliege aus. Gerade Robustpferde mit ganzjährigem Weidegang sind bedroht. Der Nachweis ist durch den seltenen Abgang der Larven nicht einfach. Die Schädigung der Tiere ist aber schwer und kann zum Tod führen. Am sichersten ist die Kontrolle der Pferde auf die abgelegten Eier an den Gliedmaßen.
Die *Pfriemenschwänze* (Oxyuren) sind Würmer des Pferdes, deren Weibchen um den After schnurförmige gelbe Eipakete ablegen, die sichtbar sind und die Pferde zum Scheuern des Schweifes veranlassen. Wie bei den meisten anderen Parasiten erfolgt die Infektion durch Aufnahme von Eiern aus dem Stroh.

Aus all dem wird ersichtlich, daß eine Wiederansteckung des Pferdes mit Wurmeiern oder Larven unter allen Umständen verhindert werden muß. Dazu gehört *häufiges Ausmisten*, korrekte *Weidepflege, Weidewechsel* und *Desinfektion der Ställe.*
Bei erwachsenen Pferden ist mindestens viermal jährlich, bei Fohlen mindestens sechsmal eine *Wurmkur* durchzuführen. Vor allen Dingen ist die Frühjahrswurmkur vor Weideauftrieb unerläßlich, damit die Weide nicht sofort durch Parasiteneier und Larven verseucht wird. Anhand einer Kotuntersuchung kann festgestellt werden, wie stark der Befall ist und welche Wurmarten vorliegen. Kot zur Untersuchung soll frisch sein und muß möglichst schnell zur Untersuchungsstelle gelangen.
Allerdings sind Larven und Eier nur nachweisbar, wenn geschlechtsreife Würmer im Pferd vorhanden sind, die bereits Eier ablegen. Die Schädigung erfolgt aber viel früher, sodaß *in jedem Fall routinemäßig entwurmt werden muß.*
Die veterinärmedizinische Arzneimittel-Industrie hat heute nicht nur gut wirksame, sondern auch gut verträgliche und leicht zu verabreichende Parasitenmittel entwickelt, die eine Breitwirkung besitzen und gegen die meisten Parasiten wirksam sind. Wurmmittel sind rezeptpflichtig, da sie Giftstoffe enthalten und in ungeeigneter Dosierung oder Mischung sehr schädlich sein können. Fohlen und trächtige Tiere benö-

tigen unter Umständen andere Dosierungen oder Mittel als erwachsene Wallache und Hengste. Außerdem kann eine Resistenz, eine verminderte Wirksamkeit durch Gewöhnung der Wurmarten an bestimmte Mittel, auftreten. Aus all diesen Gründen ist es unerläßlich, daß Ihr Tierarzt Kur-Intervalle, Wurmmittelart und parasitologische Kontrollen bestimmt beziehungsweise durchführt.
Die Parasitengefahr für das Pferd ist so groß, daß unter keinen Umständen zuzuwarten ist, bis das Pferd Leistungsabfall, Verdauungsschwierigkeiten oder struppiges Fell zeigt. Die auf der Wanderung durch die Organe von den Larvenstadien der verschiedenen Würmer bewirkten Schädigungen sind nicht mehr auszuheilen und können später bei einer zusätzlichen Krankheitsbelastung zu einem erschwerten Krankheitsbild oder sogar zum Tod des Pferdes führen.

c. Dasselfliegen-Eier

Wie vorher gesagt wurde, wird der aufmerksame Pfleger im Frühsommer und Sommer die Eier der Dasselfliege als kleine, gelbe, glänzende Pünktchen bemerken, mit denen bei manchen Pferden Hals, Brust und vor allem Vorderbeine buchstäblich besät sind. Die Dasselfliege (Biestfliege) schleudert sie im Flug aus, und die Eier kleben so fest, daß sie nur schwer zu entfernen sind. Doch sie müssen entfernt werden, damit es nicht zum Schlüpfen der gefährlichen Larven kommt! Der Pfleger muß also beim täglichen Putzen gegen die Eier angehen. Es gibt verschiedene Möglichkeiten dazu: Bei sehr vertrauten, ruhig stehenden Pferden kann man sie vorsichtig mit einer Rasierklinge abschaben (wobei man die Eier unbedingt sofort in einen Behälter fallen läßt und anschließend weit von den Pferden entfernt vernichtet, damit sie nicht vom Boden mit dem Futter doch vom Pferd aufgenommen werden!). Man kann auch einen Lappen mit Kerosen oder einer Lysol-Blusin-Öllösung befeuchten und sie damit oder mit einem in lauwarmes Wasser getauchten Lappen aufweichen und abwischen. Die Waschungen müssen an mehreren aufeinanderfolgenden Tagen wiederholt werden. Eine erfahrene Fachjournalistin empfahl kürzlich, etwas Obstessig ins Trinkwasser zu geben: Das bewahrte ihren ganzen Pferdebestand vor der Annäherung von Dasselfliegen und somit vor dem Bewurf mit den Eiern (E. Schiele/Reiter Revue).

d. Fliegen

Je nach Landschaft und Umwelt quälen Fliegen die Pferde im Auslauf, auf der Weide und beim Ritt bis acht Monate im Jahr. Der Pfleger muß sich bemühen, Stall und Weideschuppen fliegenfrei zu halten und das Pferd beim Ausritt vor Fliegen und Insekten zu schützen.

Unterstände aller Art müssen im Sommer täglich einmal vom anfallenden Mist gereinigt werden, da dieser die Fliegen anzieht. Dasselbe gilt für die nähere Umgebung der Unterstände, da sich Pferde je nach der Windrichtung gern seitlich davon oder hinter ihnen aufhalten. Sinngemäß muß auf Weiden ohne Unterstand jene Stelle unter Bäumen, im Wald undsoweiter, wo die Pferde für gewöhnlich Schutz suchen, saubergehalten werden. Fliegen dringen vorzugsweise mit den einfallenden Sonnenstrahlen in den Stall ein. Ein leichtes Schattendach, ein Sonnensegel (vor allem bei Öffnungen nach Süden) oder Kunststoffstreifen vor der Öffnung halten sie schon ab. Leichter Durchzug *oberhalb* der Pferdeköpfe vertreibt sie ebenfalls. Es gibt auch chemische Insektenvertilger (Vaponaband, unter der Decke angebracht), doch sollten wir nur dazu greifen, wenn alle anderen Versuche fehlschlagen. Alle radikalen Vertilgungen stören das ohnehin delikate Gleichgewicht unserer Umwelt; die Fliegen, die den Pferden schaden, ernähren die Vögel. Ein- und Ausfluglöcher für Schwalben sind eine bessere Lösung, falls die Vögel einziehen und auch bleiben — was sie beim gleichzeitigen Gebrauch von Insektiziden sicher nicht tun.

Ein guter Schutz für die *Pferde* selbst ist nun das häufige Abwaschen mit klarem Wasser, das den Eigengeruch vermindert; es werden erst gar nicht so viele Fliegen angezogen. Auch ein Schuß eines der im Handel erhältlichen Insektenrepellents im Waschwasser hilft, Fliegen von empfindlichen Stellen — am Kopf, an den Ohren, den Weichteilen — wegzuhalten. Zeigen die Pferde durch Scheuern, unruhiges Umherlaufen im Auslauf oder auf der Weide an, daß sie von Fliegen geplagt sind, so gehört ein Anti-Fliegen-Mittel in den Putzkasten. Es gibt inzwischen Lotionen unterschiedlicher Art, darunter auch solche, die auf biologischunchemischer Basis zusammengesetzt sind. Wenn nur geputzt und nicht anschließend geritten wird, genügt oft ein leichtes Absprühen mit einem Spray. Viele Pferde fürchten sich aber vor dem Zischen: Dann muß eine stark verdünnte Lotion aufgetragen werden, und zwar mit einem Putzhandschuh oder Lappen.

Achtung: Die Mittel dürfen nicht in die Augen geraten!

Die gebräuchlichen Lotionen müssen täglich in kleiner Menge frisch verdünnt werden; abgestandene Verdünnungen wirken anderntags bereits nicht mehr.
Das entsprechende Mittel wird gleich nach der Körperreinigung — *vor* Kopf-, Mähnen-, Schweif- und Beinbehandlung — aufgetragen und kräftig gegen den Strich eingerieben (Abb. 106). Danach steht das Pferd dann, anstatt dauernd zu stampfen, den Kopf zu verdrehen, mit dem Schweif zu schlagen, ruhig da und läßt sich die Behandlung des Kopfes und der Extremitäten besser gefallen.

106 *Anti-Fliegen-Mittel gegen den Strich einreiben*

Das klingt so selbstverständlich — und wird doch so selten getan! Immer wieder erlebe ich es auf meinen Reisen, wie Pferdebesitzer ihre Pferde grob behandeln, sie in die Seite knuffen, ungeduldig anbrüllen, weil «der Bock» beim Putzen nicht stillstehen will. Das Fliegenmittel steht derweilen, falls überhaupt vorhanden, vergessen in einer Ecke herum. Was soll der arme «Bock» denn tun, wenn ihm Hunderte von winzigen, mit dem bloßen Auge oft gar nicht sichtbaren Mücken und Fliegen unter dem Bauch sitzen, an den Geschlechtsteilen saugen, sich um Augen und Nüstern festsetzen? Gar nicht zu reden von den dicken Bremsen, die jeder, der die Augen aufmacht, sehen *muß!*

Der denkende Pfleger reibt seine Pferde im Sommer kurz zweimal ein: vor dem Putzen und Satteln (damit beides in Ruhe vonstatten gehen kann) und nochmals kurz vor dem Reiten (damit unterwegs Ruhe vor Bremsen herrscht). Das kostet pro Sommer eine Flasche Lotion mehr und beschert uns dafür ruhige, zufrieden wartende und gehende Pferde.
Leider verfliegt die Wirkung aller Fliegenmittel, wenn beim Ritt das Fell schweißnaß und heiß wird. In stark fliegenbefallenen Gegenden empfiehlt es sich, in einem Täschchen am Sattel eine kleine Flasche des verdünnten Mittels und einen Lappen mitzunehmen und unterwegs mehrmals zu benutzen. Ähnlich den Seifentüchern in Alufolie, die wir zur Reinigung von Gesicht und Händen mitnehmen, gibt es in USA auch schon mit Anti-Fliegen-Mitteln getränkte, in Folie verpackte Tücher zum Mitnehmen auf den Ritt.
Bei der Rast stellen wir die Pferde an sehr heißen Tagen in leichten Zug, unter schattenspendende Bäume. Waldränder sind meist besonders fliegenreich und deshalb als Rastplatz ungeeignet.
Achtung: Alle offenen Wunden, Kratzer, Schnitte usw. mussen im Sommer eigens vor Fliegen geschützt werden, indem man sie täglich mit Penochron bestreicht.

e. Das Sommerekzem

Die Besprechung des Sommerekzems gehört deswegen hierher, weil es durch *pflegerische* Maßnahmen entweder ganz verhindert oder doch unter Kontrolle gehalten werden kann; für das Pferd dessen, der Bescheid weiß, braucht diese Krankheit nicht mehr zur Behandlung durch den Tierarzt zu führen.
Bis vor kurzem war es noch nicht möglich, ganz genau Bescheid zu wissen; doch in der letzten Zeit hat die Forschung lange gehegte Vermutungen bestätigt und Verhütungsmethoden entwickelt.
Das Sommerekzem ist ein *allergisches Hautleiden;* es tritt zwischen Mai und September/Oktober auf und befällt vor allem die Haut im Mähnenkamm, um die Schweifrübe und den hinteren Teil der Kruppe (Abb. 107) sowie unter dem Bauch; es kommt aber auch um die Ohren, um die Geschlechtsteile und im Fesselbehang vor; in sehr extremen Fällen ist der ganze Körper befallen. Was wir Sommerekzem nennen, heißt in England «Sweet itch», in Australien «Queens itch», in Japan «Kasen disease» und kommt auch in anderen Weltteilen vor; befallen sind vor allem Pony- und Großpferderassen, die ganzjährig im Freien leben; bei

uns sind besonders, jedoch keineswegs ausschließlich, Isländer davon betroffen.

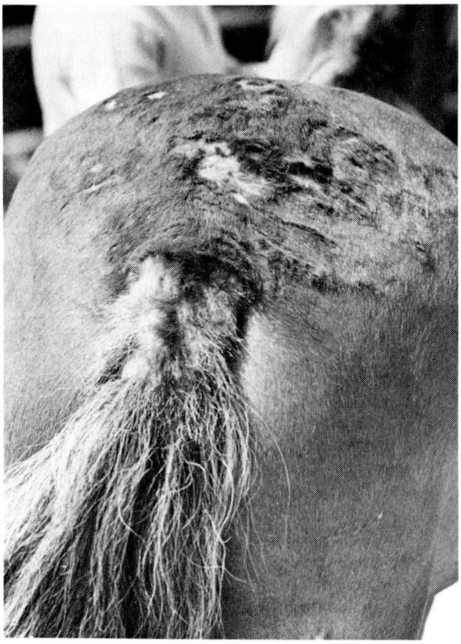

107 *Sommerekzem in seiner schlimmsten Form*

Es handelt sich um eine stark juckende Hautentzündung, bei der man zuerst kleine Knötchen und Schwellungen erfühlt; diese brechen krustig auf, bluten, die Haut verdickt sich, legt sich in harte, tiefe Falten oder wird von den Pferden zu blanken, blutenden Wunden aufgerieben. Der Juckreiz ist so unerträglich, daß unbehandelte Tiere sich die Mähne und den oberen Teil des Schweifes abreiben und die Haut darunter dick anschwillt und ganz heiß wird; manche magern zu Skeletten ab, werden apathisch, verweigern das Futter — jucken, jucken...

Mikroskopische Untersuchungen der veränderten Hautpartien ergaben, daß eine *Überempfindlichkeit gegen Insektenstiche* zugrunde liegt, und auch der Erreger wurde mittlerweile gefunden: eine Stechmückenart (Colicoides pulicularis) von 1—2 mm Länge, mit klaren, dunkel gefleckten Flügeln; ihre ersten Exemplare werden April/Mai ausgebrütet; im Laufe des Oktobers klingt ihre Aktivität ab; Mai/Juni und September vermehrt sie sich am zahlreichsten; ihre größte Tagesaktivität entwickelt sie in der Zeit von eine Stunde vor bis eine Stunde nach Sonnenuntergang. Auch von dieser Allergie werden nur speziell darauf empfindliche

Pferde befallen; andere entwickeln am gleichen Ort und bei gleicher Haltung kein Ekzem; die Praxis hat gezeigt, daß zum Beispiel bei den Isländern hier geborene Pferde weitgehend resistent gegen die Allergien sind: Selbst Fohlen stark befallener Importstuten bleiben meist ekzemfrei.
Als beste *Methode der Vorbeugung* hat sich, nach umfangreichen Versuchen diese ergeben:
1. Überempfindliche Pferde werden in der Zeit von 2 Stunden vor bis 2 Stunden nach Sonnenuntergang in den Stall gestellt;
2. Die Stechmücken werden mit Hilfe insektentötender Mittel aus dem Stall ferngehalten (z.B. durch Anbringung von Vapona-Strips o.ä.).
In der Praxis ist eine so gezielte Maßnahme nur da möglich, wo Weide und Stall nahe beieinander liegen. Ist die Weide zu weit weg zum täglichen Umtrieb, müssen befallene Pferde ganz hereingeholt und in den schlimmsten Monaten im Auslauf mit kühlem, fliegen- und mückenfreiem Offenstall gehalten und auf Kraftfutter/Heu umgestellt werden. (Einige Forscher sind der Ansicht, daß auch der zu starke Eiweißschub der Frühjahrsweide die Ekzembereitschaft fördert, und möchten zunächst alle Ekzemler von der Weide nehmen.) Je nach gegebenen Umständen kann man die Pferde nachts ein paar Stunden weiden lassen, tagsüber hereinholen.
Ekzempferde ohne Stallschutz — und womöglich noch ohne spezielle Pflege — auf weit entfernten Sommerwiesen sich selbst zu überlassen, ist reine Tierquälerei.
Ist die Krankheit ausgebrochen (was innerhalb von Stunden geschehen kann) oder hat man ein ekzembefallenes Pferd gekauft, muß sofort die entsprechende Pflege einsetzen. Dazu gehört, daß das befallene Pferd gründlich mit einem medizinischen, schmutzlösenden Mittel wie z.B. Alugan gewaschen wird (s. Kap. «Putzen», Ziff. 4c). Ist die Haut ganz sauber und sind alle Schmutzpartikelchen gut weggebürstet, trägt man ein juckreizstillendes, heilendes Medikament auf (Penochron, Dermaculin, Kill-itch, Triplexan), und zwar so, daß man *Zentimeter um Zentimeter* die Mähne, den Schweif usf. abtastet, mit den Fingerspitzen die Knötchen, den Schorf erfühlt und dann einen Tropfen der Emulsion aufträgt und gut einmassiert. Nur auf der Wunde aufgetragen heilt die Medizin — nicht dick auf den Haaren aufgeschmiert! Die Stellen werden morgens und abends behandelt, bis der Juckreiz sichtlich nachläßt; die verbleibenden Wunden bringt man durch reichliches Einreiben mit preiswerteren Mitteln wie Melkfett oder Ballistol zum Abheilen. Erst

wenn die Haare wieder dicht nachwachsen, ist der Ekzemanfall überwunden — dem am gleichen Abend ein neuer folgen kann, wenn die eingangs geschilderten Vorbeugemaßnahmen nicht getroffen werden!
Lange Zeit wurden ziemlich wahllos Ekzemler mit hohen Dosen von Nebennierenhormon-Mitteln mit Depotwirkung behandelt. Das kann zwar schlagartig helfen, kann aber auch schlimme Nebenwirkungen haben. Ich selbst verlor dadurch ein bildschönes Stutfohlen, dessen Mutter behandelt worden war. Es kam nicht lebensfähig zur Welt. Inzwischen sind solche Gewaltkuren kaum noch erforderlich. Es genügt, die Pferde während einer kurzen Zeit am Tage von der Weide wegzuholen; *oder* ihnen auf der Weide einen frei begehbaren, kühlen, fliegen- und mückenfreien Offenstall mit Plastikstreifen-Vorhang zu errichten (und dann täglich Kontrollen durchzuführen); *oder* sie einige Sommermonate ganz auf Stall mit Auslauf umzustellen.
Stand man in früheren Jahren dem Sommerekzem noch völlig hilflos gegenüber und waren Befälle wie der auf der Abbildung 107 fast alltäglich, so ist es inzwischen gut möglich geworden, die Krankheit unter Kontrolle zu halten. Begegnet man also heute noch einem solchen Pferd, so liegt die Schuld eindeutig beim Pfleger.

Der Huf und seine Pflege 5

1. Der Aufbau des Hufes

Der Huf ist ein überaus kompliziertes und empfindliches Gebilde aus ineinandergeschobenen, miteinander verbundenen Knochen, Knorpeln, Bändern, Sehnen, Gelenken, Horn und Haut, durchsetzt von feinsten Häutchen, Röhrchen und Äderchen. Alles das ist — im Verhältnis zu Gewicht und Größe des Pferdes — sehr klein und leicht: Die vier Hufe eines mittelgroßen Pferdes wiegen zusammen nur knapp 2—3 kg. Aber sie müssen jede Bewegung des Pferdes abfangen, abfedern — im schnellen Galopp, beim hohen Sprung. Sie tragen das Gewicht des Pferdes und seines Reiters samt Sattel und Gepäck, sie isolieren den Körper von der Hitze oder der Kälte des Bodens. Sie bilden den vielleicht wichtigsten Teil des ganzen Pferdes: *Ohne Huf kein Pferd* — das heißt, das bestgefütterte, bestgepflegte, besttrainierte Pferd ist zum Gebrauch wertlos, wenn es auch nur an *einem* Huf dauernden Schaden erleidet! (Und selbst vorübergehende Schäden an Bein und Huf setzen es länger außer Gebrauch als die meisten anderen Krankheiten.) Dem Huf also gilt unsere besondere tägliche Aufmerksamkeit, auch bei robusten Auslaufpferden. Denn so robust ist kein Pferd, daß es eine Vernachlässigung der Beine unbeschadet überstünde.

Wer dieses Buch bis hier gelesen hat, wird kaum noch sagen: «Wildlebende Pferde brauchen doch auch keine Hufpflege!» Wir wissen inzwischen, daß wildlebende Pferde ein komplett anderes Leben führen als selbst unsere Weidepferde. Sie
haben mehr Schweifgrund mit abwechslungsreicherem Terrain,
ernähren sich naturgemäßer,

tragen kein Gewicht,
gehen bei schwerwiegenden Hufverletzungen oder Hufkrankheiten zugrunde.

Die stete Wanderung führt Wildpferde über wechselnde Böden: Feuchte Niederungen verhüten das Austrocknen der Hufe, an Wasserlöchern stehen sie im heilenden Schlamm, auf felsigen, schrundigen Pfaden laufen sie sich die Kanten ab. Sie ernähren sich weniger intensiv: Ihr Futter wird nicht durch künstliche Düngung mastiger gemacht, Kraftfutter kennen sie nicht. Ihre Hufe wachsen infolgedessen nicht so stark nach. Die Hufwand wird niemals von Nägeln durchbohrt und dadurch geschwächt; sie tragen kein zusätzliches Gewicht, bewegen sich nicht auf künstlichen Pflasterstraßen, stehen nicht auf Betonboden im Stall, schon gar nicht in der jauchedurchtränkten Fäulnis einer Strohmatratze. Stellt sich aber beim Wildpferd ein irreparabler Schaden am Huf ein, so geht es eben daran zugrunde. Am wichtigsten ist, daß sich das Wildpferd in Jahrtausenden an die Bedingungen seines Schweifgrundes angepaßt hat und durch eine harte Auslese geht, die ohnehin nur die Gesundesten überleben läßt.

Unsere Pferde sind alledem entfremdet worden: sind verkreuzt, verwöhnt, zu gänzlich anderen Formen des Lebens gezwungen, die ihnen unnatürlich sind. Sie *müssen* nun versorgt werden; wir müssen ihnen helfen, das Leben zu bestehen, das wir ihnen abverlangen. Und so müssen wir uns auch um ihre Hufe kümmern.

Dazu sollten wir sie ein wenig genauer kennen.

Die vielen Bezeichnungen der Abbildungen 108/109 brauchen wir nicht auswendig zu lernen: sie sollen nur klar machen, was stets und ständig auf dem Spiel steht, wenn der Huf vernachlässigt wird.

Von der Seite gesehen baut sich der Huf aus folgenden Teilen auf (Abb. 108):

Hufbein - Kronbein - Fesselbein - Röhrbein - Hufgelenk - Hufbeinbeugesehne - Strahlkissen - Zehenstrecksehne - Zehenteil der Hornwand - Weiße Linie - Hornsohle - Hornstrahl.

Von unten sieht das so aus (Abb. 109):

Ballen - Eckstreben - Eckstrebenwinkel - Hornsohle - Hornstrahl - Seitliche Strahlfurchen - Hornstrahl - Mittlere Hornstrahlfurche - Kante des Tragrandes.

Der Huf besteht aus einer äußeren Schale (Hornschuh oder Hornkapsel), die mit all den anderen Teilen sozusagen dicht angefüllt ist. Für den praktischen Gebrauch heißt das, daß Verletzungen des Hufes meist eine große Zahl von Hufbestandteilen betreffen: Fremdkörper dringen bis an die Ansätze der Sehnen vor, Nägel dringen in «lebendige», das heißt schmerzempfindliche Partien vor, ausgerissene Stücke der Hufwand legen schmerzende Teile frei usw. Unempfindlich (wie beim Menschen der Fingernagel) ist nur die äußere Hornwand, die auch die Nägel des Eisens hält; alles andere ist besonders empfindlich. Heilungen sämtlicher Hufkrankheiten sind deswegen langwierige Prozesse, die dadurch erschwert werden, daß man ein Pferd nicht zu Bett legen und im Liegen auskurieren kann. Auch der erkrankte Huf muß noch einen Teil des Körpergewichtes tragen.

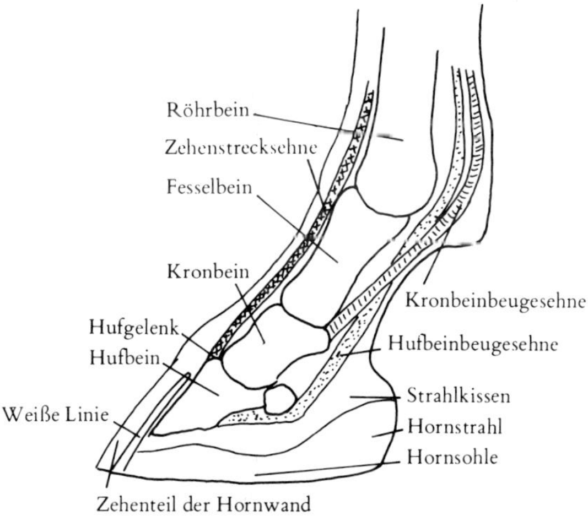

108 *Fuß des Pferdes. Querschnitt*

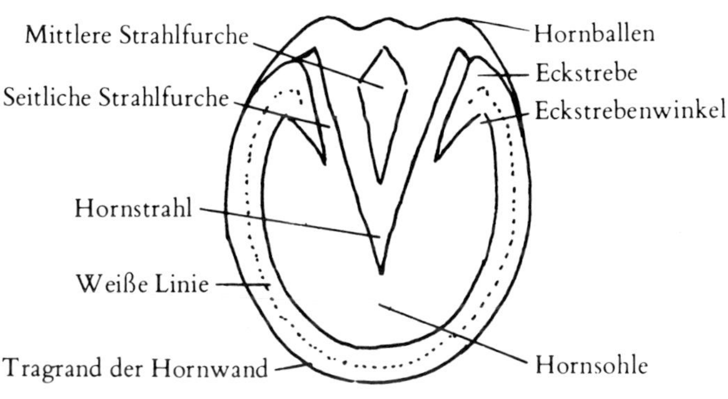

109 *Bodenfläche der Hornkapsel des Hufes*

Zu den einzelnen Hufteilen sollte man sich für den Gebrauch einiges wenige einprägen:

die *Ballen* sollen glatt und gut gerundet sein;

die *Eckstreben* sollten kaum je gekürzt werden, da die Hufe sonst zu spitz, die Sehnen überanstrengt werden (hier wird bei uns viel gesündigt!);

aus der *Hornsohle* soll nur loses Horn entfernt werden (mit dem Hufmesser, niemals mit der Hauklinge!); die Hornsohle trägt bei beschlagenen wie bei unbeschlagenen Pferden einen Teil der Last;

vom *Hornstrahl* soll ebenfalls nur loses Horn weggeschnitten werden (um des «adretten Aussehens» halber wird hier kräftig gesündigt!); je weniger entfernt wird, umso besser ist es;

die *Strahlfurchen* sollen oft mit dem Hufkratzer gereinigt werden (hier setzt die gefürchtete Strahlfäule an!);

die *mittlere Strahlfurche* soll den Ballen nicht teilen (tut sie es, besteht Verdacht auf Strahlfäule);

der gesamte *Strahl* soll so glatt, kräftig und gesund wie nur möglich sein; in seinem Bereich soll möglichst gar nichts weggeschnitten werden; er muß während der Belastung den Erdboden berühren und wirkt dann als Kissen gegen den Aufprallschock; ist zuviel weggeschnitten (wie hierzulande leider üblich), kann er diese Funktion nicht erfüllen; außerdem hat er die Funktion einer Pumpe, die beim Auffußen das Blut aus dem Hufbereich hochpumpt;

der *Huftragerand* berührt, beim unbeschlagenen Pferd direkt, beim beschlagenen indirekt den Erdboden. Hier muß ein breiter Rand geschaffen werden, der es dem Pferd ermöglicht, den Boden plan und gleichmäßig zu berühren; die Kante des Huftragerandes darf nicht scharf oder rauh sein; sie wird beim beschlagenen wie beim unbeschlagenen Pferd möglichst vorsichtig mit der Raspel geglättet und berundet;

die *Trachten* (hintere Drittel der Hornkapsel) sollen hingegen nicht zuviel beschnitten werden.

Aus alledem geht schon für den Laien hervor, daß die moderne Schmiedekunst (falls gut beherrscht) mehr Wert auf die Gesunderhaltung als auf «Schönheit» des Hufes legt. *Modern* denkende Schmiede warnen immer wieder davor, zuviel an Hufsubstanz (Eckstreben, Strahl, Sohle) wegzuschneiden. Bei Weidepferden soll vor allem im Winter *soviel Strahl wie nur möglich* stehenbleiben als natürlicher Schutz gegen Glätte und Nässe.

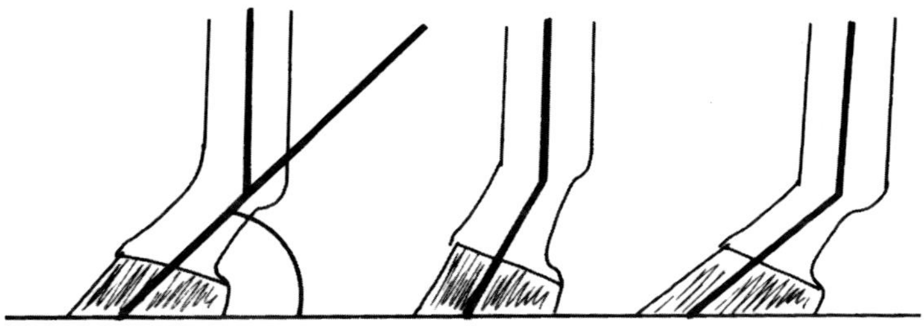

110 *Huf- und Fesselstellungen von der Seite. a: normal; b: stumpfgewinkelt (bis zum Bockhuf); c: spitzgewinkelt (bis zum Flachhuf)*

Zur *Stellung des Hufes* (Abb. 110) sollte man folgendes wissen:
Fesselbein, Kronbein, Strahlbein und Hufbein bilden zusammen den Zehenknochen. Sie stehen schräg zur Horizontalen und zwar normal in einem Winkel von 45—50° vorn, hinten von 50—55°.
Diese Winkelung kann flacher oder steiler sein. Es entsteht im extremen Fall entweder ein *Flachhuf* oder ein *Bockhuf*. Ersterer kommt häufig bei schweren, kaltblütigen Rassen vor. Hochblütigere Pferde haben häufig höhere, engere Hufe. Auch der Boden, auf dem ein Pferd großwird, hat Einfluß auf die Art des Wachstums: Auf schweren Marschböden werden die Hufe häufig größer und flacher, in heißen Ländern mit trockenen, harten Böden findet man vornehmlich Pferde mit sehr zierlichen, hohen Hufen von extrem harter Beschaffenheit.
Stellungsfehler können durch gekonnten, sorgfältigen Beschlag zum Teil korrigiert werden; je früher man schon beim Fohlen damit beginnt, um so weniger einschneidend ist die Maßnahme, um so größer der Erfolg. Andererseits ruft falscher Beschlag viele Stellungsfehler erst hervor. Am meisten wird — wie schon gesagt — durch zu vieles Be- und Wegschneiden gesündigt.

2. Das Aufnehmen und Halten der Vorder- und Hinterhufe

Um den Huf richtig pflegen zu können, müssen wir lernen, ihn aufzuheben und festzuhalten. Es genügt dazu beileibe nicht (wie etwa die im Vorwort erwähnte Dame allen Ernstes meinte), sich vor das Pferd zu stellen und auffordernd: «Gib Huf!» zu sagen; es ist im Gegenteil für das Pferd zunächst sehr schwierig zu begreifen, was der Mensch will, und diesem dann genügend zu vertrauen, um tatsächlich einen Fuß von der Erde zu nehmen. Für das Fluchttier Pferd bedeutet das, nicht mehr fliehen zu können; auf drei Beinen stehend und am vierten festgehalten, ist es an jeglicher Bewegung gehindert — eine Situation, die, wie wir inzwischen wissen, jedes Pferd tiefinnerlich fürchtet.

Auf unserer Bildserie 111—115 erkennen Sie genau, wie man es anstellt, den *Vorderhuf* aufzuheben:

1. Der Pfleger tritt schräg von vorn auf das sicher angebundene Pferd zu, legt ihm die Hand ruhig auf die Schulter, spricht beruhigend, läßt die (dem Pferd zugewandte) Hand dann ruhig tiefer gleiten (Abb. 111) —
2. — bis sie die Röhre umfaßt. Er dreht die Hand dann nach innen und fordert das Pferd mit leichtem Druck auf, den Huf herzugeben (Abb. 112).
3. Gehorcht das Pferd dieser Aufforderung nicht, so lehnt er sich mit der Schulter gegen den Oberschenkel, um es ein wenig aus der Balance zu bringen, und drückt gleichzeitig mit Daumen und Zeigefinger gegen die weiche Stelle oberhalb des Fesselkopfes. Das Pferd löst den Huf vom Boden (Abb. 113).
4. Sofort gleitet die innere Hand zum Huf und umfaßt ihn haltend; die äußere Hand faßt von außen zu; der Pfleger schiebt sein Knie unter das abgeknickte Vorderfußwurzelgelenk (Abb. 114).
5. So gestützt, liegt der Huf leicht in der inneren Hand; mit der äußeren reinigt der Pfleger die Unterseite des Hufes (Abb. 115).

111

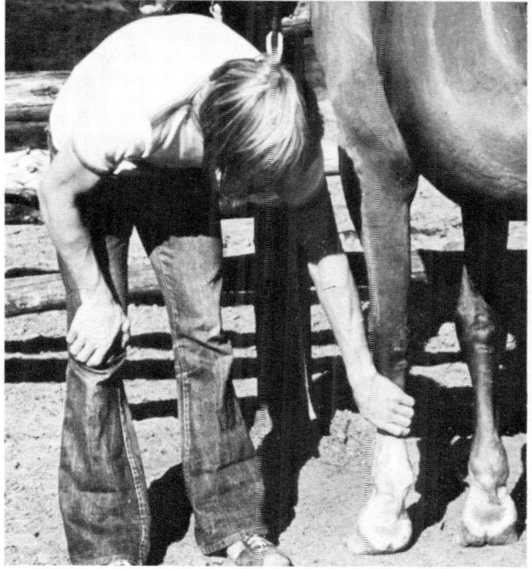

112

113

114

115

111—115 *Aufheben des Vorderfußes (s. Text)*

Das ist der Ablauf bei einem guterzogenen, vertrauensvollen Pferd, dem sich ein verständnisvoller und geschickter Mensch nähert. An der Haltung des Pflegers ist nichts Eckiges, Hastiges, vor dem das Pferd erschrecken könnte; seine Bewegungen sind rund und entspannt; sie übertragen die Entspannung auf das Pferd. Der gesamte Vorgang vollzieht sich so dicht wie möglich am Pferd; in dem Augenblick, in dem es zögert, den Huf zu entlasten und herzugeben, lehnt der Mann sich mit der Schulter noch dichter ans Pferd und bringt es so ein wenig aus dem Gleichgewicht; es muß den (hier) rechten Vorderfuß stärker belasten und hebt den linken dadurch leichter hoch; der enge Körperkontakt beruhigt das Pferd überdies. Eine letzte Aufforderung ist das Zudrücken von Daumen und Zeigefinger am empfindlichen Fesselkopf: der Huf zuckt hoch — als Reflex auf den Druck. Das alles geschieht ruhig, unter gutem Zureden und vor allem gut koordiniert: Erst wenn Sie wirklich das Gefühl haben, ganz sicher zu stehen, die Hand fest am Bein, lehnen Sie sich ein wenig seitwärts und drücken kurz zu. Selbst Pferde, die noch nie den Huf hergegeben haben, tun es in diesem Moment meist.
Beachten Sie bitte auch, wie gelassen die freie Hand auf dem Knie liegt, wenn sie nicht gebraucht wird. Da fuchtelt nichts in der Luft herum, keine plötzlichen Bewegungen erschrecken das (immer schreckhafte) Pferd. Bei einiger Übung ist das Ganze eine einzige, runde, ruhige Bewegung, die leicht und flink abläuft.

Zur Beachtung: Nehmen Sie den Huf nie höher als notwendig. Das ist dem Pferd unangenehm und kann es aus dem Gleichgewicht bringen. Und setzen Sie den Huf nach getaner Arbeit bitte wieder sacht zu Boden; lassen Sie ihn nicht einfach aus der Höhe auf die Erde knallen — das tut weh.

Beim *Hinterfuß* gehen wir fast genau so vor und machen uns dabei zunächst ganz klar, daß Pferde hinten nicht gefährlicher sind als vorn: Sie schlagen meist nur aus, wenn sie erschrecken. Je ruhiger wir vorgehen, umso ruhiger läßt das Pferd die Prozedur über sich ergehen. Schauen wir es uns gründlich auf der Bildfolge 116—120 an:

1. Der Pfleger ist am Pferd entlang nach hinten gegangen, hat ihm die Hand auf die Kruppe gelegt, etwas Beruhigendes vor sich hin gebrummt und fährt nun auf der Außenseite am Bein entlang nach unten (Abb. 116).

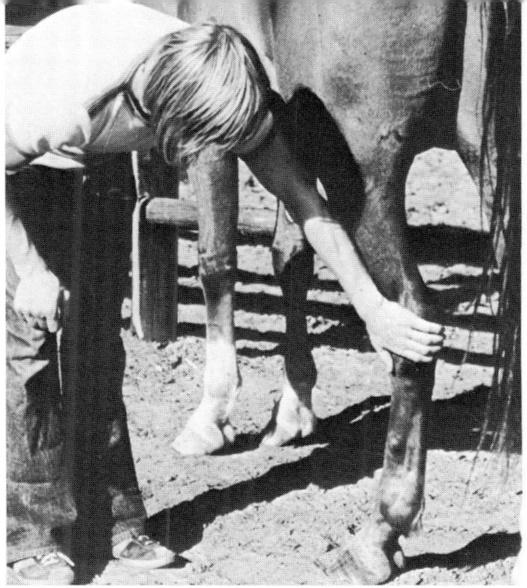

116

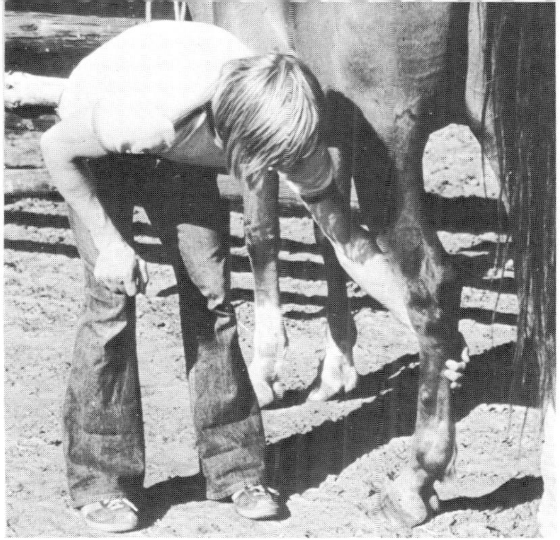

117

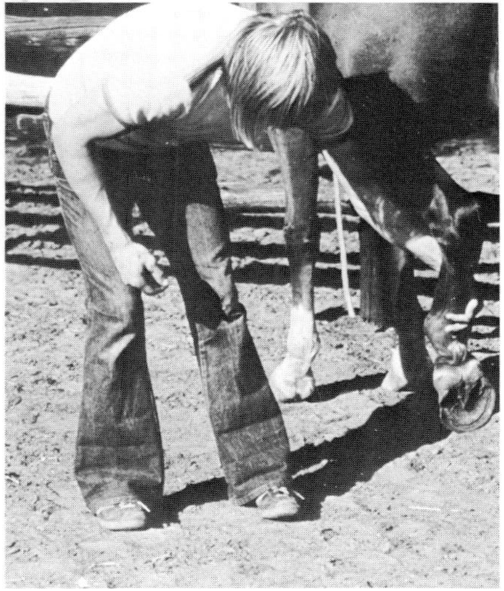

118

119

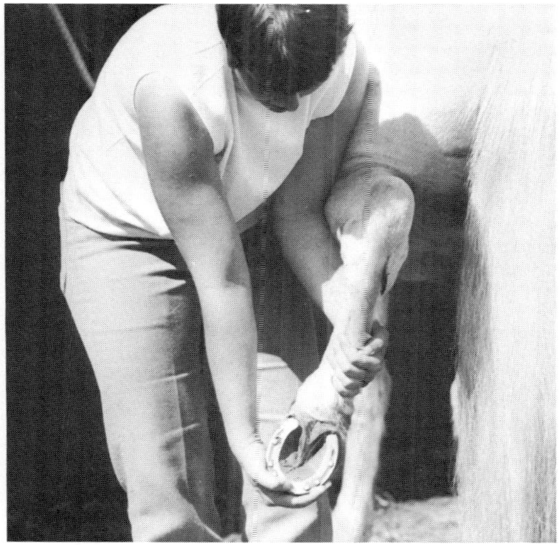

120

116—120 *Aufheben des Hinterfußes (s. Text)*

2. Unterhalb des Sprunggelenkes greift er nach innen, läßt dort die Hand am Röhrbein entlang weiter nach unten gleiten (Abb. 117) —

3. — und zieht das Bein nach innen-oben auf sich zu, wobei er sich wieder mit der Schulter gegen den Pferdeschenkel legt (Abb. 118).

4. Er schiebt sein Knie unter das abgewinkelte Bein, zieht die innere Hand unter ihm weg und legt sie von außen so über das Pferdebein, daß das Sprunggelenk fest unter seiner Achsel liegt. Die innere Hand hält den Huf, mit der äußeren reinigt er die Innenfläche des Hufes (Abb. 119).

5. Ist das Pferd unruhig oder hat der Pfleger (die Pflegerin) nicht ausreichend Kraft, so empfiehlt es sich, die innere Hand innen am Bein zu lassen und den Huf aus dieser Position heraus zu reinigen. Sollte das Pferd einmal unwillig ausschlagen oder den Huf vorzeitig zu Boden setzen wollen, kann der Betreuer leichter wegspringen (Abb. 120).

Die meisten Pferde aber machen hinten nicht mehr Schwierigkeiten als vorne, wenn man so vernünftig und sorgsam vorgeht, wie hier gezeigt.
Achtung: Sie sehen auf Abbildung 118, wie sich das Hinterbein winkelt, wenn der Huf vom Boden abhebt. Dies ist die natürliche Winkelung; zur Reinigung des Hufes genügt es, unter den leicht nach *innen* (also unter den Bauch) gezogenen Huf das Knie zu setzen. Beim Beschlagen braucht der Schmied mehr Platz; das andere Hinterbein wäre ihm in dieser Position im Wege. Der Aufhalter nimmt dann das Hinterbein weiter nach hinten heraus — aber nicht, wie so oft zu sehen, so weit, daß der Fuß fast weggestreckt ist! Das bringt das Pferd aus der Balance; es wird dann ständig versuchen, dem Aufhalter den Fuß aus den Händen zu ziehen, um wieder ins Gleichgewicht zu kommen. Aus einem solchen «unruhigen Bock» kann durch einen halben Schritt rückwärts wieder ein gelassen dastehendes Pferd werden.
Vorsicht: Weder Vorder- noch Hinterbeine jemals *zur Seite* wegziehen! Das bereitet dem Pferd große Schmerzen und fordert es sofort zu Abwehrreaktionen heraus!

3. Die Pflege des Hufes

a. Was dazu gehört

Ein so kompliziertes Gebilde der Huf ist und so wichtig er für Gesundheit und Gebrauchsfähigkeit des Pferdes ist, so wenig an Werkzeug und Material ist zu seiner Pflege nötig: der Eimer fürs Wasser, ein Strohwisch, eine kräftige Bürste, ein Hufräumer, Huffett und Hufteer, Pinsel, Spachtel oder auch eine Zahnbürste zum Auftragen von Fett und Teer, Schmierseife (Abb. 121).

121 *Viel mehr ist zur Hufpflege nicht nötig*

122 *Den groben Schmutz entfernt man mit dem Strohwisch*

b. Allgemeines zur Hufpflege

Die Hufe sollten möglichst täglich, müssen aber spätestens jeden zweiten oder dritten Tag nachgesehen und gegebenenfalls gereinigt und behandelt werden. Selbstverständlich ist das vor und nach jeder Nutzung nötig. Nur so können Nageltritte und andere Verletzungen rechtzeitig erkannt und schlimme Folgen verhütet werden.

Zunächst wird mit einem frischen Strohwisch der grobe äußere Schmutz abgerieben (Abb. 122). Sodann tritt der Hufräumer in Aktion, mit dem der Schmutz, Steine usw. aus Furchen und Ecken entfernt wird. Vorsicht bitte! Den Schmutz ausräumen, nicht das Horn von Sohle und Strahl verletzen! Dann kommt das wertvollste Reinigungsmittel: klares Wasser. Mit Bürste und Wasser wird der Huf geputzt, wobei notfalls dem Wasser etwas Schmierseife zugesetzt wird (Abb. 123, 124).

123 *Mit Bürste und Wasser wird der Huf geputzt*

124 *Der gepflegte Huf*

Weidepferde mit gesunden Hufen können dann im allgemeinen entlassen werden. Bei Stallpferden ist die Fesselbeuge, die bei der Prozedur ja unweigerlich naß wird, zu trocknen. Das ist ein absolutes Muß, da diese Stelle entzündungsempfindlich ist (Mauke).
Eine weitere Behandlung richtet sich nach der Beschaffenheit des Hufhorns: Es kann zu *trocken* (spröde), aber auch zu *feucht* (mürbe) sein.
Außer daß man dem *trockenen* Huf die notwendige Feuchtigkeit auf natürliche Weise zuzuführen sucht (wovon noch die Rede sein wird), kann man durch Auftragen von Huffett die Hornqualität allmählich verbessern. Das Huffett muß frisch sein: Ranziges Huffett zersetzt das Horn. Gutes Huffett enthält rund ein Viertel Lorbeeröl.
Der zu *feuchte* Huf wird mit Hufteer ausgestrichen (Abb. 125). Man läßt den Teer vor dem Einstellen in die Box oder Entlassung auf die

Weide etwa eine Viertelstunde antrocknen, um Verschmutzung von Einstreu oder Weidegrund zu vermeiden.

125 *Ausstreichen des zu feuchten Hufes mit Hufteer*

c. Die Hufpflege beim unbeschlagenen Pferd

Die Hornteile des Hufes wachsen gleichmäßig von oben nach unten nach, und zwar etwa 8 mm im Monat. In etwa 14 Monaten kann sich eine Hornkapsel gänzlich neu bilden. Natürlich wachsen die Knochen nicht mit: Das Horn schiebt sich wie ein immer größer werdender Schuh darüber. Am stärksten wächst das Horn nach vorn weg. Dadurch verliert der Huf die sichere Balance, die Sehnen und Bänder dehnen sich nach unten, der Fesselkopf sinkt dem Boden entgegen (s. Abb. 110c). Dauert dieser Zustand lange an, so trägt das Pferd bleibende Schäden davon. Die zu lang gewachsenen Tragränder reißen schon nach nur wenigen Wochen der Vernachlässigung ein oder brechen aus oder ab (Abb. 126).

Daraus geht einwandfrei hervor, daß auch die Hufe solcher Pferde, die unter dem Sattel kaum oder gar nicht genutzt werden (Zuchtstuten, Jungpferde, überwinternde Auslaufpferde, Rekonvaleszenten) wenigstens *einmal im Vierteljahr* vom Schmied nachgesehen und *gefegt* (geraspelt, berundet) werden müssen. Das kann auf der Weide oder im Auslauf geschehen und ist keine große Sache, wenn die Pferde daran gewöhnt sind, alle Hufe leicht herzugeben. Bei sehr weichen Hufen und lehmigen, steinigen Weiden muß alle 6 Wochen geraspelt werden; es können sonst unter Umständen so große Stücke aus der Hufwand ausbrechen, daß ein — teurer, oft schwieriger — orthopädischer Beschlag notwendig wird. Ich selbst besaß 22 Jahre lang einen Wallach, der überhaupt nicht ohne Eisen laufen konnte, weil seine Hufsubstanz zu weich war.

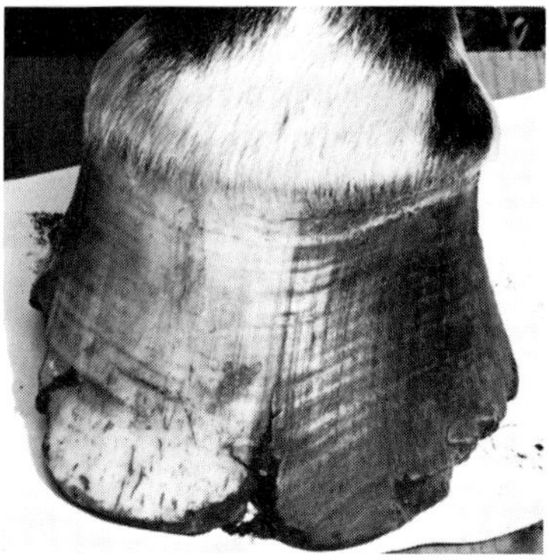

126 *Vernachlässigter Huf des unbeschlagenen Weidepferdes*

Die Gefahr des Ausbrechens ist besonders groß, wenn man ein Pferd mit zu lang gewachsenen Hufen von der Weide nimmt und so reitet. Es kann schon einmal vorkommen, daß man in der Eile nicht recht hinsieht, und es kann vorkommen, daß man denkt, diesen einen Ritt oder die kurze Strecke von der Weide zum Haus hielten die Hufe schon noch durch. Und ziemlich sicher kommt es dann vor, daß das Pferd unterwegs zu lahmen beginnt und man zu seinem größten Schrecken einen *Spalt* entdeckt, der fast bis zum Kronrand geht, oder ein *Loch*, das einen wie ein finster-gefährliches Auge anstarrt (s. hiernach Ziff. 6)! Ja — und dann muß der Schmied natürlich doch her (wenn nicht gar der Tierarzt), und dann brauchen wir keine Eile mehr zu haben und nicht mehr genau hinzusehen: dann steht unser Reitpferd nämlich wochen- und wochenlang auf der Weide, der Huf wächst um die erwähnten Millimeter nach, und an Reiten ist überhaupt nicht zu denken. (Mittlerweile sind dann die Ferien mit all den erträumten herrlichen Ritten und Fahrten wahrscheinlich vorbei...)

Also: *Korrektur mit der Raspel muß sein!*

Dringend warnen möchte ich freilich vor dem allzu eifrigen Korrigieren bei nicht ganz «vorschriftsmäßig» gestellten Hufen. Die moderne Tierzuchtlehre lehnt es ab, von der Natur nach außen oder innen gestellte Hufe mit Gewalt gerade zu richten. Das Hufhorn und die Sohle sind ja nur die Enden eines insgesamt kompliziert zusammengesetzten Gebildes; beschneidet man sie, so zwingt man das Pferd zu einem Gang, der seinem Fuß insgesamt nicht gemäß ist — etwa so, als wolle ein Orthopäde einen Ballenfuß dadurch kurieren, daß er ihm Schuhe verschreibt, die an den Ballen ganz eng sind: Man sieht dann äußerlich die «häßlichen» Ballen nicht mehr, aber im Schuh tun sie weh und behindern den ungezwungenen Gebrauch des Fußes.

Jegliche Korrektur soll
a. so behutsam wie möglich und über lange Zeiträume hinweg vorgenommen,
b. schon in den ersten Fohlenwochen begonnen werden.
Nur dann kann sich der *ganze* Fuß mit ändern.

Sonst ist bei den meisten Weidepferden an den Hufen nicht viel zu tun. Natürlich gibt es Pferde, die empfindlichere, und solche, die unempfindlichere Hufe haben. Im allgemeinen machen Berg- und Inlandrassen bezüglich der Hufe weniger Sorge als solche, die auf Marschen und in Küstennähe großwerden. Sind die Hufe sehr *spröde,* splittern sie am Rand leicht ab, weisen sie dünne Oberflächenrillen in horizontaler oder vertikaler Richtung auf, so behandelt man am besten den *Kronrand mit Lorbeeröl oder gutem Huffett*; vom Rand her wächst ja der Huf nach; nur hier hat eine Behandlung zur Verbesserung der Hornqualität Erfolg (man wappne sich mit Geduld: es ist eine langwierige Prozedur). Gute Erfolge haben auch Schlammbäder; manche Halter schwören auf ein sehr einfaches Mittel: Sie lassen die Wasserstelle alle paar Tage überlaufen, bis der Boden ziemlich tief matschig geworden ist. So stehen die Tiere dann regelmäßig täglich eine Weile im heilenden Schlamm.
Hingegen ist das Einfetten der ganzen äußeren Hufwand bei Weide- und Auslaufpferden eher schädlich. Auf der Fettschicht setzt sich bald eine Staubschicht ab, die das Hufhorn am Atmen hindert. Haben hingegen Tau und die natürliche Feuchtigkeit von Regen und Schnee ungehindert Zutritt, wird das Hufhorn bald besser und gesünder als das von Stallpferden. Nach dem gründlichen Waschen des Hufes mit Bürste und viel Wasser kann man die Huf*sohle* trocknen und mit Huffett einreiben, das, wie gesagt, ebenfalls Lorbeeröl enthält. Schmutzige Hufe einzureiben, ist völlig sinnlos: das Fett bleibt im Schmutz hängen.
Das Abduschen der Beine nach dem Reiten hilft mehr den Sehnen und

Gelenken als dem Huf; hingegen tut ihm gelegentliches Stehen in *fließendem* Wasser sehr gut.
Im Winter neigen viele Freizeitreiter dazu, sich weniger um die Hufe zu kümmern, da weniger geritten wird. Umgekehrt ist es richtig: Gerade im Winter muß man den Huf gut pflegen. Viele Auslaufpferde stehen nun zeitweilig im Stall oder Unterstand oder im verkleinerten Auslauf auf schmutziger Einstreu, im eigenen Mist. Außer regelmäßigem Raspeln und häufigem Waschen und Bürsten des Hufes hilft *nun* auch das gelegentliche *Einfetten der äußeren Hufwand und der Sohle* mit lorbeerölhaltigem Fett. Es verhindert die direkte Einwirkung von Harnsäure und Fäulnisstoffen auf den Huf.
Hat der Huf aber schon zuviel Feuchtigkeit aufgenommen, so daß das Horn mürbe wird, ist das Einstreichen von Hufteer angezeigt, wovon wir bereits sprachen.
Steht das unbeschlagene Pferd im Stall, so gilt das Vorgesagte bis auf zwei Ausnahmen:
1. Es empfiehlt sich auch im Sommer öfters Waschen und Einreiben der äußeren Hufwand mit Fett, um die Verdunstung der natürlichen Feuchtigkeit des Hufhorns und sein Sprödewerden zu verhindern;
2. seine Hufe müssen öfter geraspelt werden, falls infolge der Fütterung mit Kraftfutter das Hufhorn schneller wächst.

d. Die Hufpflege beim beschlagenen Pferd

In der Hufpflege des beschlagenen Pferdes besteht kein Unterschied zum unbeschlagenen Huf. Hinzu kommt nur, daß man beim Putzen sowie vor und nach dem Ritt die Eisen beobachten muß. Jeder Pferdehalter sollte heute ein lockeres Eisen mit einem oder zwei Nägeln wieder festschlagen können (man läßt es sich von seinem Schmied zeigen; entsprechendes Werkzeug bietet der Markt an; Abb. 127). Ist ein Eisen sehr locker geworden, so nimmt man es ab, zieht die eventuell verbliebenen Nägel oder Nagelstücke vorsichtig in Richtung des Einschlags heraus und benachrichtigt den Schmied. Ein Eisen ist schnell wieder aufgeschlagen. Schaut man jedoch nicht regelmäßig nach und verliert dann unterwegs das Eisen, muß ein neues angefertigt werden, was unter Umständen lange dauern kann. (Welcher Schmied kommt schon wegen eines einzelnen Eisens mit seiner ganzen Schmiede herbeigeeilt?)
Häufig wird der Hufkratzer zu rigoros angewendet. Natürlich muß auch — sogar besonders — der Raum zwischen Eisen und Sohle beim

beschlagenen Pferd sauber sein. Dabei darf aber keineswegs etwas vom Sohlenhorn weggekratzt werden! Der Huf liegt dann beim Auffußen nicht mehr plan auf dem Eisen, verdreht sich unter Belastung — das Horn bricht aus. Also: säubern ja, kratzen nicht!

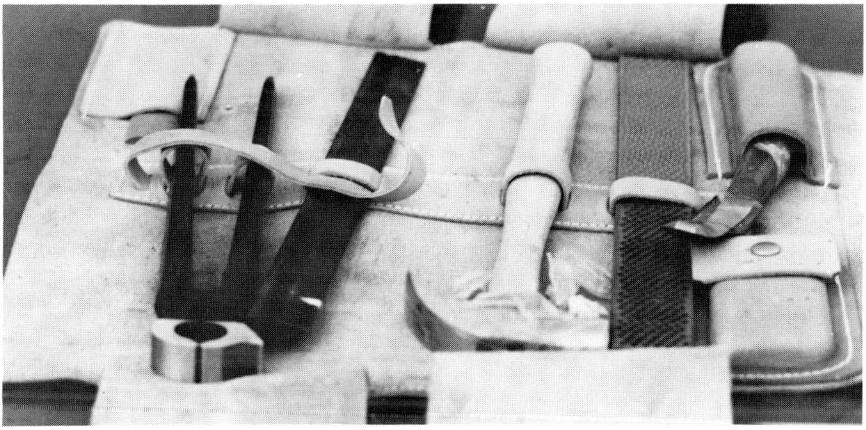

127 *Komplette Beschlagtasche*

4. Der Beschlag

Das Eisen ist eine Hilfe für Pferd und Reiter — und notwendiges Übel zugleich, denn natürlich ist der Pferdehuf nicht dazu geschaffen, ein Stück Eisen angenagelt zu bekommen. Doch die Tragränder laufen sich, wenn das Pferd das Gewicht des Reiters trägt und viel länger und regelmäßiger laufen muß, als es das im natürlichen Leben tun würde, zu schnell und zu stark ab. Zu allen Zeiten war das eine schwere Behinderung des Reitens: Ganze Armeen gingen ins Winterquartier, weil ihren Pferden buchstäblich die Hufe nachwachsen mußten! Die Erfindung des Hufeisens schuf hier Abhilfe — aber es ist und bleibt ein Behelf, dessen wir uns so wenig wie möglich bedienen sollten. Moderne Schmiede empfehlen, Freizeitpferde, die nicht regelmäßig im großen Sport gehen, immer mal wieder eine Weile unbeschlagen gehen zu lassen: auf der Winterweide etwa, wenn sie wenig geritten werden; Stuten vor und nach dem Fohlen; überall dort, wo der Boden sandig ist.
Aber es hängt nicht nur von der Intensität des Gebrauches oder der angeborenen Qualität des Hufhorns ab, ob ein Pferd beschlagen werden muß

oder nicht. Entscheidender ist die Frage der Aufzucht und der Gewöhnung. In großen Gestüten gab es, zum Beispiel in Ostpreußen (und ich sah es in anderen Teilen der Welt noch heute), Fohlenausläufe, die mit Kieselsteinen aufgeschüttet waren. Dort härteten sich die «Kinderhufe» schon ab, wenn sie täglich eine Stunde oder zwei über die glatten Steine liefen; sie setzten sozusagen Schwielen an. In heißen Ländern mit steinigem Boden — so in Südafrika — kennen 90% aller Pferde überhaupt keinen Beschlag; ich besitze zwei 12jährige Basuto-Wallache, die den ganzen weiten Weg von der Südspitze Afrikas bis Deutschland in zwei Jahren auf den eigenen Hufen zurückgelegt haben und nie ein Eisen kannten, auch hier keines brauchen.
Mehr und mehr setzt sich auch bei uns das Bestreben durch, die Hufe wieder abzuhärten und damit den Beschlag überflüssig zu machen (Kriege wollen wir ja keine mehr zu Pferd gewinnen).*
Hufeisen schützen Sohle und Hufwand beim Gehen auf hartem Grund;
geben — mit Stollen oder aufgetragenem Borium — auf rutschigen Böden mehr Halt;
helfen verletzte oder ausgebrochene Hufe heilen;

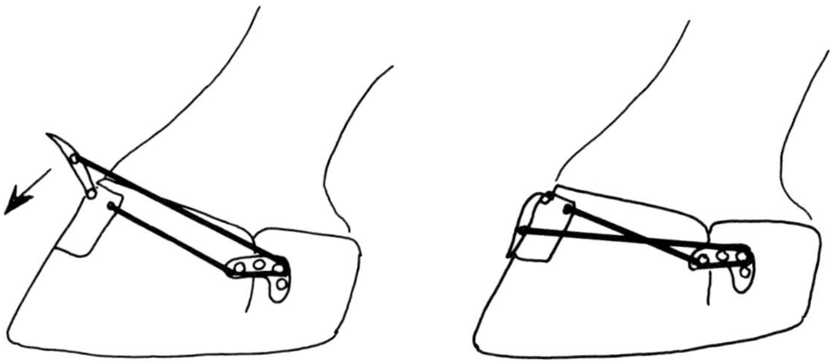

128 *Hufschuh. Links: offen; rechts: geschlossen*

beeinflussen die Art und die Länge der Schritte: bei *Trabern* etwa wird die Spitze beschwert, um lange, weit ausgreifende Schritte zu erzielen; beim *Westernpferd* wird der Huf rund und kurz getrimmt und sehr leicht beschlagen, um den runden, langsamen Galopp (lope) und die schnellen Wendungen auf der Hinterhand zu unterstützen; *Hackney, Walker,*

* Es sei dazu auf das Kapitel «Das unbeschlagene Pferd» hingewiesen, in: Fritz Rödder, *Ohne Huf kein Pferd.* Hufpflege - Hufbeschlag - Hufkrankheiten. Albert Müller Verlag, Rüschlikon-Zürich, Stuttgart, Wien 1977.

Saddler bekommen beschwerte, hohe Eisen, damit die Beine weit schleudernd ausgreifen und sich rollend unter der Brust zusammenfalten.
Für den Freizeitreiter sind Schutz- und Hilfefunktion am wichtigsten. Mittlerweile aber wurden auch schon *Hufschuhe* entwickelt, die an- und ausgezogen werden können wie unsere Schuhe (Abb. 128); sie erübrigen den Beschlag und haben sich unter anderem auf dem 5000 Kilometer langen Ritt quer durch die USA (1976) bewährt.
Merken wir uns dies:

- Eisen müssen — je nach Alter, Gesundheitszustand, Leistung, Wachstum des Hufes — alle 6 bis 10 Wochen neu aufgeschlagen werden. In diesem Zeitraum laufen sie sich kaum je wirklich ab, doch wächst unter ihnen der Huf nach und muß zurückgeschnitten werden. Die Eisen können zwei- bis dreimal wiederverwendet werden; man nennt diesen Vorgang Umlegen.

- Ein Beschlag wird dringend erforderlich, wenn die Eisen dünngelaufen oder locker geworden sind. Manche Pferde zeigen durch Stolpern an, daß die Hufe zu lang gewachsen sind und die Eisen quälen. Ein empfindsamer Reiter spürt es schon vorher an der Veränderung des Ganges.

- Je rutschiger, unebener und steiler die Reitwege sind, um so genauer muß der Beschlag beobachtet werden.

- Junge Pferde bekommen ganz leichte Eisen zum Eingewöhnen. Das ist nicht unökonomisch, da sie bei weniger Arbeit auch weniger Eisen verschleißen.

- Pigmentlose, helle Hufe sind meist empfindlicher als sehr dunkle; ihr Horn ist weicher, bricht leichter und läuft sich eher ab.

- Ängstliche oder unerfahrene Pferde beim Beschlagen möglichst nicht allein lassen. Am besten beruhigt die Gesellschaft eines vertrauten anderen Pferdes. Viele Pferde, die nicht «schmiedefromm» sind, sind völlig verwandelt, wenn man sie zuhause, in vertrauter Umgebung, beschlägt. Alleinsein und fremde Räume wecken Angst und Abwehrgefühl. Es hilft auch, wenn man unruhige oder ängstliche Pferde vor dem Beschlagen müde reitet (freilich ohne sie durch Jagen nervös zu machen).

- Zur Behandlung stark ausgebrochener Hufe, die sich nicht mehr normal beschlagen lassen, ehe sie nachgewachsen sind, hat der Schmied heute Füllmaterial, das so hart wird, daß Nägel und Eisen halten.

- Für jeden Huf ist es eine Wohltat, wenn man die Eisen eine Weile abnimmt. Auch unseren Füßen tut es gut, wenn man sie von den festen Schuhen befreien kann. Man sollte den Beschlag dem Gebrauch anpassen und nicht gedankenlos einfach eine Garnitur Eisen nach der anderen aufschlagen lassen — ein Leben lang. Vor *starkem* Gebrauch (Training zur Teilnahme an sportlichen Ereignissen, Distanz- und langen Ferienritten u.ä.) lassen wir mit den leichtesten Eisen beschlagen. Schwere Eisen sind kaum dauerhafter, machen die Bewegungen des Pferdes aber um vieles schwerfälliger. Sie wurden erfunden für den Transportverkehr mit massigen Schrittpferden auf gepflasterten Straßen.

- Ist das Reitgelände sehr lehmig, abschüssig, will man darin Geländehindernisse springen oder im Winter viel bei Glätte reiten, kann man sich Gleitschutz verschaffen durch *Stollen* oder *Boriumauflage.*

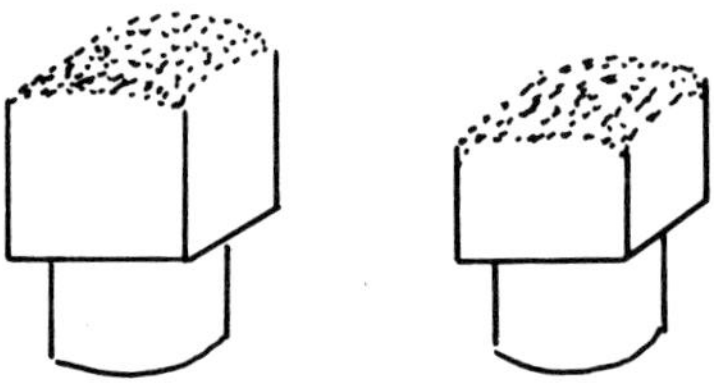

129 *Kornstollen. Links: ungebraucht; rechts: im Gebrauch*

Stollen sollen für Auslaufpferde so leicht wie möglich sein. Am besten sind *Kornstollen* von knapp 1 cm Höhe, in die Hartmetall-Körnchen eingelassen sind, die sich mit dem Stollen zugleich ablaufen (Abb. 129). Wegen ihrer geringen Größe werden diese Stollen beim Beschlagen in das Eisen eingenietet und verbleiben darin. (Schraubstollen sind für den Freizeitreiter zu unhandlich: Man verliert sie leicht, wenn sie nicht fest genug eingeschraubt, oder man bekommt sie nicht wieder los, wenn sie zu fest eingeschraubt waren. Im Winter, wenn man sie am meisten braucht, sind die Finger klamm vor Kälte...) Dringend abzuraten ist von *Stiftstollen,* deren Hartmetallstift sich nicht mit dem Stahl, in das er eingebettet ist, zusammen abläuft: Je kleiner der Stollen wird, umso schärfer sticht der Stift hervor (Abb. 130)! Ein auch nur versehentlicher Schlag mit einem stiftstollen-beschlagenen Huf ist für den Pfleger oder für die Weidegefährten sehr gefährlich, denn er reißt tiefe Wunden. — Ganz schlimm ist es, aus Gründen der Sparsamkeit oder Bequemlichkeit einfach die Enden der Eisenschenkel zu klobigen Ersatzstollen umzubiegen. Sie sind immer zu hoch, verändern die Stellung des Fußes und machen den Gang schwerfällig. Nicht einmal bei hartarbeitenden Schrittpferden ist das zu tolerieren, schon gar nicht beim leichtfüßigen Reitpferd.

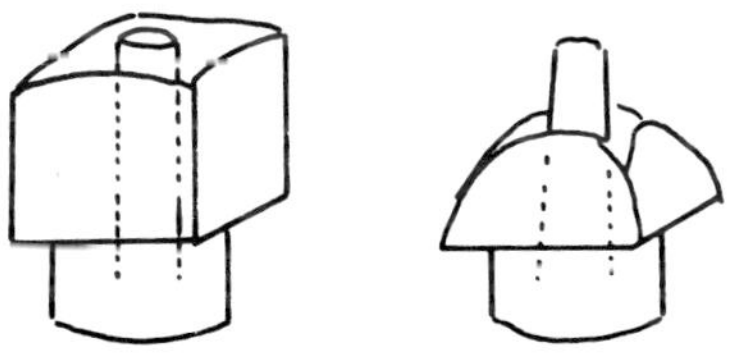

130 *Stiftstollen. Links: ungebraucht; rechts: im Gebrauch*

Man kann auch ein paar leichte Tupfer *Wolfram-Karbid* (Borium) auf Schenkel und eventuell Zehe des Eisens aufschweißen. Dabei kann man die Dicke (bzw. die Dünne) der Auflage noch besser portionieren.
Eisen mit Stollen oder Boriumauflage halten noch länger. Dennoch muß man sich das Anbringen sehr überlegen: Durch das ständige leichtere oder plötzlichere Abbremsen der auslaufenden Bewegungen der Hufe können Sehnen und Gelenke überanstrengt werden.

- Verlorengegangene Stollen müssen sofort ergänzt werden; das Pferd geht sonst schief, was wiederum Sehnenzerrungen hervorrufen kann.
Dasselbe gilt für verlorengegangene Eisen (Abb. 131). Wie gehen wir, wenn wir an einem Schuh den Absatz verlieren? Passiert es beim Reiten, so entferne man möglichst die im Huf verbliebenen Nägel (was unterwegs und ohne Werkzeug schwierig sein kann). Dann auf alle Fälle nur im Schritt heimwärts reiten, weder springen noch galoppieren: Allzuleicht treibt man ein Nagelstück tief in den

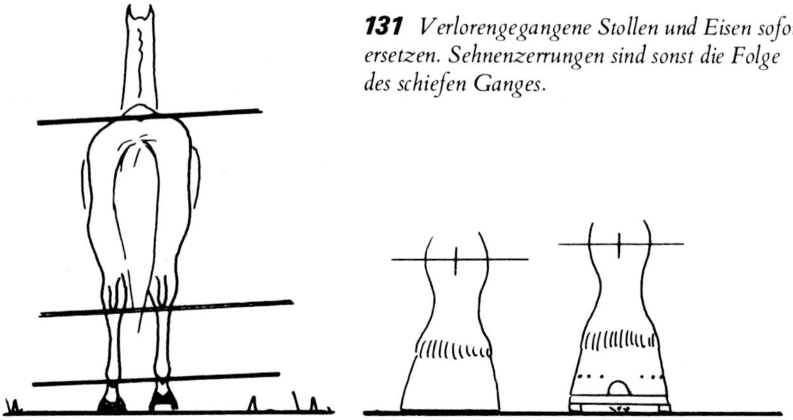

131 *Verlorengegangene Stollen und Eisen sofort ersetzen. Sehnenzerrungen sind sonst die Folge des schiefen Ganges.*

Huf, wo es dann schmerzende und langwierig heilende Wunden verursacht.
Der Verlust eines Vordereisens ist unangenehmer als der eines Hintereisens. Im letzteren Falle kann man das zweite Eisen auch entfernen und dann weiterreiten, bis der Schmied für die Vordereisen fällig ist. (Viele Pferde werden überhaupt nur vorn beschlagen).

5. Der Schmied

Tüchtige Hufschmiede sind rar; ich kenne Fälle, wo trotz günstiger sonstiger Umstände Pferde nicht angeschafft wurden, weil es im weiten Umkreis keinen Schmied mehr gibt.
Sehr begrüßenswert ist daher die neue Einrichtung des motorisierten Hufschmieds, der mit fahrbarer Werkstatt seine Kunden besucht und dabei weiter fahren kann als diese reiten.
Doch es zahlt sich gerade in diesem Falle aus, sich Freundschaft und Wohlwollen des Schmiedes zu erhalten. Dazu kann man Entscheidendes tun:
ihm die Arbeit so leicht wie möglich machen,
die Pferde schmiedefromm erziehen,
ihn regelmäßig kommen lassen,
möglichst viele Pferde gleichzeitig vorstellen.
Wer im Bereich seiner Pferdehaltung für einen praktischen Schmiedeplatz sorgt (s. Kp. «Halfter und Anbinden», Ziff. 3), der den Meister

vor Regen, Wind und Sonne schützt und der für die Arbeit in Dämmerung und Dunkelheit genügend beleuchtet werden kann, wer einen geschickten Helfer stellt (kein Kind, keine schwächliche Person) oder selbst lernt, richtig aufzuhalten (s. hiervor Ziff. 2), zu dem kommt der Schmied in Notfällen auch mal zwischendurch. Und wer seinen Pferden rechtzeitig und geduldig beigebracht hat, die Hufe herzugeben, ohne daß sie einen lebensgefährlichen Veitstanz aufführen, zu dem kommt der Schmied lieber. Je regelmäßiger möglichst viele Pferde des Bestandes gefegt oder beschlagen werden, um so schneller geht dem Schmied die Arbeit von der Hand, um so genauer kennt er die einzelnen Hufe, um so besser kann er sich von Korrekturen und ihrer Wirkung überzeugen — um so angenehmer ist auch den Pferden die Prozedur, da sie sie kennen und da jeweils nur wenig am Hufstand verändert wird.
Auch preislich liegt man mit der regelmäßigen Arbeit durch den Schmied günstiger: Eisen werden öfter umgelegt statt erneuert, das Fegen geht schneller und macht weniger Mühe.
Der Arbeitsgang des Schmiedes verläuft in der Regel so: Mit der Nietklinge werden die in den Huf versenkten Nägelenden gehoben, das alte Eisen wird gelockert, mit der Abreißzange gelöst. Dann wird der Huf für den neuen Beschlag vorbereitet: Das nachgewachsene Horn wird weggehauen, das Eisen wird wieder angemessen (Abb. 132). Es kann nun kalt aufgeschlagen werden (was in vielen Ländern üblich ist).

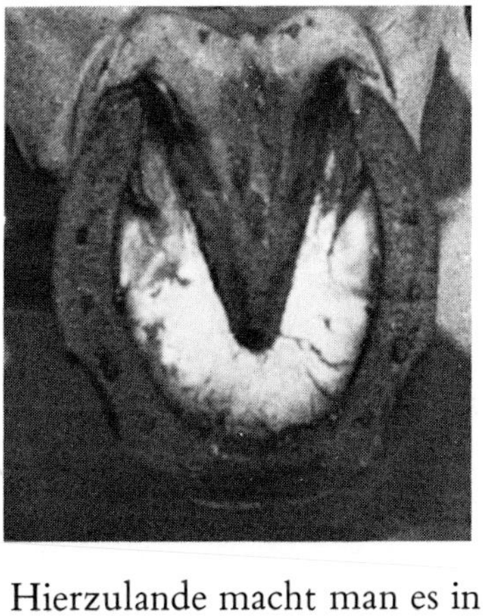

132 *Gesunder Hinterhuf, gut zum Beschlag vorbereitet: Hufsohle normal gewölbt, Strahl kräftig und gesund. Eisen plan aufgebrannt*

Hierzulande macht man es in der Esse glühendheiß, bearbeitet es dann in Feinarbeit mit dem Hammer auf dem Amboß und brennt es auf den Huf auf. Dabei leidet das Pferd trotz starker Rauchentwicklung und dem Gestank nach verbranntem Horn keine Schmerzen, denn Hornwand und

Sohle sind «tot». (Um junge Pferde vor dem ersten Beschlag an Rauch und Geruch zu gewöhnen, kann man sich vom Schmied etwas Hufhorn besorgen und daheim verbrennen, wobei man von Tag zu Tag das Jungpferd näher heranführt.) Paßt das Eisen endgültig und sind alle Unebenheiten der tragenden Wand weggeschnitten, fliegt das Eisen ins Kühlwasser.

Erst dann wird es aufgenagelt: wird mit 2 Nägeln geheftet, ehe die übrigen Nägel in genauer Richtung in die «Weiße Linie» (s. Abb. 109) eingeschlagen, angebogen, mit der Zange abgezwickt und nachgezogen werden. Mit dem Unterhauer werden die Enden vernietet. Zu guter Letzt wird der Huf noch einmal nachgeraspelt (*Achtung:* So wenig wie möglich von der schützenden Glasurschicht der Hufwand wegraspeln lassen!).

Je regelmäßiger ein Pferd beschlagen wird, um so leichter fällt ihm die Umstellung auf das neue Eisen. Daß es hingegen 2—3 Tage «klamm» und steif geht, wenn ihm 4—5 cm vom Huf weggeschnitten werden mußten — weil er monatelang vernachlässigt und viel zu lang gewachsen war —, ist verständlich (und daß der Schmied Rückschlüsse daraus auf die Tierliebe des Besitzers zieht, auch).

Freilich ist es auch dem Tierhalter gestattet, aus dem Benehmen des Schmiedes Rückschlüsse zu ziehen: Ist er grob zu Pferden (ein gelegentlicher Anraunzer ist oft nicht zu vermeiden), schlägt er — was leider hier und da zu sehen ist — unruhigen Pferden mit dem Hammer gegen Bein, Bauch oder Rippen, so ist er sicher kein guter Schmied! Man sehe sich schleunigst nach einem anderen um, auch wenn das mit mehr Mühe verbunden sein sollte. Wer keine Geduld hat mit Pferden, sollte nicht Schmied werden — nicht selten ist es der grobe Schmied, der Pferde so ängstlich macht, daß sie allen späteren Kollegen ein Dorn im Auge sind...

6. Hufkrankheiten und -verletzungen

Pferde sollen stets gerade auf allen vier Beinen stehen. Knicken sie ein Hinterbein ein, bedeutet das aber meist, daß sie sich ausruhen. Stellen sie hingegen ein Vorderbein vor oder treten sie mit einem Bein nicht fest auf oder knicken sie ein, so muß man sofort nachfühlen, ob eine Sehne geschwollen oder heiß ist, ob ein Stein sich im Huf festgesetzt hat oder

sonst ein sichtbarer Grund zum Schonen vorhanden ist. Sofort Tierarzt benachrichtigen; Pferd nicht mehr benutzen.
Diagnose und Behandlung von Hufkrankheiten und -verletzungen sind selbstverständlich in ernsten Fällen Sache des Tierarztes; doch gerade im Bereich des Hufes muß sich der Besitzer/Pfleger gut auskennen, um durch Vorsorge-Maßnahmen Krankheiten im Keim ersticken zu können. Hufkrankheiten entstehen häufig durch mangelnde Pflege.

Das gilt besonders für *Strahlfäule*. Strahlfäule ist eine Pilzerkrankung; sie ergreift den ganzen Bereich des Strahles — er wird schwarz, bröckelig, oft sitzt in den Furchen eine schleimige, stinkende Masse. Zurückzuführen ist alles dies auf mangelnde Pflege des Untergrundes: ungenügende Reinigung von Stall und Auslauf, alte Matratzenstreu mit feuchtem Stroh, Bakterienbelag auf Betonboden. Fäulnisstoffe und Bakterien greifen die weichen Teile des Unterhufes an und zerstören die Hornsubstanz immer weiter. Entfernt man die anhaftenden Schmutzteile, macht sich ein intensiv fauliger Geruch bemerkbar. Man bürstet und wascht die betroffenen Hufe und sorgt für sofortige Erneuerung der Streu; Matratzen müssen restlos entfernt, Betonböden desinfiziert werden; nur auf frischer, trockener Einstreu (Torf, Sägespäne, Stroh) kann die Krankheit ausheilen. Der Schmied schneidet die faulen Stellen aus und streicht sie mit Holzteer aus; der Pfleger setzt dann die Behandlung durch Waschungen mit 8%iger Kupfervitriollösung oder 10%iger Jodoformlösung fort. — Strahlfäule ist kein Kompliment für den Besitzer! Weidepferde und solche, die in genügend großen, saubergehaltenen Ausläufen leben, sind seltener von ihr befallen als Boxenpferde. Die vielfach angewandte ausschließliche Behandlung mit Holzteer genügt oft nicht, weil sich bei sehr schwerem Befall eine Teerkruste bilden kann, unter der die Fäulnis sich tiefer in den Huf einfrißt.

Hingegen geschieht es auch dem sorgsamsten Pferdehalter, daß sich sein Pferd auf der Weide oder unterwegs einen Fremdkörper in den Huf tritt. Diese mit dem Sammelnamen *Nageltritt* bezeichnete Verletzung kann an verschiedenen Stellen des Hufes verschieden schwere Folgen haben (Abb. 133). Das Pferd beginnt unverzüglich zu lahmen, da jede Belastung des Hufes schmerzhaft ist. Kann man den Fremdkörper erkennen (steht er ein Stück heraus), so zieht man ihn möglichst in der Richtung, in der er sich eingetreten hat, heraus und merkt sie sich zur

Unterrichtung des Tierarztes. Den Fremdkörper (es kann auch eine Flaschenscherbe, ein Holzsplitter, ein Stück Plastikdraht o.ä. sein) hebt man zum gleichen Zweck auf. Der sofort zu benachrichtigende Arzt schneidet die Wunde aus, besprüht sie mit Desinfektionslösung, macht eventuell eine Watteeinlage. Bei Nageltritten besteht immer die Gefahr der Infektion, die oft von starker Vereiterung begleitet wird. Deshalb sollte man schon beim bloßen Verdacht auf Nageltritt den Tierarzt zuziehen.

133 *Nageltritt-Verletzungen, a: der Sohlenhaut; b: der Hufbeinbeugesehne; c: des Strahlpolsters*

Mit ähnlichen Anzeichen machen sich eitrige und nichteitrige *Hufleder-hautentzündungen* bemerkbar. Sie treten als Folge von Nageltritten oder von «Vernagelung» (falschem Einschlagen der Nägel beim Beschlag) wie von Verletzungen der Sohle, des Strahls oder des Tragrandes auf. Der Entzündungsherd ist häufig von außen nicht zu erkennen. Erst das Abfühlen mit dem Huftaster durch den Tierarzt lokalisiert die Stelle.

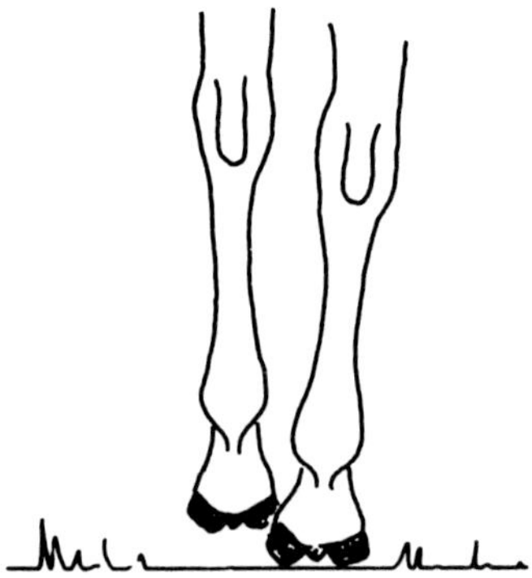

134 *Kronentritt*

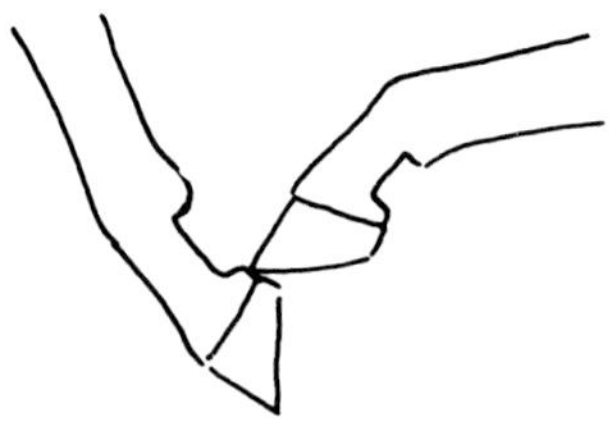

135 *Ballentritt*

Kronen- und *Ballentritte* sind Verletzungen, die sich das Pferd beim Laufen selbst beibringt. Sie entstehen, wenn entweder der Vorderhuf gegen den Kronrand des Hinterfußes schlägt (Kronentritt; Abb. 134) oder wenn der Zehenteil des Hinterhufes gegen den Ballen des Vorderhufes schlägt (Ballentritt, Abb. 135). Vor allem letztere reißen zunächst am äußeren Hufteil oft tiefe Wunden und verletzen dann auch die unmittelbar darunter liegenden Teile der Saum- und Kronlederhaut. Die Folge ist fast immer Lahmheit. Manche Pferde neigen infolge ihres Körperbaues mehr zum Greifen als andere; häufiger aber liegt der Grund darin, daß das Pferd müde ist, schlecht geritten wird (auseinanderfällt) oder dringend zum Schmied müßte (zu lange Zehen hat).

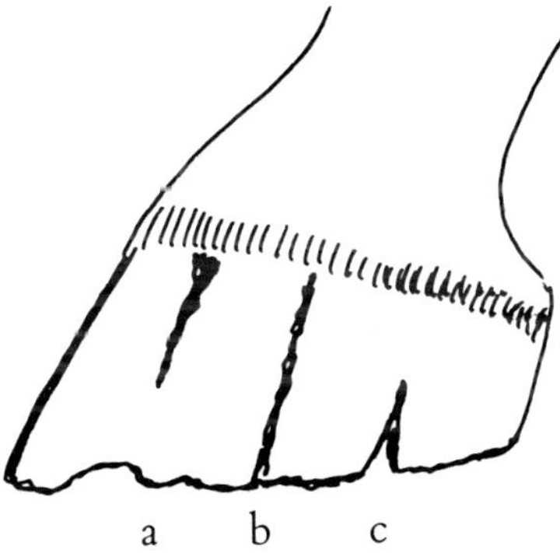

136 *Hornspalten, a: Kronenrandspalte; b: Seitenspalte; c: Tragrandspalte*

Hornspalten (Abb. 136) können entstehen, wenn der Huf zu trocken ist oder von unten ausfranst und aufreißt. Die sorgfältige Hufpflege ist die beste Vorbeugung! Die Spalte selbst heilt nie, nur das frisch nachgeschobene Horn, falls es nicht wieder einreißt, bringt sie allmählich zum Verschwinden. Sind Hornspalten nur oberflächlich, genügt oft eine gründliche Behandlung des Kronrandes mit Lorbeeröl und das Überstellen auf eine feuchte Wiese. Es gibt aber auch sehr tiefgehende Hufspalten. Einer meiner Isländer hatte den linken Vorderhuf ganz tief gespalten; er hatte sich in der Jugend den Kronrand beim Aufschlagen des Eises auf einer Wasserstelle tief und nachhaltig verletzt. Dreißig Jahre lang wuchs an dieser Stelle das Horn so wenig nach, daß sich der Huf immer wieder spaltete. Wir versuchten alles nur mögliche: Querbrennen, Querschneiden, Spezialeisen, und halfen uns damit notdürftig über die Jahre. Wirklich nachhaltig aber half nur der Wechsel von den schweren Lehmböden des Rheinlands auf ganz leichten Sand in West-

falen. War der Lehm naß, so riß sich das Pferd neue und alte Eisen auf der Weide einfach weg — ein überzeugender Hinweis auf die Saugkraft des Bodens beim Auf- und Absetzen der Hufe.
Querrillen müssen hingegen nicht immer eine Krankheit signalisieren. Zirkulär verlaufende Hufrillen können auf Wachstumsstörungen in der Jugend oder plötzliche Belastungen wie Import oder Export, Streßbelastung durch Akklimatisierung und Transporte über weite Strecken, Geburten, Krankheiten oder häufige Futterumstellung hinweisen. Schwach sichtbar sind sie nur Schönheitsfehler und haben auf Beschaffenheit und Qualität des Hufes keinen Einfluß.

Ganz anders liegen die Dinge, wenn die Rillen deutlich sichtbar sind und die Zehen flach vorgezogen und eingedrückt aussehen: Anzeichen für eine überwundene oder akute *Hufrehe,* eine der schwersten Huferkrankungen und häufig irreparabel. Sie wird hervorgerufen durch zu üppige Fütterung bei zu geringer Nutzung, bei jäher Eiweißzufuhr in zu großen Mengen oder bei Überbelastung eines einzelnen Hufes. *Beispiel:* Ich erlebte es, daß sechs Shetlandzuchtstuten eines Bauern, bei dem meine Pferde untergebracht waren, in einer Nacht eingingen, weil ihnen am Vortag bei der Rübenernte eine ganze Karre Rübenblätter über den Zaun geworfen worden waren. In einem anderen Falle gelang es einem Pferd, sich aus dem Ständer zu befreien und den Deckel der Futtertonne wegzuschieben; es fraß — ebenfalls in der Nacht — eine so große Menge Hafer, daß es anderntags an Rehe verendete.
Erstes sichtbares Anzeichen der Hufrehe ist das Vorstellen eines oder beider Vorderbeine (die am häufigsten befallen werden) bei gleichzeitigem Unterziehen der Hinterhand unter den Körper. Sofort Tierarzt und Schmied rufen!

7. Reiten im Winter

Was könnte es Schöneres geben als Ritte im weichen, stiebenden Schnee! Wenn nur das leidige Klumpen nicht wäre oder das Wegrutschen auf vereisten Stellen ... Was also tun, damit die Beine nicht wegrutschen? Damit der Schnee sich nicht — infolge des Zusammenwirkens von Hufwärme und Kälteschock des Eisens — in den Hufsohlen ballt, dort «Stelzen» bildet und am Eisen anfriert?
Wo immer möglich, nimmt man im Winter die Eisen ab. Den Hufen

tut es gut, eine Weile unbeschlagen im Schnee zu stehen. Sohle, Strahl und Eckstreben werden möglichst *gar nicht* beschnitten; sie geben zusätzlichen Halt gegen das Rutschen.
Wird mit Eisen geritten, so läßt man vom Schmied die kleinsten *Korn*stollen (nie Stiftstollen! s. hiervor Ziff. 4) einnieten. Werden Pferde in der Box gehalten, muß man unter Umständen auf Schraubstollen ausweichen und sie vor dem Ritt ein-, nach dem Ritt ausschrauben — eine mühsame und zeitraubende Angelegenheit, doch könnten Dauerstollen in der engen Box das Pferd verletzen.
Gegen das Klumpen hat man sich im Laufe der Zeit durch Einlegen geflochtener Strohbänder, Einkneten von Huflederkitt oder Einfetten mit Schmierseife oder Kochfett höchst unzulänglich zu helfen versucht. Mittlerweile aber erfand ein kluger Mann eine Gummi-Einlage, die sofort unter der Bezeichnung HUF-GRIP eine goldene Medaille auf der internationalen Erfinder- und Technikermesse in Genf (1975) gewann (Abb. 137). Die Einlage hat Hufeisenform; am inneren Rand verläuft ein dünner Gummischlauch, der flexibel ist und bei jedem Schritt mitfedert; dadurch kann sich der Schnee nicht mehr festsetzen. Die Einlage wird zunächst an den Schenkelenden des Eisens festgenietet und mit der Schere in Länge und Breite dem Eisen angepaßt. Dann wird sie beim Beschlagen vom Schmied zwischen Sohle und Eisen genagelt und hält mindestens eine Beschlagperiode lang; während dieser Zeit reitet man auf Schnee so angenehm wie auf Sand. HUF-GRIP tut auch in jenen

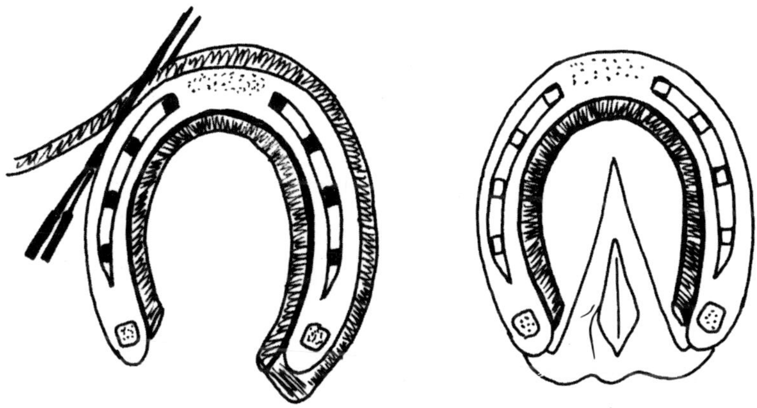

a b

137 *Gummieinlage zum sicheren Reiten im Winter. a: Anpassen; b: fertig aufgenagelt*

Reithallen gute Dienste, deren Bodenbelag sich in den Hufen festsetzt.)
Ein besonderer Vorteil dieses Schutzes ist es, daß das Hufinnere offen bleibt, regelmäßig gereinigt werden kann, so daß sich keine Fäulnis entwickeln kann.

Ein paar Tips zum Schluß:

Auf *Glatteis* läßt man dem Pferd am besten die Zügel; allein findet es seinen Weg sicherer, kann sich unbehindert ausbalancieren und rutscht dadurch weniger.

Schmelzender Schnee sickert überall durch — auch durch die schützenden Fesselhaare; es empfiehlt sich, die feine Haut der Fesselbeuge vor dem Ritt leicht einzufetten.

Sind Huf und Fesseln versorgt, reibt man an sehr kalten Tagen um *Maul und Nüstern* ein paar Tropfen Petroleumöl ein; es bildet sich dann dort kein Reif.

Durch Regen und Schnee feucht gewordenes *Lederzeug* muß sehr langsam trocknen, sonst wird es hart: mit feuchtem Lappen vom Schmutz befreien und in normaler Innentemperatur trocknen lassen — weder an der Sonne noch an der Heizung. Einmal wöchentlich mit gutem Lederfett behandeln.

Frisieren 6

1. Gedanken zur Haartracht

Mit «Langhaar» bezeichnen wir Mähne und Schopf, Schweif und Fesselbehang. Jahrtausendelang galt ein üppiger Wuchs des Langhaars als schönste Zierde des Pferdes. «Da schoß eine schäumende Welle vorwärts und glich einem stolzen Streitroß mit hohem Mähnenhaar», sang der irische Barde; im Zeitalter des Barock wurde den Pferden eine Mähne angezüchtet, die möglichst bis zur Erde wallte, der dicke Schweif sollte in Kaskaden bis zum Boden fallen; die «fliegende Mähne», der «wehende Schweif» bezeichnen noch heute im Umkreis der Poesie wünschenswerte Eigenschaften des Pferdes.
Doch hier wird ein ganzes Kapitel der Frage gewidmet, wie wir es am besten kürzen, frisieren, beschneiden, ja, ganz wegscheren können. Und es schließt sich, wie immer in diesem Buch, die Frage an, ob und wieweit das sinnvoll ist.
Beim Steppentier Pferd, das den extremsten Witterungsumständen ausgeliefert war, und bei seinen Nachfahren, die artgemäß wieder in der freien Auslaufhaltung leben, war und ist dichter, üppiger Behang wichtigster Schutz. Der lange Schopf schützt die Augen vor Fliegen, die Mähne liegt schützend über dem Haarboden des Halskammes und wehrt die Nässe von Regen und Schnee ab; der Schweif schließt die empfindlichen Innenseiten der Hinterschenkel mit After und Scheide gegen jede Wetterunbill ab und vertreibt Fliegen und Ungeziefer; der lange Fesselbehang schützt die feine Haut der Fesselbeuge vor Sand, Schmutz, Dornen, scharfen Steinen und allem, was am Boden Verletzungen hervorrufen könnte.

Im Laufe der Jahrtausende gelangte das Pferd in besonders kalte und besonders heiße Zonen der Erde und paßte sich ihren Voraussetzungen an. Dabei veränderte sich das Knochengerüst, und es verändert sich das Langhaar. Machen wir es uns an zwei Vertretern extremer Rassen — Isländer und Araber — klar:

138 *Der tiefe Schweifansatz des Isländers*

Beim Isländer (Abb. 138) ist der *Schweif* tief angesetzt, d.h. Kreuzbein, Steißbein und Schweifwurzel bilden eine runde Linie, eine «abschüssige» Kruppe, aus der ziemlich tief erst der Schweif hervorspringt. Bei Regen und Schnee gleitet die Nässe von der runden Kruppe nach unten ab und

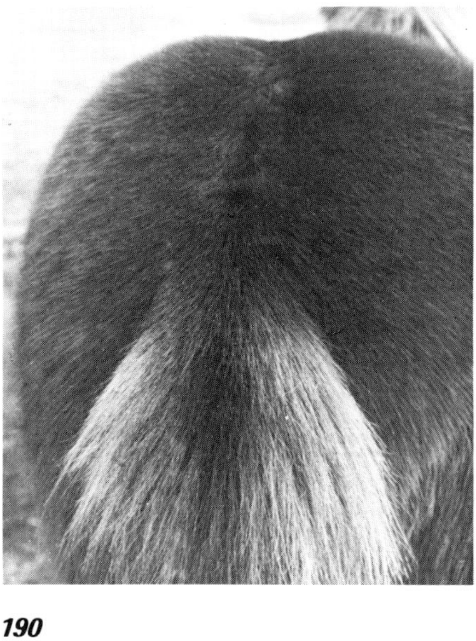

139 *Das Schnee- und Regendach des Isländer-Schweifes*

gelangt auf ein Schnee- und Regendach (Abb. 139) aus etwa 8—10 cm langen Deckhaaren auf den Schweif. Von hier aus tropft sie zu Boden, zumal sich die Dachhaare auch noch bei Nässe abspreizen. Der sehr lange, sehr dichte Schweif selber wird fest in die Kluft zwischen den Schenkeln eingepreßt und schließt die After- und Scheidenpartie so vollendet gegen eindringende Nässe ab, daß sich die Pferde bei schlechter Witterung am liebsten mit der Kruppe gegen den Regen stellen. Die *Mähnenhaare* stehen am Kamm etwas aufrecht und kippen dann zu einer oder zu beiden Seiten ab; sie sind stark, dick, können sehr lang werden und schützen den Hals. Bei sehr schlechter Witterung kann man oft beobachten, daß sich die Pferde schräg so hinstellen, daß sowohl Schweif als auch Mähne den Regen abhalten. Die *Fesselhaare* sind lang und dicht; sie lenken das Regenwasser von der dünnen Fesselhaut ab und schützen sie zugleich vor dem Eindringen von Sand, spitzen Steinen oder Ästen u.ä.

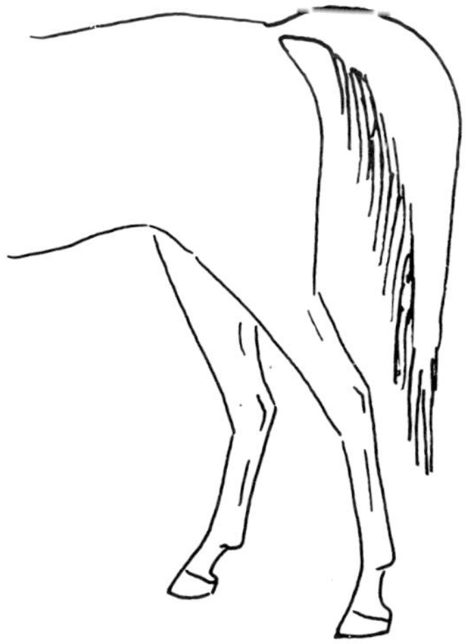

140 *Der hohe Schweifansatz des Arabers*

Beim Araber (Abb. 140) verläuft die Linie Kreuzbein/Steißbein nur wenig abgeschrägt, wenn nicht sogar gerade; der Schweifansatz verläuft häufig noch ein wenig nach oben und bildet einen Bogen, ehe er an der Spitze nach unten kippt. Der *Schweif* ist also hoch angesetzt; das strähnige, lange, wenig dichte Schweifhaar wird vom Körper weggetragen und ermöglicht den Zutritt von möglichst viel Luft an die Weichteile — in heißen Zonen ohne Regen ein sehr notwendiger Effekt. Das *Mähnenhaar* ist gleichfalls strähnig und wenig dicht, die wasserablenkenden *Fesselhaare* fehlen meist ganz.

Bei beiden Typen hat, wie auch bei sämtlichen anderen Pferderassen, das Langhaar von Mähne und Schweif zudem die wichtige Aufgabe, im Sommer die Fliegen abzuwehren. Beide Extrem-Typen sind den Witterungsumständen ihrer Heimatländer glänzend angepaßt.
In unseren gemäßigten Breiten verändern beide, wenn sie ganzjährig im Freien oder in Offenställen mit frei begehbaren Ausläufen leben, jahreszeitlich das Fell. Die nördliche Spezies verliert das Winterhaar schneller und früher; bei vielen Tieren ist das Langhaar nicht mehr so lang und üppig. Die südliche Spezies aber legt sich einen erstaunlich dichten, wenn auch im Haar nicht besonders langen Winterpelz zu und bekommt einen dichteren Schweif. So ausgerüstet, können sowohl sie als auch unsere im Laufe der Jahrhunderte aus ihnen herausgezüchteten Großpferde das Leben im Freien vorzüglich bestehen.

141 *Das nach traditioneller Ansicht als schön hergerichtet geltende Pferd*

Freilich können sie es nur solange ohne Schaden bestehen, wie der Mensch nicht in die Ordnung der Natur eingreift. Das aber tut er, wenn er beginnt, an Mähne und Schweif herumzuziehen und -zuschneiden und die Fesselhaare wegzuscheren. Die Gründe dazu sind vielfältiger und überwiegend modischer Art: es hat sich im Laufe der Jahrzehnte einge-

bürgert, ein Pferd für maximal «schön» zu halten, wenn es aussieht, wie der abgebildete westfälische Hengst (Abb. 141). Jeder Muskel soll voll zur Geltung kommen — die Linien des Körpers sollen klar erkennbar sein — die Gelenke der Beine sollen markig hervortreten. Um diesen Eindruck zu erzielen, wird die Mähne ausgedünnt, verzogen und eingeflochten, der Schweif entlang der Schweifrübe verzogen und ausgedünnt, unten gerade geschnitten, die Fesselhaare werden abgeschoren. Nur der Araber (Abb. 142) und der Renntraber (Abb. 143, hier im Tölt) werden «natürlich» belassen; auch die Schönheitsideale der Pferdezüchter sind also nicht einheitlich.
Beim Freizeitpferd der Auslaufhaltung tendieren wir schon wegen der erwähnten Schutzfunktionen des Langhaares dazu, es so natürlich wie möglich zu belassen; bei Boxenpferden können wir in der Behandlung des Langhaares einige Schutzfunktionen vergessen — sollten es aber möglichst auch nicht tun, da wir uns dadurch jede Möglichkeit nehmen, ihnen auch nur vorübergehend den so notwendigen Weidegang zu allen Jahreszeiten zu geben.
Sehr viel an «Schönheit» gewinnen übrigens alle Pferde schon allein durch die richtige Pflege des Langhaares (s. Kap. «Putzen», Ziff. 4).
Was den «richtigen» oder «falschen» Fall der Mähne angeht, so gibt es heute keine festen Regeln dafür. Die alten Griechen sagten: «Achtet auf die Mähne» und meinten damit, daß sie stets nach rechts fallen müsse. Bei den Römern ließ sich Vergil im gleichen Sinne aus, was alles aber nur noch bei besonders traditionell denkenden Reitern (etwa den Jagdreitern) Bedeutung hat. Inzwischen haben amerikanische Fachleute ermittelt, daß bei 85% der Pferde die Mähne von Natur aus nach rechts, bei 10% nach links und bei 5% nach beiden Seiten fällt.
Unter bestimmten Umständen kann es freilich dienlich sein, das Langhaar auch bei Auslauf- und Offenstallpferden über die reine Pflege hinaus zu behandeln. Das ist sicherlich nötig, wenn etwa eine zu schwere Mähne oder ein zu langer Schweif dem Tier zur Last werden. Es kann aber auch gewünscht werden, wenn man an einem Turnier teilnimmt, Stuten zur Eintragung, Hengste zur Körung bringt. Manche Rassen (z.B. Fjordpferde) sollen «offiziell» eine ganz bestimmte Frisur tragen; bei Dressur-, Eignungs- und Materialprüfungen soll die Mähne aufgebunden werden (s. Abb. 141). Manche Besitzer finden eine adrett gekürzte Mähne einfach schöner; zerzauste, an Stacheldraht aufgeriebene oder von Fohlen angeknabberte Mähnen und Schweife müssen gelegent-

142 *Nur Arabern...*

143 *und Renntrabern beläßt man allgemein das natürliche Langhaar*

lich sogar geschoren werden, damit sie gleichlang und dicht nachwachsen können.

Ehe wir uns die Anleitungen dazu ansehen, möchte ich einige grundsätzliche Einwände vorbringen:

- Alle jene «Verschönerungen», bei denen die Schutzfunktion des Langhaares beeinträchtigt wird, sollten nur im Frühjahr vorgenommen werden! Gegen Sommerende sollte das Haar unbedingt nachwachsen können und im Winter wieder lang sein.

- Kahlstellen im Langhaar sind Regen und Schnee preisgegeben; ein seitlich verzogener, seiner Dachhaare beraubter Schweif kann seine Funktion als Schutz der Weichteile nicht erfüllen: Drehen die Pferde, wie sie es von Natur aus unweigerlich tun, die Kruppe gegen das Wetter, dringt die Nässe tief in After und Scheide, rinnt an den weichen haarlosen Stellen der Innenschenkel hinab bis an die Geschlechtsteile und ruft Entzündungen und Erkältungen hervor (Abb. 144). Das alles passiert beim natürlich belassenen Schweif nicht (Abb. 145).

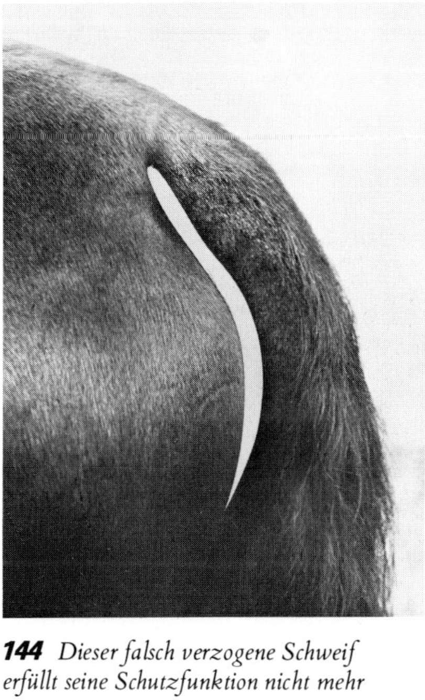

144 *Dieser falsch verzogene Schweif erfüllt seine Schutzfunktion nicht mehr*

145 *Der natürlich belassene Schweif erfüllt seine Schutzfunktion*

- Überdies hat sich die barbarische Unsitte eingebürgert, den Schweif — statt ihn mühsam, zeitraubend und arbeitsaufwendig zu verziehen — einfach beidseitig der Schweifrübe mit der Schere zu beschneiden (Abb. 146/147). Das sieht nicht nur scheußlich aus: es

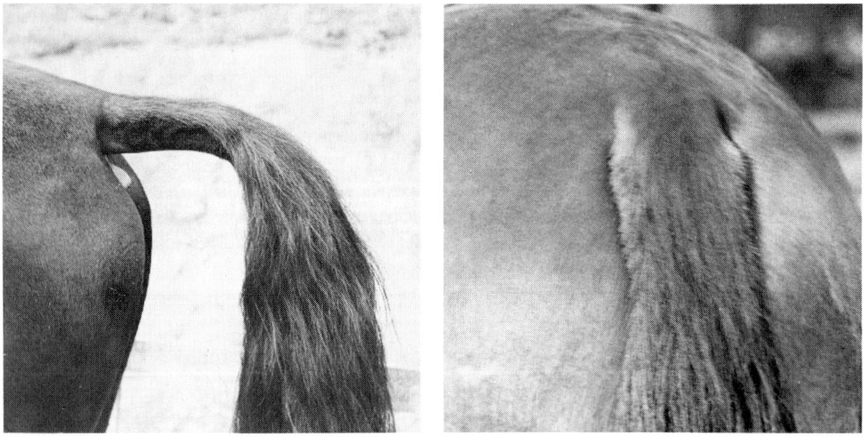

146—147 *Der mit der Schere längs der Schweifrübe beschnittene Schweif — eine barbarische Unsitte*

reißt noch tiefere Löcher in beide Schweifseiten und hat den zusätzlichen Nachteil, daß die nachwachsenden Haare in die empfindlichen Weichteile stechen und dort Unbehagen und Schmerzen hervorrufen.

Statt den Schweif zu verziehen oder zu beschneiden sollte man ihn — wie es in aller Welt geschieht — zur Erzielung des gewünschten Effektes flechten.

Ich bleibe bei der Behauptung, daß Pferde aller Rassen — selbstverständlich auch Araber und Vollblüter — sich zur ganzjährigen Auslaufhaltung eignen, muß jedoch warnend hinzufügen: «Aber nur, wenn sie außer dem Schutz eines frei begehbaren Stalles den natürlichen Schutz von Fell und Langhaaren haben.» Keinesfalls also kann man Pferde, die dieses Schutzes beraubt wurden, in Wind und Wetter hinauslassen.

Bitte, halten Sie sich diese Einwände bei den folgenden Ausführungen zu den verschiedenen Frisuren stets und immer vor Augen. Je weniger radikal Sie um reiner Äußerlichkeiten willen in die Anordnungen der Natur eingreifen, um so besser für Ihre Pferde!

2. Was braucht man zum Frisieren?

Ehe wir uns im einzelnen um die unterschiedlichen Frisuren verschiedener Rassen und für unterschiedliche Zwecke kümmern, schauen wir uns zuerst die Utensilien an, die zum Pflegen und Frisieren erforderlich sind (Abb. 148).

148 *Die Frisier-Utensilien*

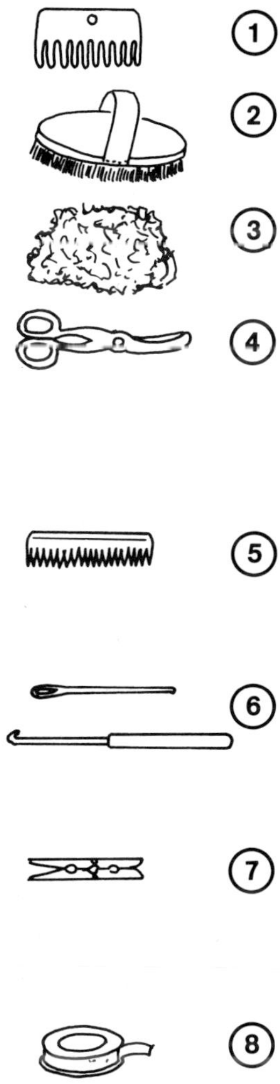

Pflege

1. *Mähnenkamm:* breit, groß, mit breiten Zinken und weiten Zwischenräumen, damit beim Kämmen nicht zu viele Haare herausgerupft werden;
2. *Wurzelbürste:* zum Bürsten der Haare;
3. *Schwamm:* zum Naßmachen der Haare;
4. *Schere:* abgerundet, Spitzen nach oben gebogen (damit auch unruhige Pferde nicht verletzt werden können);

Frisieren

5. *Verziehkamm:* schmal, lang, mit schmalen Zähnen und engen Zwischenräumen;
6. *Bastnadel:* dick, mit breiter Öse und stumpfer Spitze oder
   Häkelnadel mit breitem Griff, der fest in der Hand liegt, und großem stumpfen Haken;
7. *Wäscheklammern:* um die abgeteilten Haare auseinanderzuhalten;
8. *Klebeband:* je nach Farbe des Pferdes weiß oder farbig (weißes Leukoplast aus der Apotheke oder weißer oder farbiger Tesafilm aus dem Papiergeschäft) oder Klipse, die statt des Klebebandes die Zöpfchen fest zusammenhalten;

9. *Bast oder Stickgarn*, in der Farbe passend zur Mähne des Pferdes, damit es nicht auffällt;
10. *Massagestriegel* oder
11. *Draht-Haarbürste* (im Kaufhaus oder beim Friseur), um sehr verfilzten Schweif auseinanderzubürsten.

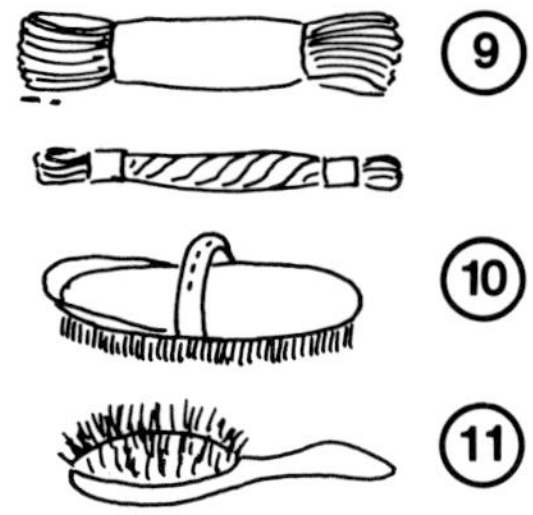

Für den Freizeitreiter und Offenstallbesitzer genügen die oben genannten Utensilien zum perfekten Herausbringen seines Pferdes.
Alle Gerätschaften sollen handlich, einfach und stabil sein und so gearbeitet, daß auch ein unruhiges Pferd nicht leicht verletzt werden kann.
Während der Arbeit werden die Gerätschaften so verwahrt, daß weder ein Pferd noch ein Fohlen diese erreichen kann.
Die Pferdehaare werden sorgfältig aufgesammelt und in den Müll geworfen, weil sonst die Pferde und vor allem neugierige Fohlen davon fressen können (was schwere Koliken hervorruft).
Nach der Pferdepflege werden die Utensilien gesäubert und getrocknet, damit die Metallteile nicht rosten, die Holzteile nicht quellen und schimmeln.

149 *Total abgeschorene Mähne*

Nach der Arbeit und dem Trocknen können Sie die Pflegeutensilien in der Sattelkammer an der Wand aufhängen oder sie in einem Beutel verwahren: in jedem Fall jedoch trocken und für die Pferdemäuler unerreichbar.

Wer viele Pferde hat und diese häufig für Turniere oder Schauen frisieren will, kann sich zu der Schere noch eine Handschermaschine oder *elektrische Schermaschine* anschaffen.

Manche Sport- (vornehmlich Jagd-)Pferde, bekommen Mähnen- und Fesselhaar ganz abgeschoren (Abb. 149). Dazu bedarf es großer Erfahrung. Die meisten Pferde fürchten das in ihren Ohren sehr laute Geräusch der Schere sehr, und es kann leicht zu Verletzungen kommen, wenn ein unruhiges Pferd steigt und in die Scherblätter gerät. Hier sollte man — wenn man schon auf Schmuck und Schutz der Haare verzichten will — unbedingt einen Fachmann hinzuziehen.

3. Verschiedene Frisuren

Natürliche Frisuren

150—152 *Natürlich belassenes Langhaar.*

150: *Araber*

151: *Paso Fino*

152: *Östliches Landpferd*

Beim *Araber* (Abb. 150), Paso Fino (Abb. 151), beim östlichen Landpferd (Abb. 152) auf der einen Seite wie bei allen sehr naturnahen Rassen

153—155 *Die üppige Mähne naturnaher Rassen.*

153: *Isländer*

154: *Welsh*

auf der anderen Seite bleiben Mähne und Schweif so natürlich wie möglich: angefangen beim Isländer (Abb. 153), über Camargue,

155: *Shetlandpony*

156 *Die flatternde Mähne des Renntrabers*

Connemara, Huzule, Welsh (Abb. 154), Dartmoor bis hin zum Shetlandpony (Abb. 155). Die üppige Mähne bestimmt hier das Schön-

heitsbild der Rasse — wie die lang flatternde das des Trabers unserer Rennbahnen (Abb. 156).
Vor öffentlichen Auftritten — Schauen oder Turnieren — werden Mähne und Schweif gründlich gewaschen, gut ausgebürstet, eventuelle Zipfel werden vorsichtig beseitigt. Sollen ungebärdige Haare besser fallen, flicht man sie einige Tage vorher locker und feucht ein (Abb. 157) und bürstet sie nach dem Auflösen der Flechten gut aus. Sie fallen dann wellig herunter (Abb. 158).

157 *Die vorher eingeflochtene Mähne —* **158** *fällt an der Schau wellig herab*

Ausnahmen kommen vor

Dieser Fuchs (Abb. 159) hat mindestens 25 Pfund Mähne zu schleppen, was in warmer oder gar heißer Jahreszeit sicher kein Vergnügen für ihn ist — zumal dann nicht, wenn er auch noch unter dem Sattel häufig ins

159 *Eine überschwere Mähne*

Schwitzen gerät. Zur Abhilfe gibt es zwei Möglichkeiten: die Mähne zu *beschneiden* und sie dann noch zu *teilen.*

Bei einer so extrem langen und schweren Mähne wie dieser entfernen wir zuerst etwa 5 cm Haare mit einer scharfen Schere. Dann schlagen wir sie auf die andere Seite und schneiden von der Unterseite dicht am Haaransatz entlang je nach Üppigkeit des Wuchses 1—2 cm breit die Haare ebenfalls fort. Damit ist der meiste Ballast schon weg; die verbleibende Mähne fällt glatt nach unten, anstatt in der Mitte hochzustehen.

Eine Woche später können die Haare dann «in Form» gebracht werden: Mit einem sehr scharfen Messer beginnt man, die Haare von der Unterseite her auf sich hin zu verkürzen, und zwar immer nur um einen Zentimeter! Was weg ist, kann nicht mehr angeklebt werden! Wie die Unterlinie dem Körperbau folgt, ist aus der Abbildung 160 klar zu ersehen: ein kurzes Stück in verlängerter Rückenlinie, dann, der oberen Halslinie folgend, leicht einwärts geschnitten bis zum Kopf, wo die Haare abermals ein wenig länger werden. Der Schopf soll genau so lang sein wie die Mähne — aber um Himmelswillen unten nicht gerade, sondern spitz zulaufend verschnitten werden. Das beim Großpferd verpönte Schneiden der Mähne hat hier noch einen Effekt, der beim urwüchsigen Isländer hübsch aussieht: die Haare spleißen an der Spitze und plustern sich sozusagen auf; dadurch liegt die Mähne nicht glatt an, sondern weich und flockig.

160 *Die überschwere Mähne nach dem Schneiden*

Natürlich kann man die Mähne auch belassen, wie sie ist (abgesehen vom Ausdünnen durch Wegschneiden am Haaransatz bei zu dichtem Bewuchs). Man schneidet dann hin und wieder «Zipfel» ab und begradigt die untere Linie nach eigenem Geschmack.

161 *Die Doppelmähne*

Allen genannten Rassen mit natürlich belassenem Langhaar steht die Doppelmähne — wie diesem Haflinger (Abb. 161) — besonders gut. Damit sie künftig zu beiden Seiten des Halses gefällig herabfällt, werden die Haare etwa mittig auf dem Halskamm geteilt. Die obere Hälfte wird auf die gegenseitige Halsseite geschlagen und gründlich naß gemacht. Während ein Helfer sie festhält, beginnen wir, vom Widerrist an auf der linken Halsseite *lose* Zöpfe zu flechten, die unten entweder mit Tesafilm umwickelt oder mit eingeflochtenem Bast verknotet werden. Sind alle Haare eingeflochten, werden sie abermals gut naß gemacht (Abb. 162).

162 *Herrichten zur Doppelmähne*

Gehen Sie dabei nicht zu energisch vor: durch zu festes Einflechten können die Haare brüchig werden. Aus diesem Grunde entflechten Sie auch — je nach Empfindlichkeit der Haare nach einigen Stunden oder Tagen — die Mähne, bürsten sie kräftig durch, befeuchten sie wieder und flechten sie erneut ein. Die Behandlung ist (wie übrigens alles Frisieren beim Pferd) mühsam und zeitraubend, aber sie schenkt Ihnen ein Pferd mit dem prachtvollen Schmuck beidseitig fallender Mähne. Zeigt sie nach einer Weile die Tendenz, wieder auf die andere Seite zu fallen, wiederholen Sie die ganze Prozedur noch einmal: dann sollte sie für immer beidseitig liegen.
Der *Schopf* wird bei allen genannten Rassen leicht ausgedünnt und spitz beifrisiert — nicht gerade abgeschnitten (Abb. 163).

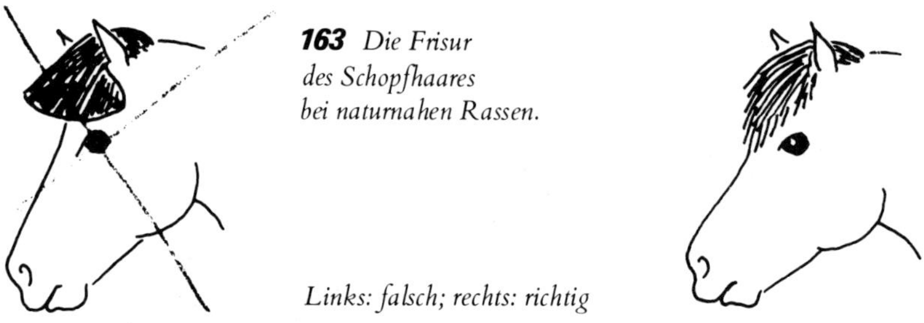

163 *Die Frisur des Schopfhaares bei naturnahen Rassen.*

Links: falsch; rechts: richtig

«Rassentypische» Frisuren

Bei einer Anzahl von Rassen haben sich im Laufe der Jahre Standardfrisuren entwickelt, z.B. trägt der Appaloosa eine handbreit fedrige, dünne Mähne und einen kurzen, fedrigen Schweif (Abb. 164), dem Sattler wird eine 15 cm breite «Rinne» in die Mähne geschnitten; die Schopfhaare werden in bunte Lackbänder gebunden (Abb. 165).

164 *Die fedrige Mähne des Appaloosa*

165 *Die eingebundenen Schopfhaare des Sattlers*

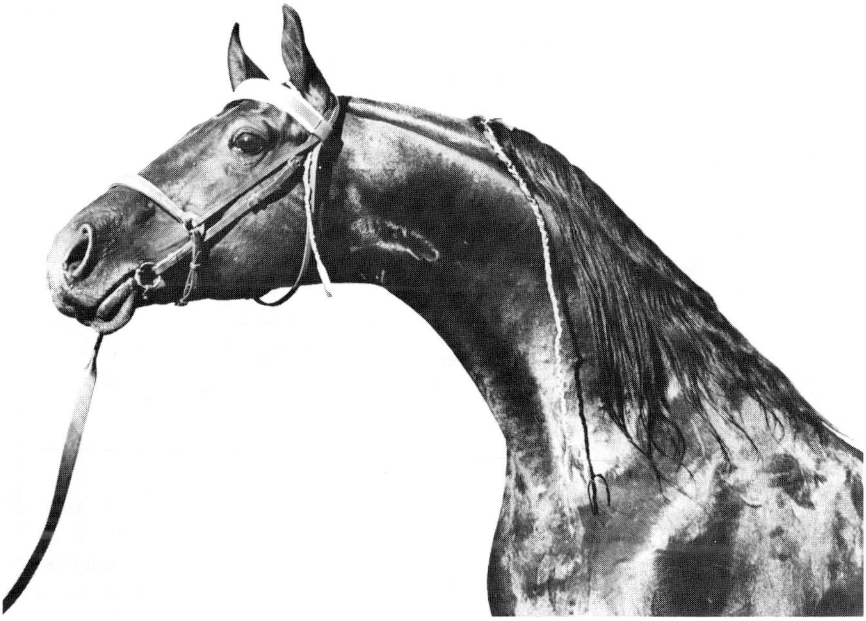

In Europa sind vor allem die Fjordpferde (Norweger) für ihre typischen Frisuren bekannt. Es gibt 2 Ausführungen, die norwegische und die dänische.

Das Mähnenhaar ist an sich etwas hart und starr, setzt in drei Farbbahnen — blond, schwarz, blond — ziemlich breit an und legt sich manchmal nur schwer zur Seite, wenn man es lang wachsen läßt. Überdies soll der Mähnenschnitt den Schwung der gebogenen oberen Halslinie optisch verstärken.

Die *Norweger* schneiden die weißen Seiten der Mähne gleich hoch wie den dunklen Mittelstreifen; die höchste Stelle des hellen Bogens, der nach oben und unten schmal ausläuft, liegt eine Spur unter der Halsmitte und ist etwa eine Hand breit (Abb. 166).

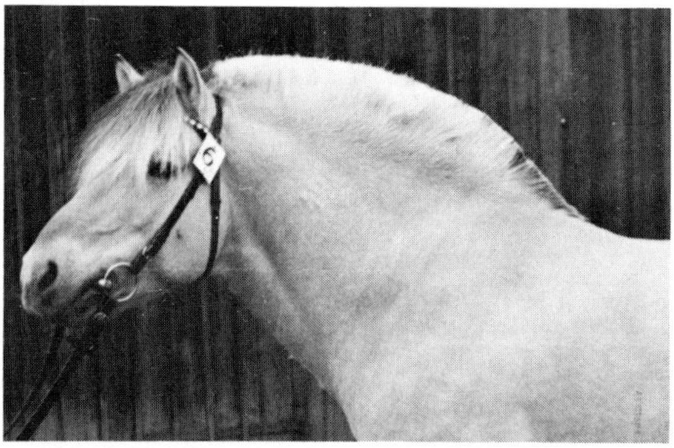

166 *So lieben die Norweger die Mähne des Fjordpferdes...*

167 *und so die Dänen*

Die *Dänen* lieben die zweifarbene Mähne, die dadurch entsteht, daß man die hellen Außenseiten ein bis zwei Zentimeter niedriger schneidet als das schwarze Innenhaar. Die Oberlinie bildet vom Widerristanfang bis zum Genick eine gleichmäßig geschwungene Linie (Abb. 167).

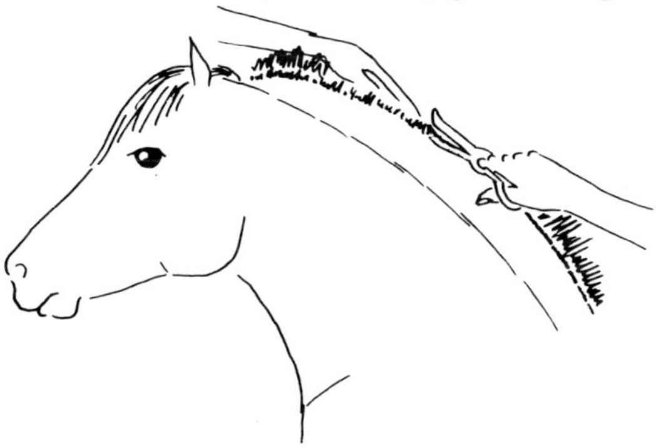

168—169 *So schneidet man die Mähne des Fjordpferdes*

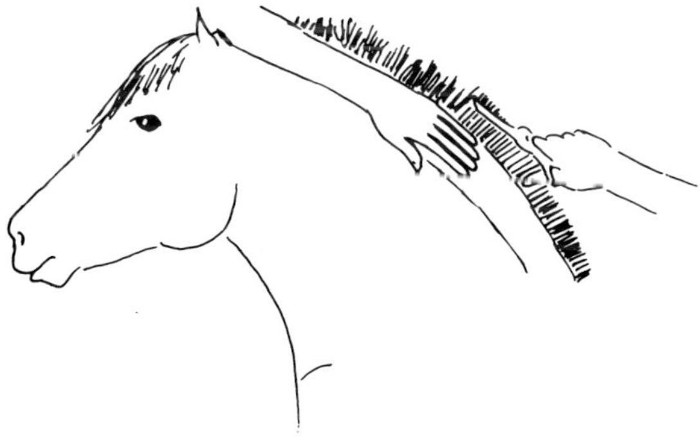

Zum Beschneiden der Mähne braucht man eine scharfe, große Schere. Eine Schablone für den Schnitt gibt es nicht; es gehört ein gutes Augenmaß und eine ruhige Hand zum Schneiden; das Pferd sollte an einer hellen Stelle (im Freien) angebunden sein. Nun wird zuerst die Stehmähne gründlich gebürstet und nach oben in Form gebracht; dann werden die weißen Haare beidseitig um 2—3 cm gekürzt. *Man klappt dazu mit der linken Hand die dunklen Mittelhaare zur anderen Halsseite, damit nicht zuviele schwarze Haare versehentlich mitgeschnitten werden* (Abb. 168) und ein böses «Loch» entsteht. Anschließend läßt man die schwarzen Haare wieder aufrecht stehen und drückt die geschnittenen weißen fest dagegen: so fallen kleine Unebenheiten sofort auf und können leicht korrigiert werden. Die dunklen Innenhaare stehen nun hoch heraus und können gekürzt und der Oberlinie der weißen angepaßt werden (Abb. 169).

Achtung: Fjordpferde bilden im Offenstall ein dichtes Winterhaar aus, das oben bis in die Mähne hinein wächst; der Hals wirkt dadurch sehr kompakt und breit. Man kann nun diese hellbraunen Winterhaare dicht an der Mähne entlang wegschneiden, wozu man nunmehr die ganze Mähne zur anderen Seite drückt und die jetzt überstehenden Fellhaare direkt am Kamm bequem wegschneiden kann. Der Hals wirkt nun viel leichter.

Die Schabrine des Fjordpferdes (sein Schopf) soll möglichst hinter den Ohren ansetzen und den breiten Raum zwischen ihnen gut ausfüllen. Bei zu starkem Bewuchs kann man sie so verziehen (nicht schneiden), daß sie unterhalb der Augen spitz zulaufend endet. Den Stirnschopf der Hengste beläßt man im allgemeinen länger.

Mittlerweile setzt sich aber auch beim Fjordpferd ein Trend zum *natürlich belassenen Langhaar* durch, das doch im Sommer und Spätsommer besser gegen Fliegen und Ungeziefer und im Winter gegen Regen und Schnee schützt.

Das von Natur sehr breite Regen- und Schneedach des *Schweifes* wird nicht angetastet; die Haare des Schweifansatzes werden also weder ausgezupft noch beschnitten. Unten läuft das Schweifhaar im allgemeinen spitz aus; man kürzt höchstens eine sehr dünne lange Spitze, damit das Ende voller wirkt.

Modische Frisuren

Bei Großpferden hiesiger Zuchten und deren Kreuzungsprodukten haben sich bestimmte Modefrisuren durchgesetzt, die sich aber nur für stallgehaltene Tiere ganzjährig eigenen (s. Abb. 141).

Allen Zuchtpferden beläßt man — außer bei Stutenschauen und Körungen — das Langhaar selbstverständlich so natürlich wie möglich; ausschließlich zur Zucht genutzte Stuten leben ja auch die meisten Monate des Jahres auf der Weide (oder sollten es zumindest!).

Für Wander- und Ferien- sowie Wochenendritte eignet sich der natürliche Haarwuchs bei Pferden aller Rassen und Arten am besten. Pferde, denen zur Teilnahme an Schauen usw. die Haare kurz geschnitten wurden, haben bei jeder Rast, beim Ritt, beim Übernachten, viel mehr zu leiden. Gerade wenn man von daheim fort ist, gerät man ja immer wieder in unvorhergesehene Lagen (keine Schutzhütte zur Nacht, mittägliche Rast an insektenreichem Wasser, langanhaltende Regenfälle ohne die Möglichkeit, sich unterzustellen usw.), und es ist klar, daß dabei Mensch und Pferd möglichst gesund und widerstandsfähig gehalten sein sollten.

In den herkömmlichen Reiterkreisen ist es üblich, fast allen Vereins-, Verleih-, Turnier- und Reitpferden die Mähne stark zu verkürzen, den Schweif zu verziehen, die Fesselhaare zu scheren. Da beim Freizeitreiter bei gelegentlicher Turnierteilnahme auch der Wunsch aufkommen kann, sich dem allgemeinen Schönheitsideal des Reit*sports* anzuschließen, sei hier geschildert, wie das Langhaar dazu schonend frisiert wird.

Dazu sei allgemein noch vorbemerkt:

Der Vorgang des korrekten Verziehens und Ausdünnens sollte sich stets über einen längeren Zeitraum erstrecken. Das Ausziehen der Haare ist durchaus nicht so schmerzlos für das Pferd, wie manchmal behauptet wird; die Schmerzempfindung ist nur unterschiedlich: die einen quält es weniger, die anderen mehr. Man muß also mit Einfühlungsvermögen vorgehen: wissen, daß die Prozedur dem Pferd zumindest unangenehm ist, und dafür Verständnis aufbringen, wenn es sich mit unwilligem Kopfschütteln, Beiseitetreten oder Abwenden des Halses dagegen wehrt, andererseits aber auch mit Konsequenz schrittweise weitermachen. Vor allem bei Pferden, die zum ersten Mal «schön» gemacht werden, muß man viel Geduld anwenden, denn wenn sie schlechte Erfahrungen machen, werden sie sich künftig immer wehren.

Anfänger sollten besonders langsam vorgehen, sonst sieht die Mähne am Ende schlimmer aus als zu Beginn. Am besten ist es, wenn man Tag um Tag nur die jeweils längsten Haare wegnimmt, durchbürstet und anderentags weitermacht. Denn eine Mähne liegt beileibe nicht immer gleich; ein einfaches Kopfschütteln des Pferdes kann ihr eine andere Lage (und damit einen anderen unteren Rand) geben.

Ist das Pferd ruhig, bindet man es am besten draußen an; schon wegen der größeren Helligkeit. Bei der leisesten Unruhe des Pferdes holt man einen Helfer herbei, der es beschäftigt und ablenkt. Je hochblütiger das Pferd, um so empfindlicher ist es meist.

Einige Tage vor Beginn des Verziehens werden die Langhaare gewaschen und ausgebürstet. Die Mähne wird in breite, lose Zöpfe geflochten und etwas angefeuchtet. Vor dem Frisieren bürstet man sie wieder kräftig durch und reibt evtl. ein wenig Olivenöl ein, um die Haare geschmeidiger zu machen.

a. Die Mähne

Aus langem regelmäßigem oder unregelmäßigem Haar (Abb. 170) soll kurzes, dünnes, regelmäßiges werden, das die Linie des Halses betont (Abb. 171).

170 *Langes, dünnes, unregelmäßiges Mähnenhaar...*

171 *nach der Frisur*

Dazu nimmt man in die eine Hand den Mähnenkamm und zwischen Daumen und Zeigefinger der anderen Hand drei, vier einzelne Haare. Die Haare rundum kämmt man «toupierend» nach oben (Abb. 172); die Einzelhaare dreht man um den Zeigefinger und zieht mit kurzem Ruck nach unten. Ist das Haar sehr lang und fest, kann man u.U. jeweils nur 1 oder 2 Haare ausziehen. Das heißt, sie sollen überhaupt nicht *aus*- sondern *ab*gerissen werden. Dazu legt man die Strähnen mit dem Kamm nicht bis ganz an den Halskamm frei.

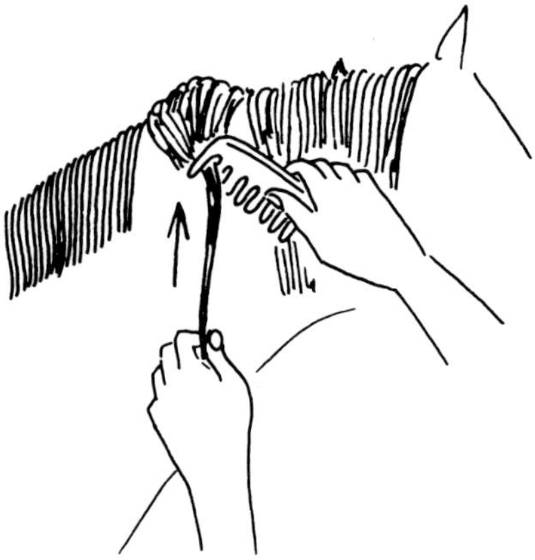

172 *Das Frisieren der Mähne*

Man beginnt natürlich nicht am Kopf, sondern am Widerrist, wo die Haare ohnehin kürzer sind, und arbeitet sich schnell und konzentriert

nach vorn vor. Je näher man dem Kopf kommt, um so unruhiger kann das Pferd werden. Spürt man, daß es Schmerzen empfindet, bricht man für diesen Tag ab und macht am nächsten weiter. Und selbstverständlich verzieht man lange Haare nicht mit einem Mal ganz kurz, sondern Zentimeter um Zentimeter von unten nach oben an verschiedenen Tagen.
Ein Tip: Beim Reiten den Kamm einstecken, bei jeder Rast schnell ein paar Haare wegnehmen — das spürt das Pferd kaum. Nicht übertreiben! Nie zu viel Haare auf einmal nehmen! Sonst erzieht man sich selbst einen Zappler.
Die fertig verzogene und ausgedünnte Mähne soll beim deutschen Turnierpferd etwa anderthalb Handbreit lang sein.

b. Der Kopf

Der Schopf wird ein wenig länger belassen als die Mähne; die übrigen Haare werden sehr vorsichtig — am besten einzeln — so ausgezogen, daß er spitz zulaufend bis zwischen die Augen fällt. — Man kann nun die Ohren mit einer Hand zusammendrücken und mit einer Rundschere die überstehenden Haare abschneiden; für Auslaufpferde aller Rassen rate ich davon jedoch dringend ab; die Ohrwolle ist der beste Schutz gegen das Eindringen von Fliegen und Insekten und gegen Kälte. *Ganz barbarisch ist es sodann, die Sinushaare (Tasthaare) um Nüstern und Maul wegzuschneiden*, wie es gedankenlos immer wieder gemacht wird. Sie sind als Orientierungshilfe unersetzbar; *es kommt einer Kastration des Tastsinnes gleich, sie wegzunehmen.*

c. Der Schweif

Auslaufpferden den Schweif zu verdünnen, bedeutet immer ein Weniger an Schutz. Bei Boxenpferden kann man, sehr vorsichtig, rechts und links seitlich der Schweifrübe die kurzen Haare ausziehen — aber bitte einzeln! Der Schweif soll beim deutschen Reitpferd «getragen» werden, d.h. in einem leichten Bogen vom Körper abstehen (s. Abb. 141). Diesen Bogen nun sieht man besser, wenn kurz fallende seitliche Haare von der Schweifrübe entfernt werden. (Beim Araber gelten die gleichen kurzen Haare als schön — der Schweif soll wie eine «Fahne» wirken.)
Um dieses mühsame Verfahren abzukürzen, hat sich, wie bereits gesagt, bei uns immer stärker die barbarische Unsitte eingebürgert, die Seitenhaare einfach radikal mit der Schere abzuschneiden. Davor kann gar nicht oft genug gewarnt werden (s. Abb. 146, 147)!

Der Schweif läuft am Ende entweder spitz zu, oder man schneidet ihn eine Handbreit unter dem Sprunggelenk gerade ab (s. Abb. 141).
Achtung: Manche Pferde reagieren durch Austreten auf unliebsame Schweifkosmetik. Man kann dann einen Strohballen zwischen sich und das Pferd stellen (Abb. 173). Oder es in einer Box oder Halbtür so anbinden, daß man den Schweif über der halb offenen Tür draußen behandelt.

173 *So schützt man sich bei der Schweiffrisur*

4. Flechten

Wer den Effekt des Verziehens von Schweif und Mähne erzielen, jedoch die Schutzfunktion des Langhaars erhalten möchte, kann beide *einflechten.* Das sieht auf dem Turnier oder der Schau vielleicht noch schmückender und festlicher aus (Abb. 174) und hat dazu den Vorteil, daß man gleich anschließend die Flechten wieder lösen kann.
Es macht — ganz sicher zu Anfang — zwar mehr Mühe. Doch spiegelt das Aussehen eines Pferdes in gewissem Grade ja auch ein Wunschbild seines Besitzers wieder: seinen Stolz auch auf die eigene Geschicklichkeit.

Das Flechten der Mähne

Die Haare können dazu nicht ganz «natürlich» belassen werden; sie müssen zumindest so verzogen werden, daß sie in etwa gleichlang (jedoch viel länger als beim modischen Verziehen) sind.

174 *Die eingeflochtene Mähne*

Ehe man beginnt, schaut man sich den Hals seines Pferdes recht kritisch an. Ist er etwas kurz oder dick geraten? Dann sollte er viele kleine Zöpfchen erhalten, denn das läßt ihn länger erscheinen. Oder ist er eher lang und dünn? Dann wird er durch wenige, dickere Zöpfchen ansehnlicher.

Die Prozedur dauert — soll das Ergebnis Sie befriedigen — eine ganze Weile, ist aber dem Pferd weniger unangenehm als das Verziehen. Dennoch sollten Sie viel Zeit und innere Ruhe mitbringen und dann so vorgehen:

Binden Sie das Pferd recht kurz an eine Wand an, so daß es nicht viel hin- und hertreten kann. Es soll während dieser Arbeit nicht fressen, weil dabei Kopf und Hals ständig in Bewegung sind und Haare in das Futter fallen können. Draußen bei Tageslicht läßt es sich besser arbeiten als im Halbdunkel des Stalles.

Da Sie nun schlecht an der Mähne arbeiten können, wenn Sie sich dauernd auf die Zehenspitzen stellen müssen, sollten Sie einen Schemel (Standfestigkeit prüfen!) benutzen.

Gewöhnen Sie Ihr Pferd vorsichtig an den Schemel: es muß lernen, ruhig zu bleiben. Es darf keinesfalls herumspringen, während Sie z.B. mit der Nadel hantieren, und Sie dabei umwerfen.

175— 182 *Das Flechten der Mähne.*

175: *Abteilen*

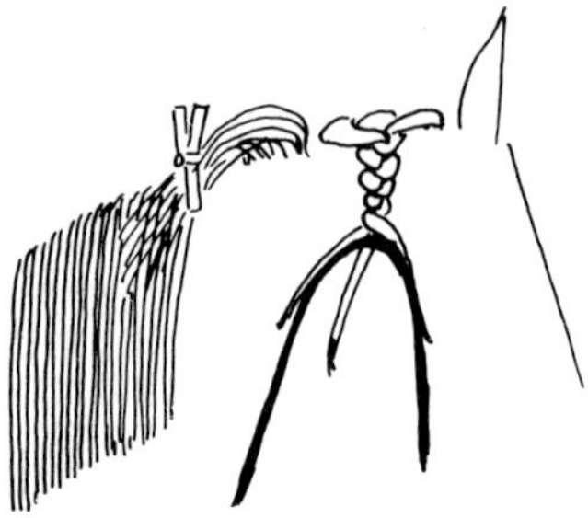

176: *Eine Art, das Band einzuflechten*

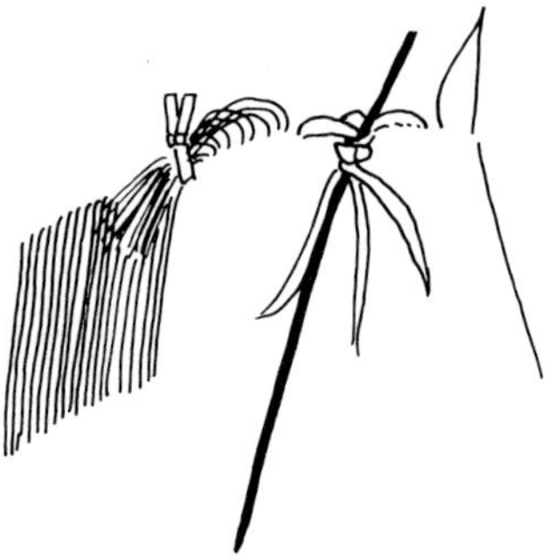

177: *und eine andere Art*

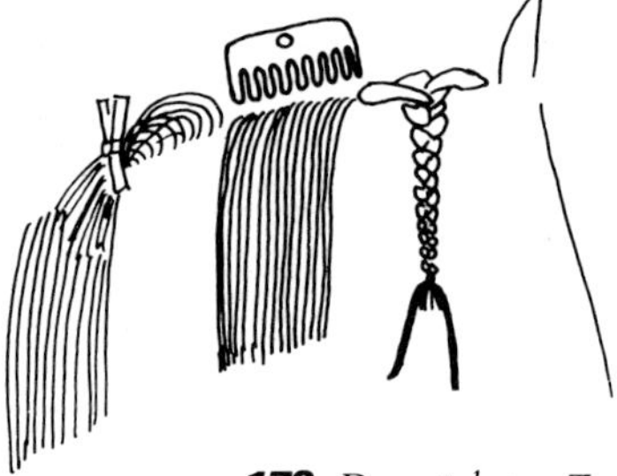

178: *Den nächsten Zopf abteilen*

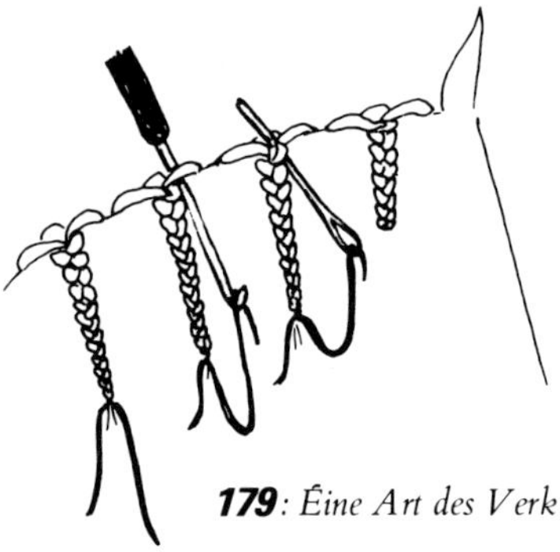

179: *Eine Art des Verknotens*

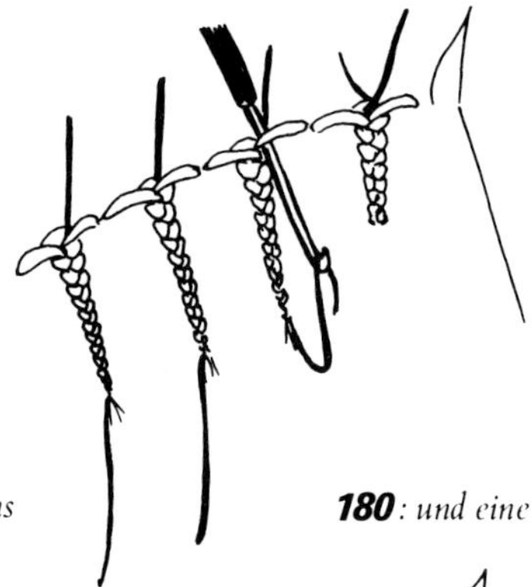

180: *und eine andere Art*

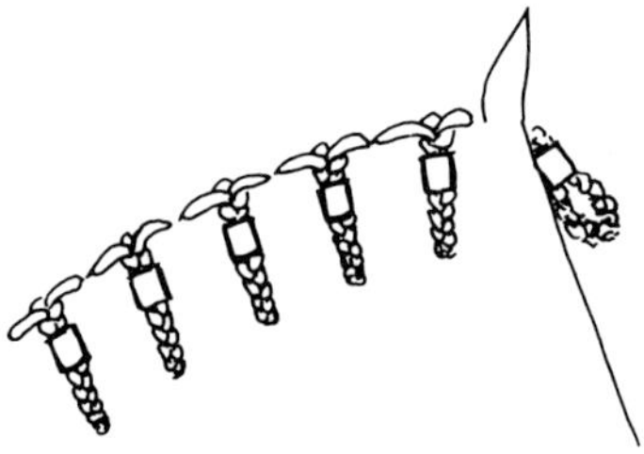

181: *Zusammenhalten der Zöpfe*

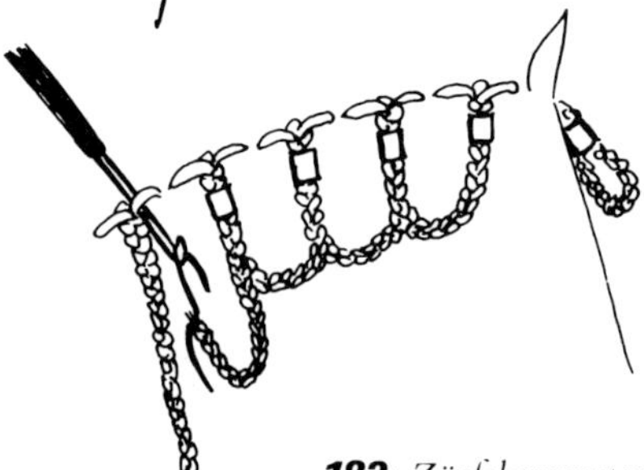

182: *Zöpfchenmuster*

Legen Sie alle Utensilien (Kamm, Bürste, Fäden...) griffbereit, jedoch außer Reichweite des Pferdemauls und außer Reichweite der anderen Pferde hin. Fertigen Sie am besten einen Beutel mit mehreren Innentäschchen an, in dem all diese Dinge ihren Stammplatz finden, und hängen Sie ihn sich ans Handgelenk oder in entsprechender Höhe griffbereit an die Wand.
Feuchten Sie mit dem Schwamm die bereits etwas verzogene Mähne gut an; so läßt es sich besser arbeiten, denn die feuchten Haare bleiben liegen.
Mit dem Flechten beginnt man oben am Kopf, im Gegensatz zum Verziehen, das meist am Widerrist begonnen wird. Da der letzte Zopf erfahrungsgemäß oft zu dick oder zu dünn gerät, sitzt er besser unten.
Nun wird die Mähne nochmals gekämmt und hängt jetzt lang und glatt herab. Etwa mähnenkamm-breit, also 6—8 cm, werden einige Haare abgeteilt, und die anderen mit einer Wäscheklammer zur Seite gehalten.
Diese abgeteilten Haare werden in drei gleichdicke Strähnen unterteilt (Abb. 175) und so weit oben wie möglich und sehr fest geflochten.
Nach der Hälfte der Zopflänge legen Sie einen der bereitgehaltenen Fäden bei (Abb. 176), flechten diesen bis zum Zopfende mit und verknoten den Zopf mit den beiden Fadenenden.
Auf eine andere Art packen Sie den Faden sofort zu einer der drei Strähnen, lassen ihn oben einige Zentimeter herausstehen (Abb. 177) und flechten den Faden beim ganzen Zopf mit. Ist dieses Zöpfchen fertig, wird es mit dem mitgeflochtenen Faden zusammengeknotet.
Mit dem Mähnenkamm werden die nächsten Haare abgeteilt und mit der Klammer die übrigen Haare wiederum weggehalten (Abb. 178).
Nehmen Sie immer kammbreite (also 6—8 cm breite) Haarsträhnen, so werden alle Zöpfchen gleichmäßig. Sind auf diese Art alle Zöpfchen geflochten, werden diese hochgebunden. Mit einer Nadel oder Häkelnadel werden die beiden Fadenenden durch den Zopf nach oben geholt und verknotet (Abb. 179).
Oder das fertige Zöpfchen wird hochgeschlagen und der mitgeflochtene und der oben herausstehende Faden miteinander verknotet (Abb. 180).
Sicher können Sie auch Gummiringe benutzen statt der Fäden. Aber zum einen macht Gummi die Haare bei öfterem Gebrauch brüchig, zum anderen gehen beim Überziehen dieser Gummiringe mitunter die mühevoll geflochtenen Zöpfchen wieder auf.
Zuletzt wird der Schopf geflochten.

Nun werden die Zöpfchen mit einem farbigen Klebeband oben zusammengehalten, was sehr attraktiv aussieht und eine noble Halslinie noch betont (Abb. 181). Ist der Hals jedoch nicht ganz so fehlerfrei, verwendet man am unauffälligsten nur dünnes schwarzes Garn.
Sind die Zöpfchen sehr lang, können sie zu regelrechten Mustern zusammengenäht werden, was nett aussieht und mal was anderes ist (Abb. 182).
Sind die Haare hingegen besonders kurz, kann man sie zu kleinen Knoten auf dem Halskamm vernähen (Abb. 183).

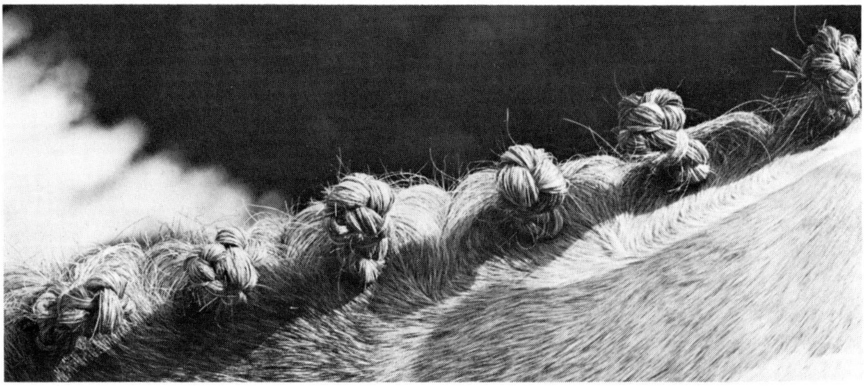

183 *Kurzes Mähnenhaar kann man zu kleinen Knoten vernähen*

184 *Seidenschleifen im Mähnenhaar — noch ganz Barock*

In manchen Ländern — ganz besonders in Spanien — werden bei festlichen Gelegenheiten dicke, bunte Seidenschleifen mit in die Mähne geflochten: eine erhalten gebliebene Sitte aus dem Barock (Abb. 184).
Zöpfchen sollen nur wenige Stunden (und niemals über Nacht) geflochten bleiben, weil sonst das Haar bricht oder ausfällt. Ohne Aufsicht darf das eingeflochtene, schaufertig gemachte Pferd nicht sein, weil es sich beim Versuch, die «Dinger» loszuwerden, die Haare büschelweise ausreißen könnte.
Beim Lösen der Zöpfchen müssen Sie sehr sorgfältig vorgehen, damit keine Haare ausgezogen oder abgeschnitten werden.
Nun hat die Mähne lauter lockere Wellen, die ein wenig in Form gebürstet nett aussehen. Wenn keine Wellen gewünscht sind, müssen die Haare erneut naßgemacht und fleißig gebürstet werden; bald fallen sie dann wieder lang und glatt herunter.

Das Flechten des Schweifes

Bei der Schweifpflege muß man sich dicht hinter das Pferd stellen, was man normalerweise nie tun soll: selbst das ruhigste Pferd kann plötzlich ausschlagen. Deshalb stellen Sie Ihr Pferd, das diese ihm neue Art der Schweifpflege noch nicht kennt, hinter eine halbhohe Stalltür, so daß der Schweif über die Türhälfte nach draußen hängt und dort verlesen, verzogen oder geflochten werden kann. Oder ein oder zwei Bündel Preßstroh stehen zwischen Ihnen und dem Pferd (s. Abb. 173). Oder ein Helfer hält ein Vorderbein auf: Nun können Sie unbesorgt am Schweif arbeiten.
Das Pferd steht ruhiger, wenn es vorher geritten oder gearbeitet wurde. Der Übermut ist ausgetobt, und es ist noch warm; dann sind die Poren größer und die Haare lassen sich leichter verziehen.
Füttern während der Schweifbehandlung lenkt sicher ab, aber Vorsicht: Manche Pferde reagieren heftig, wenn sie beim Fressen gestört werden.
Man muß einfach ausprobieren, wie es am besten klappt bzw. wie man am sichersten am Schweif arbeiten kann.
Zunächst wird der Schweif gewaschen, damit die Haare locker fallen.
Einen dünnen, inzwischen sauberen und trocknen Schweif können Sie vorsichtig mit dem breitzinkigen Mähnenkamm auflockern; bei vollem Schweif würden dabei jedoch zu viele Haare ausgezogen. Deshalb soll der Schweif zunächst verlesen, das heißt mit den Händen vorsichtig geordnet, entwirrt und in Form gebracht werden. Beim dichten, buschi-

gen Ponyschweif kommt man kaum ohne Bürste aus. Hier arbeiten Sie am besten mit einem Massagestriegel oder einer Draht-Haarbürste, wie sie junge Mädchen für ihre langen Haare verwenden. Dann arbeiten Sie am Schweif Strähne für Strähne durch, fangen unten an und halten dabei die oberen Haare fest. Nur so wird der Schweif locker, ohne zu viele Haare zu verlieren. Merken Sie sich nur eins: Ein Schweif, der geflochten werden soll, darf niemals verzogen oder gar beigeschnitten sein; wenn die Deckhaare nicht lang genug sind, fängt die Flechte zu tief unten an und sieht häßlich aus (Abb. 185).

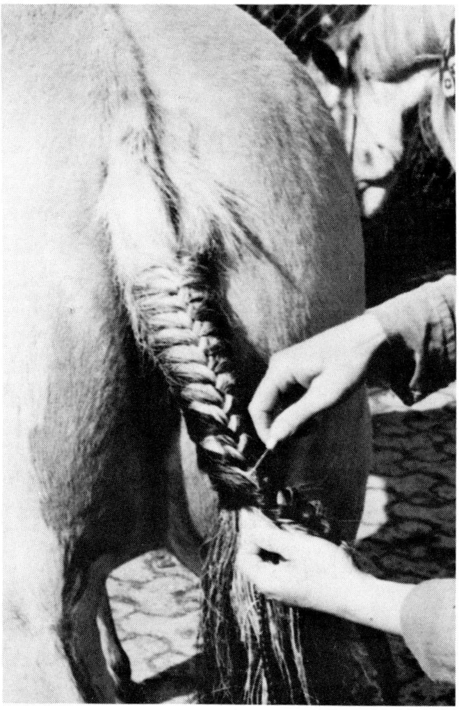

185 *Sind die Deckhaare nicht lang genug, sieht der geflochtene Schweif schlecht aus*

Beim gut geflochtenen Schweif (wie man ihn auf ausländischen Schauen immer wieder bewundernd sieht) ist der Effekt noch besser als beim verzogenen: der Schweif steht im Bogen ab, die Muskulatur der Hinterhand tritt prall hervor. Die Enden sind oft um den Finger gerollt und vernäht (Abb. 186).

Schwere Pferde sehen übrigens mit langem, leichte mit kürzerem Zopf besser aus.

Wieder entflochten, versieht der Schweif seine Schutzfunktion.

186 *Ein gut geflochtener Schweif*

Und so macht man es:
Vor dem Flechten muß der Schweif gewaschen, verlesen und mit ein paar Tropfen Olivenöl geschmeidig gemacht worden sein.
Legen Sie einen zu den Schweifhaaren passenden Bast- oder Perlgarnfaden bereit, damit Sie das Geflochtene sofort zusammenbinden können.
Nun nehmen Sie rechts und links ganz dicht am Schweifansatz drei Haarsträhnen (Abb. 187) und beginnen zu flechten. Der Anfang ist schwer, da die oberen Haare meist sehr kurz sind.
Flechten Sie mit den wenigen Haaren so stramm wie möglich und so weit oben wie möglich; dann packen Sie immer wieder rechts und links neue Strähnen dazu, um weiterzuflechten. Nehmen Sie nur Haarsträhnen direkt von der Schweifrübe, nicht aus der Mitte des vollen Schweifes. Flechten Sie eng und stramm, sonst verliert das Geflochtene schon bei geringer Schweifbewegung die Form.
Geflochten wird über die ganze Länge der Schweif*rübe*, solange diese auf der Unterseite unbehaart ist. Danach werden keine neuen Strähnen mehr dazugepackt, sondern nur noch der Zopf zu Ende geflochten. Kurz vor Zopfende flechten Sie den Bast- oder Garnfaden mit ein und verknoten damit das Geflecht (Abb. 188). Die am Schweifansatz herausstehenden

187—189 Das Flechten des Schweifes.

187 Zuerst drei Strähnen rechts und links

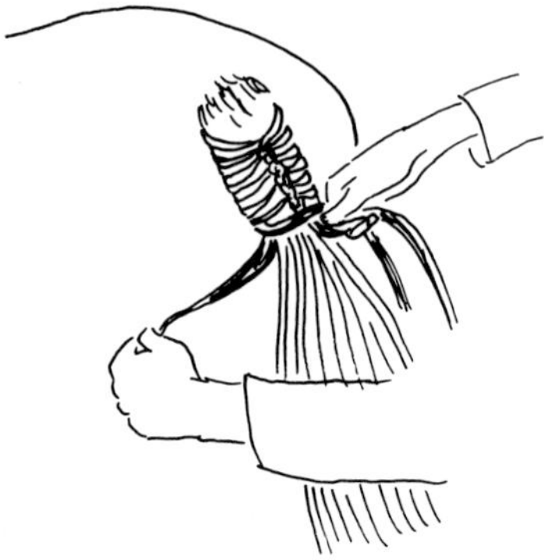

188 Vor Zopfende den Bast einflechten

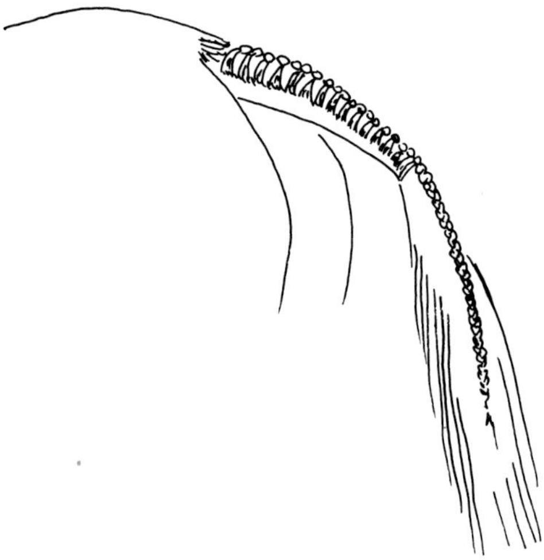

189 Wie ein Perlband liegt der Zopf über dem Schweif

Haare schieben Sie vorsichtig (evtl. mit Häkelnadel) unter das Geflecht. Fixieren Sie sie dort mit ein wenig Haarspray.
Das Zopfende kann umgeschlagen, gerollt und festgenäht werden; oder es kann durchlaufend weitergeflochten werden, was fertig aussieht, als liefe ein Perlband über den Schweif nach unten (Abb. 189).
Der restliche Schweif bleibt in natürlicher Fülle hängen oder er wird, wenn's besser gefällt, unten wenige Zentimeter gerade abgeschnitten.
Ist der Zopf fest eingeflochten, hält er einen ganzen Tag, auch wenn das Pferd mit dem Schweif nach Fliegen schlägt.
Soll das Pferd so eingeflochten transportiert werden, schützt eine Ban-

dage vor dem Auseinanderfallen. Die Bandagen dürfen nicht zu fest gewickelt werden und auch nie über Nacht am Pferd bleiben, sonst kann es zu gefährlichen Blutstauungen kommen.
Nach der Schau oder dem Turnier lösen Sie vorsichtig den Faden und die Flechten. Nun fallen die Haare in lockeren Wellen, die im Laufe der nächsten Tage von selbst wieder verschwinden.
Soll der Schweif gleich wieder glatt sein, müssen Sie ihn gut anfeuchten und vorsichtig bürsten; dann sieht er wieder aus wie vor dem Flechten.

5. Überlange Haare

An den Fesseln

Die Fesselhaare sind bei vielen Pferden von Natur aus lang und dicht. Je nach Rasse beginnt der üppige Haarwuchs bereits etwas unterhalb der Vorderfußwurzel bzw. des Sprunggelenks.
Diese Haare leiten Nässe ab, schützen vor splitternden Ästen und scharfen Steinkanten und verhindern bei verharschtem Schnee das Aufreißen der empfindlichen Fesselbeuge.
Schneiden Sie sie aber fort, so müssen Sie von nun an sehr auf Ihre Wege achten, um jeder Verletzungsgefahr aus dem Wege zu gehen. Oder Sie bleiben gleich auf dem immer makellosen Hufschlag der Halle.
Doch nicht nur beim Geländeritt sind die langen Fesselhaare nützlich, sondern sie schützen unsere Freiluft-Tiere auch auf der Weide.
Eine der gefürchtetsten und häufigsten Beinerkrankungen des Pferdes ist die Mauke.
Sie entsteht in den kahlgeschorenen Höhlungen des Fesselgelenks entweder durch Feuchtigkeit oder Schmutz (jauchige Streu im Stall) oder auch wenn sich im Sommer Schlamm dort festsetzt, trocknet, in der Hitze reißt und dabei die Haut spröde und rissig macht.
Nässende, oft blutende Stellen sind die Folge, und es wird eine mühsame Behandlung fällig.
Diese schmerzhafte und leistungsmindernde Krankheit ersparen Sie Ihren Pferden, wenn Sie ihnen den natürlichen Schutz der Fesselhaare belassen und auch dann nicht zur Schere greifen, wenn Ihr langjährig gedienter Freund von der Kavallerie verachtungsvoll von plumpem Aussehen der Pferde spricht.
Man könnte meinen, Fesselhaare wärmten im Winter mehr. Stimmt!

Aber bei Nässe und Frost bleiben sie auch länger kalt, und es hängen mitunter sogar Eisklumpen daran.
In diesem Fall soll man vorsichtig ein wenig von der Fülle wegnehmen, ebenso wenn nach einer Verletzung eine intensive Behandlung der Fesselbeuge nötig ist.
Bei Großpferden, die in den schönen Jahreszeiten zur Schau oder Körung vorgestellt werden, darf der Fesselbehang gekürzt und in Form geschnitten werden: so wirken die Pferdebeine wie gemeißelt; klar sind Gelenke und Sehnen zu erkennen.
Werden sie robust gehalten, schneidet man so wenig wie möglich weg.
Die Haare komplett wegzuschneiden ist falsch, weil so das Regenwasser in die empfindliche Fesselbeuge geleitet wird. Schneiden Sie deshalb die Fesselhaare so, daß eine Haarspitze bleibt, von der das Regenwasser abtropfen kann (Abb. 190).

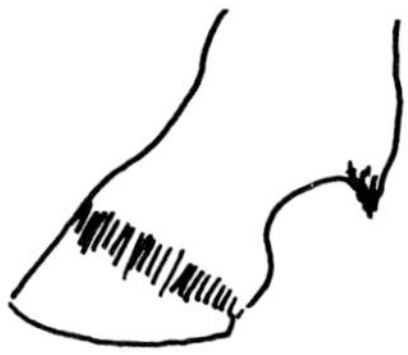

190 *Die Fesselhaare schneidet man nicht total ab, sondern spitz zu*

191 *Die Kronenrandhaare begradigt man nur*

Bei Auslaufpferden dünnen Sie — wenn nötig — nur den Fesselbehang leicht aus und verkürzen ihn etwas: so bleibt die Schutzfunktion — für Weidepferde unerläßlich — voll erhalten.
Die Haare am Kronenrand hängen meist strähnig und verschieden lang über den Huf. Mit der Rundschere sind sie schnell in Form gebracht, und der Huf sieht gepflegt aus. Niemals jedoch dürfen die Haare *direkt* oberhalb des Kronenrandes abgeschnitten werden, weil der Kronenrand weich und empfindlich und dann ungeschützt ist. Diese Haare dürfen nur in Form und auf gleichmäßige Länge gebracht werden (Abb. 191).

In den Ohren

Die Haare in den Ohren sollen diese vor Insekten schützen. Fohlen haben besonders üppigen Bewuchs; die «Wolle» hängt in dicken Büscheln aus den Ohren. Beim Fohlen, das ja wesentlich empfindlicher und anfälliger ist, soll man keine Ohrenhaare wegschneiden. Fohlen gehen — hoffentlich — regelmäßig auf die Weide und brauchen diesen Schutz vor lästigen Insekten. Bei älteren Pferden, die zur Schau vorbereitet werden, kann man die unschönen Haare mit der Rundschere wegschneiden: Drücken Sie die Ohr«tüte» vorsichtig zusammen und schneiden Sie die herausstehenden Haare ab. Halten Sie dabei die Schere (mit abgerundeten Enden) stets so, daß das Pferd nicht verletzt werden kann, wenn es plötzlich den Kopf hochreißt. Also nie mit der stumpfen Spitze zum Kopf, sondern waagerecht oder mit der Spitze nach oben schneiden. Die weiteren Haare in den Ohren dürfen auf keinen Fall beschnitten werden.

Vorsicht: Viele Pferde reagieren heftig auf das klappernde Geräusch der Schere. Sie steigen und geraten dabei in die stumpfe, dennoch gefährliche Spitze der Schere, oder sie springen zur Seite und der «Friseur» wird umgeworfen.

Deshalb gewöhnen Sie das Pferd an die Schere, die zunächst in einiger Entfernung von den Ohren klappert und immer näher rückt.

Lassen Sie einen Freund derweil Leckereien reichen; bleibt das Pferd dennoch auch bei mehreren Versuchen mißtrauisch und sprungbereit, steigt oder schnappt es ängstlich um sich, dann verzichten Sie für diesmal lieber auf das Ausschneiden der Ohren.

Versuchen Sie das Ausschneiden nochmals nach einem längeren Ritt oder einer anderen größeren Anstrengung. Binden Sie evtl. einen Stallgefährten zur Beruhigung neben dem Pferd an, während Sie an den Ohren arbeiten. Im Laufe der Zeit wird auch Ihr Pferd sich an die Schere und deren Geräusch gewöhnen.

6. Tast- und Augenhaare

Die Tasthaare um das Pferdemaul dürfen unter keinen Umständen entfernt werden — sie sind zur Orientierung für das Pferd lebensnotwendig.

Lediglich die Winterhaare an den Ganaschen, die bei vielen Robustpferden geradezu einen dichten, filzigen Bart bilden (Abb. 192), dürfen ein wenig verkürzt oder verzogen werden. Aber bitte nie, wie leider schon oft gesehen, mit einem Feuerzeug die einzelnen Haare abflämmen! Es entsteht unerträgliche Wärme dabei, und nicht selten brennt der ganze «Bart» und die Haut darunter wird angesengt. Das ist Tierquälerei!

192 *Nur die dichten Ganaschenhaare mancher Robustpferde dürfen — wenig — verkürzt oder verzogen werden*

Die Augenhaare werden nie angetastet, auch wenn die einzelnen Haare sehr lang abstehen und unschön aussehen. Diese einzelnen Haare dienen auf vielfältige Art dem Schutz der Augen und sind lebensnotwendig.
Manche Pferdebesitzer scheren bei dichtem Fell die Fell- und Mähnenhaare weg, wo das Genickstück des Halfters sitzt (Abb. 193). Sie bedenken dabei nicht, daß die nun dort stehenden Stoppeln durch das aufliegende Halfter ständig gereizt werden und es zu Entzündungen kommen kann. Wen wundert es, daß jetzt das Pferd kopfscheu wird? Mähnenhaare und weiches Fell dienen im Gegenteil als Schutz vor zu großem Druck durch Halfter. Also lassen Sie das natürlich gewachsene Polster der Fell- und Mähnenhaare stehen.

193 *Falsch! Weggeschnittene Fell- und Mähnenhaare, damit vermeintlich das Genickstück des Halfters besser aufliegt*

Bei besonders empfindlichen Pferden wird das Genickstück des Stall- und Reithalfters abgepolstert, um schmerzhaftem Druck vorzubeugen.
Selbst bei Fjordpferden soll die Schabrine, der Schopf, so weit oben am Hals beginnen, daß ein Halfter auf diesen Langhaaren, nicht jedoch auf der Stehmähne liegt, was zu ständigen Reizungen führt. Und dann wundert man sich, wenn das Pferd sich nicht mehr halftern lassen will! Kleine Ursachen — große Wirkung!
Sie sehen also, daß man bei allem nur ein wenig nachdenken muß...

7. Das Schachbrett

Sicher haben Sie schon bei «großen» Turnieren Pferde gesehen, die ein richtiges Karomuster auf der Kruppe schmückte.
Vor allem Füchse, Braune und Rappen haben ein Fell, das je nach Sonnen- bzw. Lichteinfall heller oder dunkler glänzt. Und diesen Glanz kann man durch das Karomuster noch hervorheben.
Im Prinzip ist dies ganz einfach:
Die Kruppenhaare werden gut angefeuchtet. Nun beginnen Sie auf der Kruppenmitte, also entlang der Wirbelsäule, und ziehen mit dem Mähnenkamm die Haare im rechten Winkel von der natürlichen Fellrichtung weg. Das einzelne Karo hat die Maße der Mähnenkammbreite (Abb. 194).

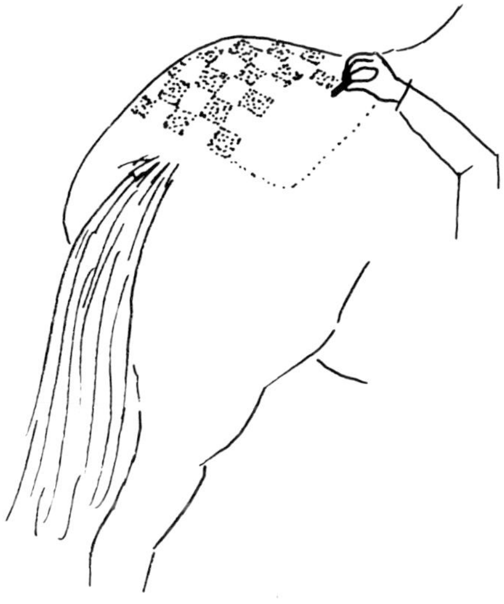

194 *So kämmt man ein Schachbrett-Muster*

Sie verändern mit dem Mähnenkamm dabei lediglich die Richtung der Haare des jeweiligen Karos, lassen in gleicher Karogröße die Nachbarhaare stehen usw. So ziehen Sie mit dem Kamm ein Karomuster, das die ganze Kruppe bedeckt .
Anfangs gelingen die Karos ungleichmäßig. Dann nehmen Sie eine Bürste und «löschen» das angefangene Schachbrett und beginnen von neuem.
Achten Sie darauf, daß die Karos regelmäßig auf die rechte und linke Kruppenhälfte verteilt sind, gleich groß und in gleichem Abstand zueinander.
Ist das Schachbrett fertig, lassen Sie die Haare so trocknen. Nun hält das Muster stundenlang auch bei intensiven Bewegungen..., falls Ihr Pferd sich nicht gerade scheuert oder wälzt.

Führen und Vorführen 7

1. Grundausbildung

Ruhig stehen

Ein Pferd, das sich an der Hand des Pflegers nicht gut benimmt, wird sich niemals unter dem Sattel gut benehmen; Pferde, die nicht gelernt haben, an der Hand gelassen dazustehen, tun es auch unter dem Sattel nicht.

Dennoch begegnen wir zahllosen Reitern, die der Vorarbeit am Boden überhaupt keine Bedeutung beimessen, wohl aber empört sind, wenn das Pferd — entweder aus Unerfahrenheit oder Widersetzlichkeit (was diese Reiter außerdem nicht zu unterscheiden vermögen) — nicht anstandslos tut, was sie gerade von ihm möchten. Mir hat schon mehr als ein Reiter vorgerechnet, was er für sein Pferd bezahlt hat: «Denken Sie — es hat 5000 Mark gekostet, 1000 der Sattel, fast 3000 der Stall, der Transport 300 und die Untersuchung durch den Tierarzt 200», um dann sehr böse hinzuzufügen: «Und meinen Sie, es läßt sich richtig führen? Das ist doch Betrug!»

Meist ist es Unkenntnis. Und Interesselosigkeit an jener grundlegenden Ausbildung der winzigen Schritte, von der hier immer wieder die Rede ist.

Ich erlebte einmal einen Kurs «Pferdeausbildung in 10 Tagen» mit, den eine eminent erfahrene amerikanische Ausbilderin hier abhielt. Drei volle Tage brachte sie den jungen Pferden nichts anders bei, als ruhig stehenzubleiben, ruhig vorwärtszugehen, ruhig anzuhalten. Die Methode war bei jedem Pferd anders; einigen sehr unruhigen Vertretern machte sie ihre Absicht mit kurzen, energischen Schlägen vor das Vorderknie klar, andere wurden mit sanftester Beharrlichkeit belehrt; bei einigen war es nötig, um das Halfter eine Kette zu schlingen, um dem leichten Ruck am Führzügel mehr Nachdruck zu verleihen, — alle aber wurden ausgiebig und lange gelobt, sobald es auch nur andeutungsweise klappte. Und kein einziges der zehn jungen Pferde machte, nachdem das Antreten, Anhalten und Stehenbleiben begriffen war, bei der weiteren Ausbildung Schwierigkeiten; einige wurden bereits am vierten Tag erstmals bestiegen — und standen still wie ein Denkmal.

Beginnen Sie bei jungen oder verdorbenen Pferden stets damit, *Vertrauen* herzustellen: Berühren Sie es leise streichelnd am ganzen Körper, an den Beinen, unter dem Bauch. Es darf nirgends zurückzucken. Wiederholen Sie das ganz ruhig, loben Sie, sagen Sie weiche, sanfte Worte, geben Sie einen Leckerbissen. Wiederholen Sie am andern Tag die Prozedur mit der langen Gerte, vor der es keine Angst haben sollte. Beginnen Sie damit an jenen Stellen, die es akzeptiert, und arbeiten Sie sich langsam vor.

Eine gute Lektion ist es, das Pferd einfach an die Hand zu nehmen und neben sich stehen zu lassen, während man sich unterhält; dabei reguliert die Hand am Führzügel wie nebenbei etwaige Bewegungen der Unruhe. Wichtig ist, daß am Ende das Pferd ganz still steht — also weder kleine Schritte vorwärts, rückwärts noch zur Seite macht. Wie wir inzwischen wissen, fällt das dem Bewegungstier Pferd von Natur aus schwer. Hat es gelernt, daß es ganz still stehen muß (ohne dabei angebrüllt oder gezerrt zu werden), so hat es zugleich die wichtigste Lektion der gesamten künftigen Ausbildung gelernt: daß nämlich der Mensch es zwingen kann, ihm wider seine Natur zu gehorchen.

Wir merken uns: Nichts ist dümmer, als mit einem Pferd — zumal einem jungen — zu *kämpfen*. Es lernt dabei nur die eigene Kraft kennen und nutzen. Wenden Sie immer nur soviel Energie an, wie Sie auch durchsetzen können. Versuchen Sie es zuerst immer mit sanfter Bestimmtheit und steigern Sie Ihre Maßnahmen graduell.

Anführen, Anhalten

Es gibt verschiedene Möglichkeiten, Pferde zum Antreten zu veranlassen und sie wieder anzuhalten.

a. Man faßt den Führzügel dicht am Pferdekopf mit der rechten Hand an, sagt deutlich: «Komm!» und gibt einen leichten Zug nach vorn-unten (Abb. 195). Das Pferd weicht dann dem Druck auf das Genick und tritt an. Die Hand hat längst nachgegeben, denn es handelt sich ja nur um ein Zeichen. Tritt das Pferd nicht sofort an, wiederholt man Wort und Zupfen noch ein-, zweimal — und lobt gleich: «Guut soo!», wenn der erste Schritt erfolgt.

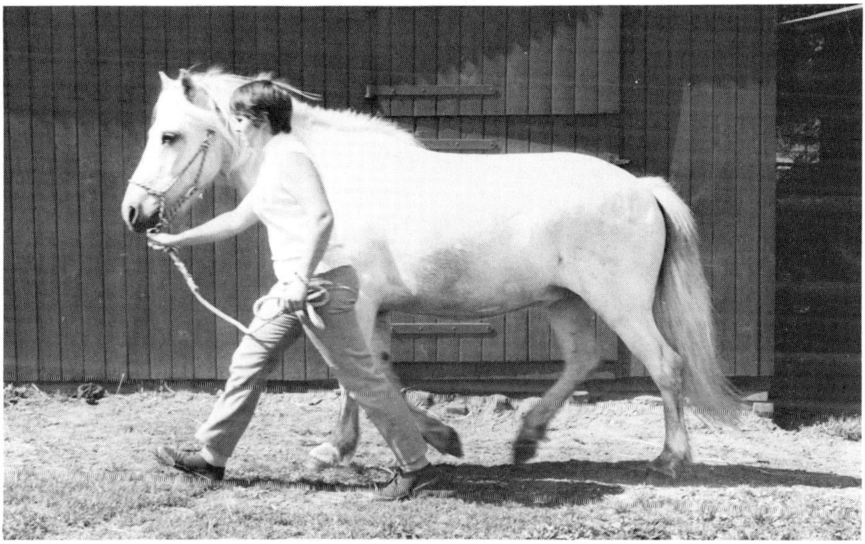

195 *Gewöhnung des willigen Pferdes ans Führen*

Die Linke hält das in Schlaufen gelegte Ende des Führseils. Der Führende geht immer neben der Schulter des Pferdes.
Stürmt das Pferd allzu heftig vorwärts, zupft man sofort rückwärts — notfalls mehrmals und immer dann, wenn die erste heftige Bewegung sozusagen im Anrollen ist. Hat das Pferd erst zwei, drei heftige Schritte getan, muß der Führende gar selbst schon rennen, ist es oft kaum mehr möglich, das Pferd zu halten. (Und es hat gleich zu Anfang der Ausbildung gelernt, sich erfolgreich dem Menschen zu widersetzen.) Ein paar kurze Rucke am Zügel, mit sofortigem Nachgeben verbunden, sind — äußerste Konzentration des Führenden vorausgesetzt — immer erfolgreich. *Ziehen* hingegen erzieht nur Gegenzieher: und in der Kraftanwendung ist das Pferd dem Menschen allemal überlegen.
Zum Anhalten wird der Ruck etwas verstärkt und gleichzeitig: «Haalt!» gesagt. Wiederholen, wenn das Pferd nicht gleich steht. Nicht ziehen! Sofort nachlassen und loben.
b. Es gibt Pferde, die sich ziehen lassen oder einfach stehenbleiben. In diesem Fall legt man die Leine (oder die Zügel) ganz in Schlaufen und

nimmt sie, dicht am Pferdekopf, in die rechte Hand. In die Linke nimmt man die lange Gerte und tippt nun das Pferd ziemlich weit hinten damit an (Abb. 196).

196 *Gewöhnung des störrischen Pferdes ans Führen*

Achtung: Immer in Schulterhöhe bleiben. Nie vortreten und ziehen! Das Pferd zieht sofort zurück oder versucht gar zu steigen. Nicht wütend werden! Nicht aufregen! Gelassen neben der Schulter bleiben, erforderlichenfalls einen Helfer bitten, mit noch längerer Gerte (am besten Fahrpeitsche) schräg hinten neben dem Pferd zu gehen und es von hinten anzutippen. Nicht schlagen — es könnte einen Satz machen, den Führenden umreißen, davonlaufen...

c. Klappt auch das nicht, so nimmt man Zuflucht zum «Komm-mit» (Abb. 197). Das ist ein entsprechend langes, möglichst dickes und glattes Seil, an dessen Ende eine Schlinge ist, die sich nicht zuziehen kann. Man legt es, wie auf dem Foto gut zu sehen, um die Hinterhand des Pferdes, fädelt das andere Ende hinter dem Widerrist durch die Schlinge und zieht es durch den Ring am Halfter oder durch den Trensenring.

Die rechte Hand hält das vordere Ende und zupft leicht daran, gleichzeitig sagt man: «Komm!». Sofort nachlassen; notfalls wiederholen. Reagiert das Pferd nun, nimmt man auch Zügel oder Führleine in die

rechte Hand und zupft an beidem gleichzeitig, bis das Pferd schließlich allein auf den Zug am Zügel antritt und weitergeht.
Der «Komm-mit» ist ein vielseitig verwendbares, sehr pferdefreundliches Hilfsmittel. Es wirkt bei manchen Pferden besser direkt unter dem Schweif, bei anderen tiefer.

197 *Gewöhnung des schwierigen Falles ans Führen*

Ganz allgemein gilt: Immer die gleichen Kommandos gebrauchen, ruhig anfangen, alles mehrmals wiederholen und nicht glauben, eine einzelne Lektion bringe schon dauernden Erfolg.
Es empfiehlt sich, alle Übungen mit jungen Pferden auf einem eingezäunten Platz oder einer Wiese durchzuführen; denn je nach Temperament des Einzeltieres und/oder Ungeschicklichkeit der Trainer geschieht es immer wieder, daß sich eines losreißt und davonstürmt. Es ist dann sowohl ungefährlicher als auch weniger zeitraubend, wenn man es schnell wieder einfangen kann.
Pferde, die sich der Beeinflussung durch Seitwärtstreten entziehen, arbeitet man konsequent an der Einzäunung entlang. Hat man ein erfahrenes älteres Pferd und einen Helfer zur Hand, kann man sich meist viel Arbeit ersparen, wenn man die beiden voran- und das junge Pferd

hinterhergehen läßt. Natürlich muß man dann mit dem Helfer gut eingespielt sein, damit beide Pferde beim gleichen Kommando antreten und anhalten. Nach einigen Tagen wird die Lektion aber unbedingt allein weitergeübt. Zum Schluß ist es vorteilhaft, wenn zwei oder mehrere Pferde durcheinandergeführt werden, so daß sie alle lernen, einzig und allein den Anweisungen des eigenen Führers, nicht aber den anderen Pferden zu folgen.

198 *Führen am langen Zügel*

Dieses Führen am *kurzen Zügel* wird, wie wir noch sehen werden, bei offiziellen Anlässen verlangt. Der Freizeitreiter aber, der sich oft auch in fremdem, manchmal unwirtlichem Gelände bewegt (Wanderritte usw.) und zu Hause sein Pferd dauernd von der Weide holt und dorthin zurückbringt, sollte ihm unbedingt auch beibringen, daß es ihm am *langen Zügel* willig folgt (Abb. 198). Das Seil wird dann sehr lang gelassen, das Ende, in Schlaufen gelegt, in der Hand gehalten. Manche Pferde bleiben (mindestens zu Anfang) beim leisesten Anlaß stehen oder springen über eine Pfütze, machen einen kleinen Satz zur Seite. Die Länge des Seils erlaubt ihnen das, ohne daß der Führer gleich umgerissen wird. Zum Antreten sagt man das vertraute: «Komm!» und geht los, ohne sich umzublicken. Es ist dem Pferd natürlich, dem «Leittier» zu folgen; dreht man sich um und blickt es an, wirkt das sofort als «Sperre», und es bleibt stehen.

Ein Beispiel: Bei der Arbeit mit Wildpferden im Merfelder Bruch geschah es einmal, daß wir die ganze zweihundertköpfige Herde an einen bestimmten Platz treiben wollten. Sechs erfahrene Männer trieben von hinten mit Rufen und Klatschen die Pferde an: über ein Stück Weideland, durch eine Kiefernschonung. An deren Ende blieb die Herde wie ein Tier stehen und war nicht zum Weitergehen zu bringen: Vorn hatte der Hengst sich umgedreht und *sah die Stuten an.* Sie standen wie eine Mauer und liefen erst weiter, als es uns gelungen war, den Hengst zum Umdrehen und Weitergehen zu veranlassen.

Das Zügelende gehört stets in die Hand; es darf nicht am Boden nachschleifen, da sowohl der Mensch als auch das Pferd beim Laufen darauf treten könnten.

Achtung: Viele Unfälle geschehen beim Verlassen der Box durch zu enge Türen oder beim Passieren von Engstellen im Gelände! Grund dafür ist, daß den Pferden nie beigebracht wurde, *ruhig zu folgen.* Sie stürmen entweder gleichzeitig mit dem Führer durch die Tür und bringen seine Hüftknochen in Gefahr, oder sie treten ihm, hastig hinterherspringend, auf die Füße. Es zahlt sich immer aus, *für die Übungen grundlegenden Verhaltens genügend lange Ausbildungszeit einzuplanen.*

Zu dieser Grundausbildung gehört es zu allererst, daß jedes Pferd lernt, ruhig zu stehen, auf leichtes Zeichen anzutreten und neben oder hinter dem Führenden herzugehen, um dann — wieder auf leichtes Zeichen — anzuhalten.

2. Richtig vorführen

Es gibt verschiedene Anlässe, bei denen es sich bezahlt macht, das richtige Vorführen zu beherrschen. Ich nenne nur Zuchtschauen mit Eintragungen von Hengsten, Stuten und Fohlen in unterschiedlich hohe Stufen des jeweiligen Zuchtbuches, Prämierungen mit unterschiedlich hohen Prämien, Reiterspiele, bei denen das Pferd streckenweise an der Hand geführt werden muß, und schließlich den Verkauf. In all diesen Fällen präsentiert sich ein gut herausgestelltes, gut vorgeführtes Pferd allemal besser als eines, das gar nicht weiß, was los ist und infolgedessen entweder störrisch stehenbleibt, aufgeregt losstürmt, bummelig daherwackelt, zackelt, sich nicht ruhig besichtigen und untersuchen läßt.

Was also muß man tun, um ein Pferd maximal zu präsentieren?

Zunächst einmal muß man sich *genügend Zeit* nehmen zum Trainieren. In den USA gibt es bei allen sportlichen Pferdeveranstaltungen zusätzlich eine große Zahl von «Halterklassen», bei denen es ausschließlich darum geht, das am besten vorbereitete, sich am besten darstellende Pferd zu bestimmen.

Dafür sind hohe Geldpreise ausgesetzt, und es gibt für die Vorbereitung professionelle Trainer, die sich oft jahrelang mit der Ausbildung befassen. Die Pferde sind dann wahre Standbilder: glänzend, muskelprall, aufs i-Tüpfelchen frisiert, mit gespitzten Ohren, makellos beschlagenen Hufen, blanken Augen. Und auf ein Wort des Richters explodieren sie an der Hand des Vorstellers zu brillant kadenziertem Trab mit hoher weiter Aktion, dabei am Seidenfaden gehend und umgehend wieder zum Denkmal erstarrend...

Das ist schön anzusehen, aber im normalen Umgang mit Pferden natürlich nicht nötig. Uns genügen ein paar Wochen, in denen wir die einzelnen Lektionen jeweils ein paarmal üben.

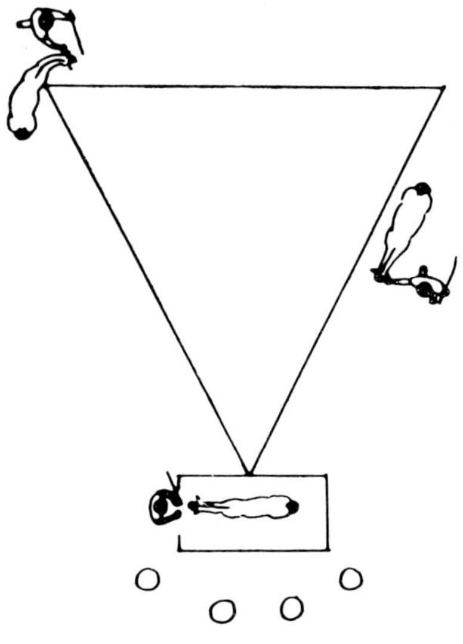

199 *Vorführ-Dreieck*

Die Anforderungen

Bei Zuchtschauen und Prämierungen werden die Pferde immer auf einem Dreieck gezeigt; will man einem Kaufinteressenten ein Pferd zeigen, empfiehlt sich die gleiche Form. Bei der Schau ist das Dreieck meist mit Sägemehl ins Gras gezeichnet; am spitzen Ende wird das Pferd in einem

gezeichneten oder gedachten Rechteck aufgestellt; die Kreise zeigen, wo die Richter stehen (Abb. 199).
Das Pferd soll nun zunächst, etwa 3 m von den Richtern entfernt, so aufgestellt werden, daß das innere (den Betrachtern zugekehrte) *Beinpaar* etwas weiter auseinandersteht als die Beine der anderen Seite: So sieht der Beurteiler immer alle vier Beine zugleich. Bei kleinen, rundlicheren Pferden wird der *Kopf* eher ein wenig abwärts-vorwärts gezogen, damit der Hals länger und schmaler, die Rückenlinie gestreckter wirkt. Bei großen Pferden mit gutem Hals achtet man darauf, daß der Kopf höher getragen wird. In beiden Fällen aber soll die Haltung anmutig sein; erzwungene Verrenkungen enden in Hirschhals und Senkrücken.
Häufig wird die Vorführung des *Schrittes* nicht entlang den Linien des Dreiecks, sondern auf einer Geraden von 10—20 m senkrecht von den Richtern weg und — nach rechtsum kehrt — wieder senkrecht auf sie zu verlangt. Das Pferd soll dabei geradeaus gehen und energisch vorwärtsschreiten. Abgebogener Hals (zu kurz oder ungleichmäßig lang gefaßte Zügel), bummeliges Schreiten (Nachziehen am Zügel) oder zu hastiges Gehen (krampfhaftes Verhalten des Führers) gelten als Fehler.
Der *Trab* wird entlang den Seiten des Dreiecks (ca. 20 m) vorgeführt; in den Ecken geht der Führende um das Pferd herum (er muß also schneller laufen als das Pferd). Bummeln, widerwilliges Zurückziehen, aber auch hastige oder zu flache Bewegungen sind Fehler.
Zusammenfassend wird also verlangt: Ruhiges Stehen auf allen vier Beinen, williges Antreten, Laufen mit raumgreifenden, taktklaren Schritten im Schritt und im Trab. Letzteres bedeutet für den Führenden bei großen, lebhaften Pferden schon eine sportliche Leistung! Nicht nur das Pferd muß also trainiert werden, sondern auch der Vorführer.

Aufstellen: geschlossen und offen

Man nennt den Stand *«geschlossen»*, wenn das Pferd so auf allen vier Beinen steht, daß die beiden Vorder- und die beiden Hinterbeine sich fast decken (Abb. 200) oder ein Hinterbein leicht zurückgestellt ist. Dies ist die dem Pferd natürlichste Stellung; sie ist richtig für das normale «Ruhig stehenbleiben».
Um sie zu erzielen, stellt man das Pferd auf eine ebene Stelle, möglichst nicht in Sicht- oder Hörweite herumtobender Artgenossen. (Auf unseren Abbildungen ist es ein stiller Feldweg, auf einer Seite begrenzt durch ein Maisfeld; eine Einzäunung oder eine Hauswand eignen sich als

Begrenzung auch.) In unserem Falle ist das Pferd auf ein Stangengebiß gezäumt; man kann es also nicht vermittels des Zügels zum Vor- und Zurücktreten veranlassen. So bleibt nur das Rückwärtsrichten mit Handhilfen.

Dazu stellen Sie sich vor das Pferd, legen ihm eine Hand flach auf die Nase und drücken ihm die geballte Faust ein paarmal weich aber nach-

200 *Geschlossener Stand*

201 *Zurückrichten zum «Ruhig stehenbleiben» — auf eine Art ...*

drücklich gegen den Halsansatz (Abb. 201) — freilich nicht so nachdrücklich, daß Ihr Druck gleich Gegendruck erzeugt und das Pferd stur dagegendrückt. Manche Pferde reagieren am besten auf wiederholtes gleichzeitiges Drücken gegen die Nase und Stupsen der Faust mit sofortigem Loslassen.

Sie können sich auch neben das Pferd stellen, eine Hand leicht um den oberen Teil der Nüstern legen und mit dem Daumen der anderen Hand gegen den spitzen Knochenwinkel zwischen Schulterblatt und Oberschenkel stoßen (Abb. 202). Die Hand auf den Nüstern schließt und öffnet sich leicht in Übereinstimmung mit dem Daumendruck.

Natürlich begleiten Sie Ihre «Tätlichkeiten» immer mit wiederholt ausgesprochenem: «Zuuuurück!» und belohnen das Zurücktreten mit lobendem Klopfen des Halses und ein paar guten Worten.

202 *und auf andere Art*

Auf Schauen und ähnlichen Veranstaltungen wird der *«offene* Stand» verlangt; die Gründe nannte ich schon. Ihn am Ende auf Anhieb richtig zu erzielen, verlangt bei der Vorbereitung etwas mehr Geduld.

Wieder suchen Sie einen Ort mit ebenem Boden und seitlicher Begrenzung aus und stellen das Pferd zuerst einmal ruhig hin, stellen sich selbst vor seinen Kopf und sprechen ihm leise gut zu («hooola, hooola») und lassen es volle 5 Minuten so stehen. Hat es das begriffen (was einige Tage

dauern kann), so beginnt man, es sachte vor- oder zurückzubewegen. Man zäumt es dazu am besten mit der Trense auf.
Nun nehmen Sie in jede Hand ein Zügelende, etwa 10 cm hinter dem Trensenring, und ziehen das Pferd entweder einen halben Schritt vor oder drücken es einen halben Schritt zurück, bis es richtig steht (Abb. 203). Kräftig loben!

203 *Zurückrichten zum offenen Stand*

Hat man einen Helfer, kann man auch anders vorgehen. Während der Helfer das Pferd vorn hält, nimmt man selbst jedes Bein einzeln auf und setzt es auf die gewünschte Stelle. Das ist für Trainer und Pferd nicht gerade brennend interessant, bringt aber mit Geduld gute Resultate. Nach einigen Lektionen dieser Art, die stets mit viel Lob enden, nimmt man eine lange Gerte zur Hand und tippt damit gegen die Fessel des Beines, das vor- oder zurückgesetzt werden soll: vorn klopft man von hinten in die Fesselbeuge, hinten umgekehrt. Zuerst weiß das Pferd nicht, was das bedeuten soll, doch wenn man ein paarmal mit der Hand noch nachhilft, begreift es, daß das Bein bewegt werden soll. Das alles kann Wochen in Anspruch nehmen, hat aber den Vorteil, daß das Pferd jederzeit korrekt hingestellt werden kann und beim Training lernt, mitzudenken.
In allen Fällen tritt der Halter, sobald das Pferd richtig steht, einen halben Schritt zurück, um den Kopf nicht zu verdecken (Abb. 204). Das

Pferd präsentiert sich in natürlich aufgerichteter Haltung (bzw. mit leicht nach vorn-unten gezogenem Hals) und gespitzten Ohren am besten.

Um das zu erzielen, gibt es diskrete «Letzte-Augenblick-Hilfen»: ein leises Pfeifen oder Schnalzen, leichtes Annehmen der Zügel nach oben,

204 *Offener Stand*

205 *Letzte Korrektur der Kopfhaltung*

einen leisen Klaps mit den Zügelenden unter das Kinn (Abb. 205). Das gilt natürlich nur für die Schau. Zuhause muß die tadellose Kopfhaltung wiederum gut geübt werden. Als Pferdefotograf mit einschlägiger Erfahrung weiß ich, wieviel man sich einfallen lassen muß, um die Aufmerksamkeit eines apathischen oder lustlosen oder gelangweilten Pferdes zu erwecken. Da wird mit Schlüsselbunden gerasselt, Wiehern nachgeahmt, mit Taschentüchern gewedelt, da klappern Topfdeckel aneinander oder rascheln Zeitungen. Mal hilft dies, mal jenes. Am sichersten wirkt das Schütteln von Hafer in einem vertrauten Eimer — ihm ist auch das müdeste Pferd plötzlich munter zugewandt.
Achtung: Nicht übertreiben. Alle genannten Effekte verlieren bei zu häufiger Wiederholung ihre Wirkung!
Um bei Schauen und Vorführungen mit den oben erwähnten leiseren Mitteln Erfolg zu haben, geben Sie beim Üben stets ein Zeichen mit der Stimme (Schnalzen, Flöten), damit Ihr Pferd schließlich schon darauf reagiert. Sie können ja zur Schau kein eigenes Küchen-Orchester mitbringen.

Schritt und Trab

Der Vorführer geht stets außen, wenn das Pferd auf den Seiten des Dreiecks im Schritt und im Trab vorgeführt wird. Er greift mit der rechten Hand beide Trensenzügel etwa eine Handbreit hinter den Ringen und nimmt dabei den rechten Zügel etwas kürzer, damit der Pferdekopf ganz leicht nach rechts gestellt ist; die linke Hand hält das Zügelende und die lange Gerte zum Antreiben.
Man geht im Gleichschritt mit dem Pferd zügig voran, ohne das Pferd anzuschauen, und hilft bei störrischen oder faulen Tieren kurz mit der Gerte nach, ohne das Schrittempo zu ändern.
Beim anschließenden Trab kommt es darauf an, zu zeigen, was an Gang und Temperament im Pferd steckt. Ein guter Vorführer muß schneller laufen können als sein Pferd! Und er braucht eine feste, aber gefühlvolle Hand. Niemals darf er den Zügel durchgleiten lassen, weil er mit langen Zügeln die Gewalt über das Tier verliert. Korrektes Vorführen geschieht stets im Gleichschritt; ist er gestört, muß er sofort wieder hergestellt werden. Ungeschickte Vorführer laufen nicht schnell genug und ziehen den Kopf des Pferdes dadurch nach links. Das Pferd läuft dann schief.

Wendungen

Für den Freizeitreiter erweist es sich als praktisch, wenn das Pferd ihm in den Wendungen folgt, das heißt wenn es sich um den Führer dreht

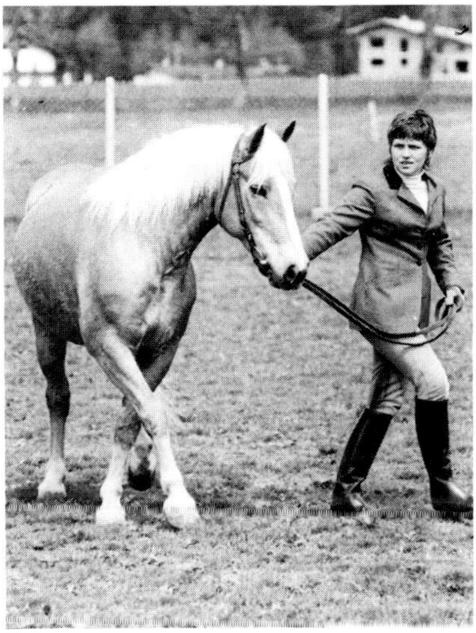

206 *Das Pferd folgt dem Führer in die Wendung — praktisch, aber bei offizieller Vorführung nicht erlaubt*

207 *Korrekte Wendung*

208 *Trainieren der korrekten Wendung*

(Abb. 206). Dieser übersieht so das Gelände besser, und das Pferd hat auch vor Unbekanntem oder Furchterregendem weniger Angst, wenn es, wie gewohnt, seinem Reiter oder Pfleger nachgehen kann.
Bei offiziellen Vorführungen ist diese Art des Wendens bei uns nicht erlaubt: Der Führende muß dem Pferd in die Biegungen folgen, nicht umgekehrt (Abb. 207). Dazu drückt man den Pferdekopf nach rechts und geht außen im größeren Bogen mit (Abb. 208). Das muß vor allem bei trägen Pferden gut geübt werden, da aus dieser Position heraus die lange Gerte außen kaum angewendet werden kann.

3. Fohlen auf der Schau

Bei Fohleneintragungen in das Zuchtbuch müssen die Fohlen neben der Stute vorgeführt werden. Das kann wenige Tage bis einige Monate nach der Geburt erforderlich werden. Der Termin richtet sich nach den festen Reiseplänen der Eintragungskommission. Es kann also sein, daß man mit einem ganz jungen Fohlen zur nächsten Stutenschau fahren muß. Stute und Fohlen sollten schon frühzeitig (nicht erst am Morgen der Veranstaltung!) vorbereitet werden auf das, was sie können müssen: korrekt im Schritt und Trab nebeneinander hergehen.
Dazu bringt man beide in einen kleinen Auslauf oder in den Stall und

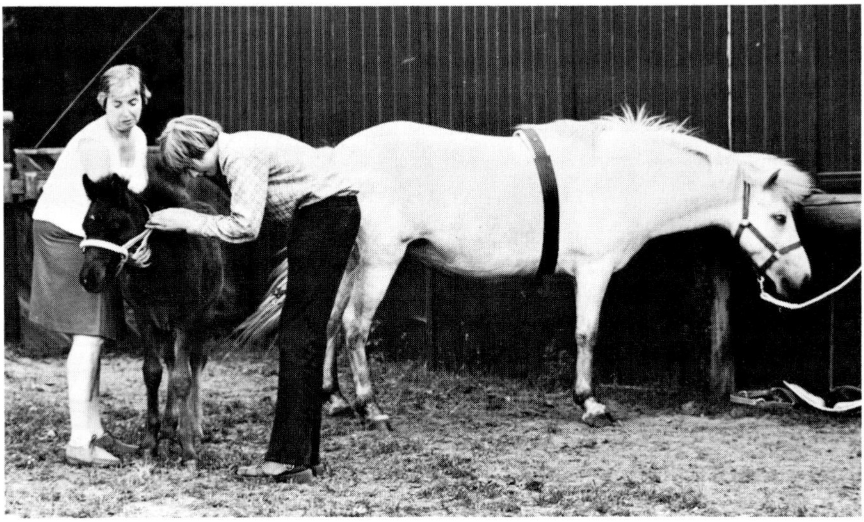

209 *Erste Vorbereitung zum Fohlen-Vorführen*

bindet zuerst die Stute fest an, damit es kein Gejage gibt. So ruhig wie möglich drängt man mit einem oder mehreren Helfern das Fohlen in eine Ecke und hält es dort fest: ein Arm greift ihm um den Hals, der andere hält das Schwänzchen hoch. Ein Helfer legt ihm dann ein stabiles (ledernes) Fohlenhalfter an und verpaßt es so, daß es auch bei starkem Zurückzerren nicht vom Kopf rutscht (Abb. 209).
Die Stute bekommt einen Schaugurt umgelegt, der am Widerrist beidseitig gepolstert ist. Er muß ziemlich fest angezogen werden (natürlich nicht mit einem Ruck!), weil das Fohlen mit einem neuen, festen Strick daran festgemacht wird. So bleibt es eine Weile neben der Mutter stehen (Abb. 210).

210 *Schon gelernt: Ruhig neben der Mutter stehen*

Anschließend wird die Stute geführt. Die meisten Fohlen stellen sich dabei — vor allem, wenn sie vorher nicht angefaßt waren — störrisch an und beginnen, rückwärts zu ziehen und herumzuzappeln (Abb. 211). Dann hilft ein ruhiger Helfer mit einer langen Gerte, sachte antippend, nach. *Vorsicht:* Weit genug seitlich und hinter dem Fohlen gehen (Abb. 212) — Fohlenbeine sind lang, wenn sie ausschlagen! Nie wirklich zuschlagen — nur antippend zum Vorwärts- und Weitergehen auffordern! Gut zureden. Den Rest erledigt die Mama, die sich meist von den Kapriolen des Sprößlings nicht stören läßt.

211 *Das Folgen hinter der Mutter ist schon schwieriger*

212 *Die lange Gerte hilft nach*

Nach einigen Runden im Auslauf haben die Kleinen meist begriffen, um was es geht. Loben, noch eine Weile angebunden stehenlassen — und anderntags wiederholen. Klappt es im Schritt, versucht man es im Trab. Diese kleine Mühe (die in Wirklichkeit viel Spaß macht) lohnt sich reichlich, wenn bei der Stutenschau sich ein gepflegtes, gut herausgebrachtes Paar willig vorführen läßt.

4. Aus der Trickkiste

In den wenigen Minuten der Vorführung, zum Beispiel auf einer Zuchtschau, wird oft über Jahre des Züchtens, Fütterns, Pflegens und Übens entschieden. Folgende Punkte sollten deshalb bedacht werden:

- Fette Pferde wirken schlecht: Muskeln hingegen lassen ein Pferd besser aussehen. Deshalb vor Schauen Pferde viel bewegen: unter dem Sattel oder als Handpferde.

- Am Schmied sollte nicht gespart werden. Manche Beurteiler schauen zuerst auf die Hufe! Auch die Bewegungen hängen weitgehend vom guten Zustand der Füße ab. *Achtung:* Den Schmied nicht am letzten Tag kommen lassen — manche Pferde gehen mit neuen Eisen eine Weile klamm.

- Keine Halfter mit Nasenriemen oder Sperrhalfter benutzen: Der Pferdekopf wirkt am vorteilhaftesten mit möglichst wenig Lederzeug (das möglichst gut gepflegt sein sollte).

- Vorsicht bei der Fütterung: Kleine Hafermengen als Zulagen können ein faules Pferd ein bißchen lebhafter machen — zuviel Hafer für ohnehin nervige oder schwierige Pferde läßt den Vorführer hingegen ins Schwitzen kommen!

- Zaumzeug und Zügel nicht frisch einfetten: Fett könnte Spuren am Pferdekopf hinterlassen und macht die Zügel so glatt, daß sie dem Führenden leicht aus der Hand rutschen.

- Bei manchen Veranstaltungen hilft ein Peitschenknaller, die Pferde zu lebhafteren Gängen zu bringen. Das ist nicht gefährlich, aber die Pferde müssen zu Hause an das Knallen gewöhnt werden.

- Das Vorführen sollte möglichst an verschiedenen Orten geübt werden: Was zu Hause, am vertrauten Platz, klappt, kann bei der Schau sonst durchaus schiefgehen.

Straßensicher machen 8

1. Gewöhnung an die fremde Welt

Die Welt, in der unsere Pferde heute leben, wird immer pferdefremder. Aus der Welt des Lebendigen wurde eine Welt toter Technisierung, an die selbst wir Menschen — die sie schaffen — uns kaum gewöhnen können. Das Pferd, das zur Alltagsarbeit so gut wie gar nicht mehr gebraucht und von uns nur zu unserem Vergnügen gehalten wird, hat darin keinen natürlichen Platz mehr. Im Gegenteil: Es droht ihm, wenn wir uns nicht schleunigst besinnen, das Ende im Gefängnis! In dunkler, enger Box schließen wir das freie Steppentier aus unserem Leben komplett aus und holen es nur stundenweise hervor, um es in der weltlosen Halle geistverödend herumzureiten. Machen wir dann aber doch einmal einen seltenen Ausritt, wundert, ja erzürnt es uns, wenn es sich vor Geräuschen, Gerüchen, Gestalten und Objekten und deren Bewegungen fürchtet, vor ihnen scheut und davonläuft.
Wenn wir unseren Verstand gebrauchen, müssen wir uns sagen, daß es an uns liegt, dem Pferd so viel wie nur eben möglich von seiner natürlichen Umgebung zurückzugeben, es so viel wie nur möglich an der fremden Welt teilnehmen zu lassen und es auf alle nur denkbaren Begegnungen mit seiner Umwelt sorgfältig vorzubereiten.
Das beginnt — wenn wir Züchter sind — schon beim *Fohlen.* Das Bestreben geht immer noch zu sehr dahin, junge Tiere abzuschirmen, sie auf abgelegene Weiden zu treiben, ihre Stallungen so zu legen, daß Stuten und Fohlen ganz unter ihresgleichen bleiben. Zu einer Zeit, wo unsere Umwelt noch ruhiger und gemächlicher war, mochte das richtig sein; heute ist es eindeutig falsch. Es ist immer nützlich, das

junge Tier an Ungewöhnliches bereits zu einer Zeit zu gewöhnen, wo es noch neben der (hoffentlich gut geschulten, gelassenen) Mama läuft und ihr vertrauensvoll auch da folgt, wo es sich allein fürchten würde.
Alles, was neu in die vertraute Welt kommt, sollte man ihm zeigen: die Maschinen, die auf der Weide Heu machen, den Lastwagen, der Stroh und Futter bringt, Traktoren und alle Arten von Autos. Am besten plaziert man diese Ungeheuer so, daß man auf dem Weg in den Stall oder auf die Weide unbedingt daran vorübergehen muß. Je unbekümmerter man selbst, die Stute oder das Jungpferd führend, vorangeht, um so schneller verliert das Jungpferd seine Angst.
Stehen Stute und Fohlen stundenweise im Stall und hat dieser (was selbstverständlich sein sollte) eine halb zu öffnende Tür, so fährt man das eigene Auto dicht heran, läßt den Motor laufen, hupt ab und zu (Abb. 213). Anfänglicher Schreck wird bald zu völliger Gleichgültigkeit, und man wiederholt den Vorgang nun im Auslauf, auf der Weide, fährt mit dem Auto zur Weide voran oder hinten nach und hupt gelegentlich.

213 *Gewöhnung schon des Fohlens an Anblick und Lärm von Autos*

In sinnvollem Aufbau beginnt man, sobald sich das junge Pferd an die Hand gewöhnt und Vertrauen zu seinem Pfleger gefaßt hat, das heißt sowie es sich problemlos *einfangen, aufhalftern, anbinden, putzen, die Hufe aufnehmen und führen läßt,* die Ungefährlichkeit der Welt bis in Einzelheiten zu demonstrieren:

- Man kombiniert «Futter» und «Unbekanntes», indem man zum Beispiel ein Moped anläßt, ehe man Futter in die Raufe gibt. Von Mal zu Mal schiebt man das knatternde Ding näher heran, bis das Pferd ungestört vom Lärm weiterißt.

- Man hält es dann im Auslauf am Halfter, unterhält sich mit ihm und läßt das Moped immer engere Kreise ziehen um Mensch und Pferd.

- Man führt es an ein Auto mit laufendem Motor heran und läßt von einem Helfer ein Paar Leckerbissen aus dem Autofenster herausreichen.

- Man legt dem Jungpferd ein paar Brotstücke auf die Motorhaube des Autos und läßt den Motor an; man stellt schließlich die Futterschüssel dorthin und kann bald beim Fressen sogar hupen: zuerst ganz leise antippend, am Ende lauter.
  Achtung: Hat das Pferd Angst, stellt man den Motor nicht ab, legt aber die Leckerbissen etwas weiter entfernt hin. Nach und nach wird die Entfernung verringert.

- In der Kombination mit Futter gewöhnt man allmählich das junge Pferd an alle möglichen Gegenstände der Angst: Man legt eine Möhre, ein Stück Zucker oder Brot auf die Fensterbank, auf ein umgekipptes Faß, auf einen Stoß Autoreifen, auf den Schmiedeamboß.

- Vertraut es all diesen Ungeheuern, so beginnt man, Geräusche zu erzeugen: Man klopft gegen die Tonnenwand, öffnet das Fenster, schlägt leise auf den Amboß. Es dauert nicht lange, und auch das wird akzeptiert.

- Man stellt eine Schüssel mit Futter so auf, daß ein Auto in größerem Abstand, dann näher vorüberfahren kann. Während der Pfleger das Pferd am Halfter hält und ruhig mit ihm spricht, lenkt ein Helfer das Auto in unterschiedlichen Abständen vorüber und hupt gelegentlich.

- Als nächstes führt man das Pferd so an eine befahrene Straße heran, daß es von sicherem Platz aus die entgegenkommenden und vorübersausenden Autos sehen kann. (Hat man die Möglichkeit, das Pferd eine Weile auf einer Weide in Straßennähe grasen zu lassen, so ist das eine sehr gute Vorbereitung.)

- Handelt es sich nicht um ein Fohlen, sondern um ein neugekauftes älteres Pferd, das nicht verkehrssicher ist, so kann man damit

214 *Zunächst wird an das stehende Fahrzeug geritten*

215 *Nun darf Lärm gemacht, gehupt werden*

beginnen, ein Auto oder einen Traktor auf eine Wiese oder den Reitplatz zu fahren und das Vehikel während des Reitens dort stehenzulassen. Man reitet Zirkel und Schlangenlinien (Abb. 214), ohne sich um das Vehikel zu kümmern. Nach einer Weile vergißt auch das ängstliche Pferd sein Vorhandensein; dann kann man den Motor anstellen, den Wagen ein wenig vor- und zurückfahren lassen, hupen (Abb. 215). Wie wir schon eingangs erfuhren, haben ja alle Pferde von Natur aus die Eigenschaft, Fremdes, das nicht wehtut, nach einer Weile als bekannt zu akzeptieren (Abb. 216). Anders hätten sie nicht Millionen Jahre überleben können, sondern wären längst als nervöse Wracks ausgestorben.

216 *Das unheimliche Ungetüm jagt keinen Schrecken mehr ein*

Bei jeglichem Training mit fahrenden Autos, Mopeds, Fahrrädern und ähnlichem muß man natürlich sorgsam darauf achtgeben, daß die Fahrzeuge nicht so dicht an das Pferd herangebracht werden, daß es erschrecken, ausschlagen und sich verletzen könnte! Alle Ratschläge sind in jahrelanger Praxis erprobt und haben dabei nie zum kleinsten Unfall geführt; sie wurden aber auch mit Überlegung und viel, viel Geduld durchgeführt. Man darf nur in kleinen Schritten vorgehen, muß sofort aufhören, wenn eine Furcht überwunden wurde, und beginnt dann die nächste Lektion mit dem, was beim letzten Mal gut geklappt hat.
Wir sprachen schon eingangs davon, daß Pferde stets erneut erschrecken

können, wenn schon Vertrautes von einer anderen Seite angegangen wird, wenn es in anderem Licht erscheint, eine andere Farbe hat. Daran müssen wir auch hier denken und uns nie wundern, wenn unser Pferd sich erneut beharrlich weigert, an etwas vorüberzugehen, das es gestern anstandslos passierte. Wir wissen ja, wie tief die Furcht im Wesen des Pferdes verankert ist — und daß Zeit und Verständnis dazu gehören, sie vergessen zu machen.

Mittlerweile sind wir bei der Ausbildung soweit, daß ein paar Helfer gebraucht werden, am besten Kinder, die mit Begeisterung mitmachen: sollen sie doch etwas tun, was ihnen meistens verboten wird — Radau machen! Während man das Fohlen umherführt (bzw. das ältere Pferd umherreitet), rollen sie ihm Bälle durch die Füße, klatschen in die Hände (später sind Topfdeckel erlaubt, falls das in Küche und Nachbarschaft keine Revolution auslöst). Bei allen diesen Übungen spricht der Führer oder Reiter beruhigend mit seinem Tier und klopft ihm den Hals. — Auch hier halblaut beginnen, langsam steigern.
Nach ein paar Tagen können die Kinder Tücher schwenken, mit Kieselsteinen in Blechdosen rasseln, kurz, das Pferd in allmählich verstärktem Maße an alle die Schrecken gewöhnen, die seiner «draußen» harren können.

217 *Flatternde Plastikplanen können Pferde in Panik versetzen*

Dabei müssen die Pferde auch etwas kennenlernen, was ihnen draußen zunehmend häufig begegnen wird: Kunststoffplanen. Die Bauern decken mit weißen oder schwarzen oder durchsichtigen Planen die Mieten ab und lassen lange Enden überstehen. Der Wind fährt darunter und bauscht sie auf oder bläst sie auf den Weg; sie knistern unheimlich und können Pferde panisch erschrecken (Abb. 217). Legen wir sie auf den Boden und lassen die Pferde herantreten, darauftreten, hinübergehen. Nie Zwang versuchen — das macht nur mehr Angst. Geduld haben, es von verschiedenen Seiten versuchen, sofort einen Leckerbissen zur Hand haben, ganz leicht antippend die Gerte gebrauchen. Kann ein erfahrenes Pferd vorangehen — um so besser!

Hat man ein Fohlen schon früh als Handpferd mitgenommen, ist die Hälfte dieser Arbeit bereits geleistet. Andernfalls kann man es — falls ein zuverlässiges Führpferd mit gutem Reiter da ist — nun daran gewöhnen, als Handpferd mit ins Gelände zu gehen. Mit Vernunft, selbstverständlich: indem man langsam, auf der vertrauten Weide, anfängt, zunächst die ruhigsten Wege aussucht, nicht gleich zur Hauptverkehrszeit befahrene Straßen überquert usw.

Man nimmt dabei das Handpferd immer auf die dem Verkehr abgewandte (innere) Seite des Reitpferdes, sodaß dieses es gegen die allzu bedrohliche Nähe ratternder Ungeheuer abschirmt. Handelt es sich um ein sehr nervöses Pferd, so nimmt man es vor dem Ritt eine halbe Stunde an die Longe.

Ein verkehrsscheues Reitpferd nimmt man in den ersten Wochen nur in Begleitung eines sicheren Tieres nach draußen. Man reitet es immer an der verkehrsabgewandten Seite des Begleitpferdes und läßt dieses erst vorgehen, wenn man fühlt, daß die Angst deutlich nachläßt. Geduld ist auch hier das A und O; jeder kleinste Schritt der Gewöhnung, der aus Ungeduld übergangen wird, kann zu höchst unerfreulichen Komplikationen führen.

Geht das Pferd schließlich zuversichtlich im Verkehr voran, an Lärm und Bewegung gewöhnt, ist das Schlimmste überstanden. Was aber nicht heißen soll, daß nun keine Gefahr mehr droht! Pferde aller Größen und Altersstufen haben ihren eigenen Kopf, können schlecht aufgelegt oder widerborstig sein, dösen vor sich hin und erschrecken jählings, springen weg. Diese Gefahren sind bei Kreuzungen und höher im Blut stehenden Pferden größer; ihr Pfleger und Reiter muß mit mehr Verständnis und Können vorgehen. Und daß Stallpferde, die vom Verkehr abgeschieden dahinleben, auch wenn sie einmal die beschriebenen Stadien der Ausbildung durchmachten, stets aufs Neue echt erschrecken können, ist uns klar, wenn wir bedenken, wie die langen Wochen artfremder Boxenhaft ihre Angst vergrößern!

Die größte Gefahr droht jedoch nicht vom Pferd, sondern von seinem Führer oder Reiter. Fürchtet *er* sich (etwa davor, daß sein Pferd sich fürchten und aufregen könnte), so ist es mit Sicherheit auch um die Ruhe des Vierbeiners geschehen. Tiere haben feine Antennen für die Regungen des Menschen: Sie riechen die Angst — und lassen sich

prompt davon anstecken. Schließlich müssen sie ja glauben, der Mensch fürchte sich vor dem, was da kommt — und fürchten es selber auch. Je ruhiger und fester der Mensch das Pferd leitet, je zuversichtlicher er ihm das Signal: «Alles in Ordnung» vermittelt, umso weniger fürchtet sich das Pferd. Ich erlebe es immer wieder, daß ein und dasselbe Pferd unter verschiedenen Reitern bierruhig oder aber unsicher und sogar gefährlich erregt geht.
Natürlich beginnt man Verkehrsschulung nur auf Straßen, die einen breiten Grünstreifen haben. Die Hauptgefahr besteht immer darin, daß das Pferd sich vorn abwendet und dabei die Hinterhand in den Weg des vorüberbrausenden Autos stellt. Deswegen geht man beim Führen immer auf der dem Verkehr zugewandten Seite des Pferdes und legt ihm leicht die lange Gerte gegen die Hinterhand (Abb. 218).

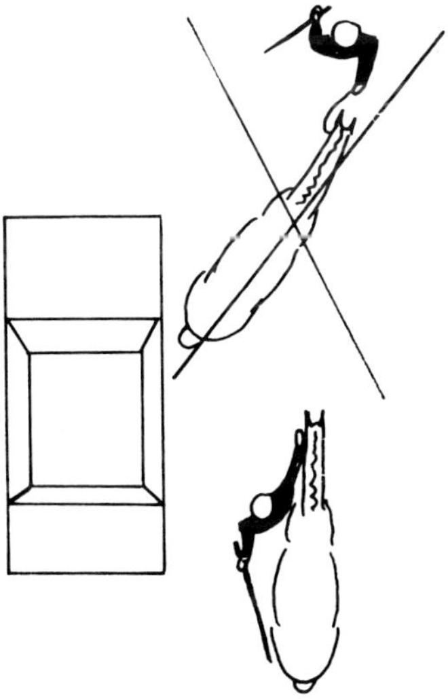

218 *Gewöhnung an den Straßenverkehr. Der Führer geht nicht* vor *dem Pferd, sondern* neben *ihm, an der dem Verkehr zugewandten Seite*

2. Auslappen

Die geschilderte langsame Gewöhnung an die fremde Welt braucht viel Zeit — die man manchmal nicht hat. Und es gehört ein Pferd dazu, das zwar ungeschickt und ängstlich, nicht aber menschenfeindlich oder sehr verdorben oder übertrieben furchtsam ist. Was also tun, wenn man ein hysterisch verängstigtes Pferd in die Hand bekommt? (Wer weiß schon, was es bei dem Vorbesitzer oder gar den Vorbesitzern alles erlebt hat?)

Die Amerikaner haben eine Methode entwickelt, die ich sehr erfolgreich — und immer mit viel Überlegung! — anwende: das Auslappen. Es soll dem Pferd durch eigenes Erleben möglichst schnell beibringen, daß
a. keine Gefahr droht,
b. Widerstand zwecklos ist,
c. es sich selbst straft, während der Mensch gut zu ihm ist (vermittels Brot).

Man braucht dazu *unbedingt:*
eine feste Anbindevorrichtung, innerhalb eines fest umzäumten Platzes;
weichen, nicht rutschigen Boden;
ein festes, gut sitzendes Halfter, notfalls kombiniert mit ledernem Halsriemen;
viele Leckerbissen einer Art, die das Pferd gerne nimmt (Möhren, Pellets, Brot);
eine leichte Kette oder einen festen Strick mit Panikhaken;
einige weitere Stricke, Bindfäden, einen Sack, Zeitungen, Besen, einen Ball, leere Konservendosen, einen knisternden Regenmantel, Lappen, eventuell eine Doppellonge;
allergrößte Ruhe, Konsequenz und Geduld;
Helfer mit gleicher Veranlagung.

Bei dieser Methode ist es geradezu gefährlich, fest zuzupacken, das Pferd zu bestrafen oder anzuschreien, die Helfer anzubrüllen oder die Geduld zu verlieren. Das kehrt den Sinn der Sache um: Das Pferd soll lernen, jeden Widerstand aufzugeben, jede Angst zu verlieren und dabei den Menschen als seinen Freund und Helfer zu betrachten.
Am besten erkläre ich die Sache anhand einer wahren Geschichte (illustriert mit Bildern, die nicht ihn, aber die Methode darstellen):
Wir sollten einen neunjährigen Islandwallach namens Glum korrigieren, handzahm machen und einreiten. Natürlich machte uns sein Alter stutzig: Ein gesunder Wallach, der in Island mit neun Jahren noch nicht geritten ist, mußte ein ganz schwieriger Brocken sein! Und er war es ... Blitzschnell in allen Bewegungen, stieg er, schlug mit den Vorderbeinen gezielt zu und keilte hinten wuchtig aus. Seine mit Angst gemischte Wildheit war besonders gefährlich, da er genau wußte, daß er sich bislang immer durchgesetzt hatte.
Zu viert gelang es uns, Glum in eine eigens angelegte schmale Fangecke beim Stall zu treiben, in die wir sichtbar den Futtereimer gestellt hatten

und die hinter ihm zu verschließen war. Unter gutem Zureden und sehr ruhig halfterten wir ihn auf; dann brachten wir ihn samt dem Futtereimer in einen sehr stabil eingefaßten Sandkorral und banden ihn in einer Ecke sehr kurz doppelt an (Abb. 219), hängten den Futtereimer in passender Höhe auf und ließen ihn allein. Er zog und zerrte ein wenig, aber da weiter nichts passierte (Anbinden kannte er vom Transport her), hielt er öfter damit inne — und jedesmal schob ihm durch den Zaun ein Mensch ein Stück Brot zwischen die Zähne:
«Menschen sind gut.»

219 *Zum Auslappen doppelt anbinden!*

Dann stellten sich zwei Menschen ziemlich weit vorn rechts und links von ihm auf; jeder hatte einen Sack in der Hand und begann, sachte damit zu wedeln. Glum wollte unverzüglich steigen, rollte die Augen (Abb. 220) — und bekam von einem anderen Menschen wieder Brot. Glum merkte: Was da geschah, tat nicht weh. Die beiden Menschen wedelten sich sehr langsam näher heran und paßten dabei gut auf, daß er

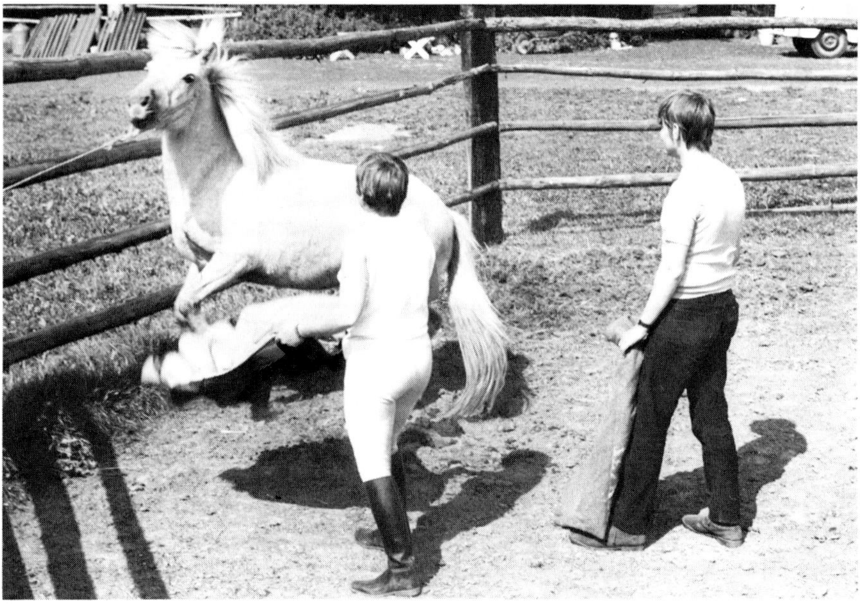

220 *Erster Schrecken beim Auslappen*

221 *Bald wird der Widerstand schwächer*

nicht nach rechts oder links auswich (Abb. 221); dabei sprachen sie unentwegt beruhigend-brummend auf ihn ein. Wedeln — Brummen — Brot füttern — Sack gegen den Hals wedeln — Sack über den Rücken ziehen — schnell zurückspringen, wenn sich ein Muskel straffte, ein Bein auskeilte. Wieder vorgehen — Brummen — Wedeln — Überstreifen — Füttern.

Zwanzig volle Minuten lang nichts als dies: sanft, leise, aber unerbittlich. Glums Widerstand wurde geringer (es tut den Beinen weh, immerzu Löcher in die Luft zu schlagen). Glum ließ sich das Tuch über den Kopf ziehen, über die Augen, über den Rücken, kaute Brot:

«Menschen tun nicht weh.»

Anderntags machte das Fangen bedeutend weniger Schwierigkeiten, weil der Brotkorb und sein Inhalt nachhaltig mit «Futter» und «Mensch» verbunden wurde. Er streckte ihm begierig den Hals entgegen und ließ sich aufhalftern und anbinden. Dasselbe Programm mit weniger Widerstand, schließlich sichtbarer Langeweile. Nun gab es neue Unannehmlichkeiten: Die zwei Menschen nahmen je einen langen Besen zur Hand und fuhren ihm fegend damit zwischen die Beine, tippten leicht an einen Huf (sofortiges Auskeilen), tippten häufiger an (Keilen, Keilen). Der dritte Mensch brummte, fütterte Brot. Zehn Minuten später wird das Keilen aufgegeben, weil es nichts trifft und nichts ändert. Außerdem tut das Antippen ja auch nicht weh.

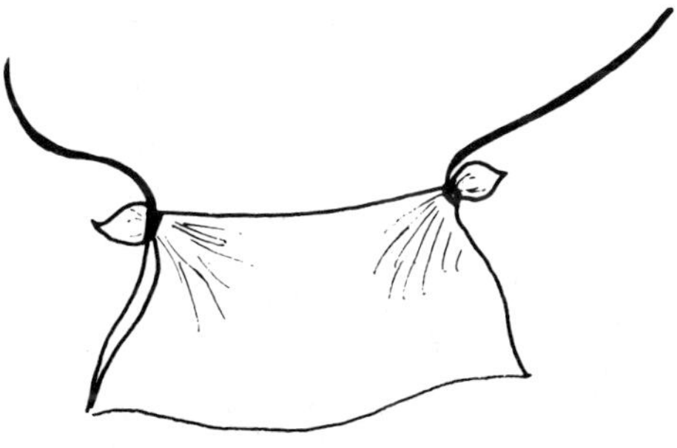

222 *So fest muß der Sack zum Auslappen angebunden sein*

Nun knoteten wir in zwei Sackenden sehr fest zwei lange Stricke ein (Abb. 222), so fest, daß beim zu erwartenden Strampeln Sack und Strick nicht getrennt werden würden (Abwehr darf keinen Erfolg haben). Ein Strick wurde unter dem Bauch hindurch zur anderen Seite geworfen und aufgenommen, und die beiden Menschen begannen, den Sack hin und her zu ziehen, den Pferdebauch dabei sacht berührend. Rollende Augen,

223 *Erneuter Schrecken*

224 *Gelassen und entspannt*

totale Explosion (behindert durch die kurze Anbindung), Strampeln nach allen Richtungen (Abb. 223) — das Tuch tupfte weiter an, ganz leicht nur: den Bauch, die Vorderbeine, die Innenseite der Schenkel. Es tat nie weh, drückte nicht, zerrte nicht — war nur da. Und seufzend gab Glum auf — und kaute Brot.

Besen fegten, ein Ball wurde langsam umhergerollt, der Sack an den Stricken um die Hinterhand geführt, die Besen rubbelten über die Schultern, die Hüften — die Menschen brummten dazu und reichten Glum Brot.

An diesem Tag ließ sich Glum zum erstenmal streicheln und ein bißchen bürsten:

«Widerstand ist zwecklos.»

Es dauerte insgesamt zehn Tage lang je eine Stunde, bis Glum sich satteln und zäumen, in einen festen Korral führen und besteigen ließ. Heute wird er von Kindern geritten und weiß gar nicht mehr, weshalb er sich jemals die Mühe machte, zu schlagen, zu steigen, sich zu wider-

225 *Furchterregend — das wehende Zeug am Schweif*

setzen. Er schätzt die Menschen, die ihm nie etwas Böses zufügten, ihn nie straften (das besorgte er ja selbst...). Er ist ein glücklicheres, da entspannteres Pferd und fürchtet sich vor nichts mehr (Abb. 224).
Unter dem Sattel wurde die Arbeit des Auslappens konsequent fortgesetzt; aber da regte er sich schon nicht mehr auf: Bewegungen und Geräusche tun ja auch nicht weh.
Sobald er den Sattel kannte und akzeptierte, wurden eine stets größere Anzahl alter Lappen darangebunden. Natürlich flog er — aus alter Gewohnheit — noch ein paarmal auf die Seite (Abb. 225): Aber auch das tat nicht weh (und wurde nie bestraft). Am zweiten Tag schleppte er schon einen knisternden Regenmantel mit sich, am dritten Tag zog er, an einem langen, am Sattel befestigten Strick, ein paar Blechbüchsen im Trab hinter sich her, in denen Kieselsteine rasselten. Wir ließen ihn ein Bund Stroh nachschleifen, während die Helfer, auf der obersten Korralstange sitzend, Radau machten. Ein Traktor fuhr dicht an der Umzäunung vorbei, blieb stehen und hupte schrill.
Nach zwei Tagen führten wir ihn an all den im ersten Teil dieses Kapitels erwähnten fremden Gegenständen vorbei.
Zurück in den Korral. Er mußte nun beweisen, daß er auch unter dem Reiter ungefährlich geworden war. Der junge Mann zog also, zuerst auf

226 *Dieses Pferd wird beim Ausritt nichts mehr erschrecken*

dem stehenden, dann auf dem laufenden Pferd mit weiten Bewegungen einen gelben Regenmantel an und aus, ließ ihn auf Glums Hals fallen, dann auf die Kruppe — Glum kaute Brot.
Man *kann* ihn heute nicht mehr erschüttern: er kennt alles (Abb. 226).

Bei dieser ganzen schrittweisen und geduldigen Prozedur war am schwierigsten jene Lektion, die dem Aufnehmen der Hufe gewidmet war. Das sollte man in jedem Falle erst versuchen, wenn das Pferd nicht mehr ausschlägt. Und immer am Ende der Stunde, wenn das Pferd ermüdet ist. Immer mit einem Vorderhuf beginnen: aufheben, hinsetzen, aufheben — füttern; aufheben, hinsetzen — füttern. Sofort etwas anderes tun: Ballspielen zwischen den Beinen, mit dem Besen gegen die Hinterbeine fegen... Nichts jemals scharf hart und grob tun, denn das weckt *echte* Abwehr, bei der das Pferd im Recht ist und wieder mißtrauisch wird und sich zu fürchten beginnt. So flüchtig und regelmäßig wie Regentropfen sollen die Berührungen sein, gefolgt vom Putzen mit einer groben Bürste, immer ein wenig tiefer das Bein entlang. Geht es dann endlich ans Aufheben des Hufes, muß der Stärkste und Erfahrenste heran (und wenn man eigens dafür den Schmied kommen läßt): Denn wenn jetzt, am Ende der Vorbereitung, das Pferd merkt, daß es sich *doch* durchsetzen und den Fuß wegziehen kann, ist viel verloren.
Glums Fall war der schwerste, der mir je vorgekommen ist. An ihm sollte hier nur alles gezeigt werden, was sich der Mensch einfallen lassen kann, um Pferde schmerzlos zu kurieren und an die Bedingungen des Umgangs mit dem Menschen und der fremden Welt zu gewöhnen. Manchmal muß man etwas anders vorgehen: muß stundenlang mit Lappen und Sack arbeiten — vor dem Reiten, nach dem Reiten, streichelnd, nicht schlagend, kann nur in kleinsten Schrittchen (und immer, *immer* im eingezäunten Raum, *immer* mit einem kräftigen Helfer an der Longe) vorangehen. Ein andermal ist ein Pferd, das bei der ersten Berührung mit den Lappen einen Vulkanausbruch inszeniert, vom nächsten Tag an völlig uninteressiert und begreift die Sache in zwei Sitzungen.
Achtung: Lieber zwei Lektionen zuviel als eine zuwenig! Immer beide Seiten des Pferdes gleich viel bearbeiten — was auf der einen akzeptiert wird, kann auf der anderen wieder panische Angst hervorrufen.
Dieses Kapitel ist so lang geworden, weil es so eminent wichtig ist. Daß ein Pferd zum Reiten angelernt wird, nimmt der Besitzer als richtig hin

und ist auch bereit, Zeit dafür zu opfern. Aber ein Pferd, das in der Reitbahn (oder gar in der Reithalle) *reiterlich* ausgebildet ist, hat damit noch keinen Kontakt zur Außenwelt gewonnen und ist eine Gefahr für den Reiter. Unsere Welt ist allzu eng mit Straßen durchzogen, hat zuviele Autos, Fahrräder, Mopeds und Mofas, als daß wir es uns noch leisten könnten, sie als Reiter ohne die gründlichste Vorbereitung zu benutzen. Es ist unsere *Pflicht*, jedes Pferd straßensicher zu machen. Eine Pflicht übrigens, die viel Spaß macht!

Verladen

9

Pferde leben heute fast so mobil wie ihre Besitzer. Immer häufiger sieht man neben Stall und Auslauf den Pferdeanhänger stehen. Er bringt die geliebten Vierbeiner zur Schau und zur Prämierung, zum Reiterfest oder Turnier, zu Jagd und Sternritt, Geländeprüfung oder was immer es an Veranstaltungen gibt, die nicht gerade in Nähe des Stalls stattfinden. Selbst Anritte von ein oder zwei Stunden sind manchmal nicht mehr zu Fuß zurückzulegen: Entweder kommt der Reiter zu spät von der Arbeit oder er müßte eine ganze Stadt durchqueren, oder das Pferd ist für die zusätzliche Leistung nicht trainiert. Mancherorts wohnt der Schmied so weit entfernt, daß man mit dem Hänger hinfahren muß. Oft ist es einfacher, schnell zum Tierarzt zu fahren, als diesen zu sich kommen zu lassen. Stuten werden zum Hengst gebracht, Jungpferde auf die Sommerweide oder zum Ausbilder in die Lehre. Auf allen Straßen begegnen sie uns zunehmend: die Anhänger mit der Aufschrift PFERDE!

Es muß durchaus nicht der eigene Anhänger sein. Man kann ihn leihen oder professionelle Fahrer mit der Fahrt betrauen — verladen werden muß das Pferd aber allemal, und so gehört zum richtigen Umgang mit Pferden auch die Fähigkeit, sie *problemlos* zu verladen.

Pferde, die nach den in diesem Buch empfohlenen Methoden behandelt wurden, werden dabei wenig Schwierigkeiten machen. Der Besitzer (bzw. Pfleger) muß nur wissen, was sie daran fürchten — nämlich:

den Einstieg in ein dunkles Loch;

das Poltern und Knarren von Rampe und Boden;

Rutschen auf der Rampe;

rückwärts hinaustreten.

Als Steppentier meidet das Pferd enge und dunkle Höhlen; es kann darin nicht fliehen und weicht ihnen instinktiv aus. Zu erwarten, daß es ohne spezielle Ausbildung freudig in die «Höhle» des Hängers stapft, ist also unrealistisch.
Als Fluchttier betritt das Pferd nur sicheren Boden; poltert und rumpelt es unter seinen Hufen, rutschen sie ihm nach hinten weg oder sollen sie rückwärts tretend aufsetzen, wo es nichts sehen kann, steigert sich die Angst vor der Höhle zur panischen Angst vor der Unsicherheit des Bodens.
Was kann man — bei systematischer und gelassener Ausbildung — tun, um ihm diese Ängste zu nehmen?

1. Zu Hause üben

Hat man einen eigenen Hänger, so stellt man ihn auf die Weide oder in den Auslauf, und zwar so, daß zur Fütterungszeit die Sonne hineinscheint; er ist dann weniger dunkel. Hat er an der Kopfseite ein Fenster — um so besser! Hat er gar einen vorderen Ausstieg für Pferde, öffnet man diesen. Der Hänger wird nun vorn festgelegt, damit er nicht kippt; hat er vier Räder, werden diese angezogen, damit er sich nicht bewegt. Eventuelle Zwischenwände werden entfernt.

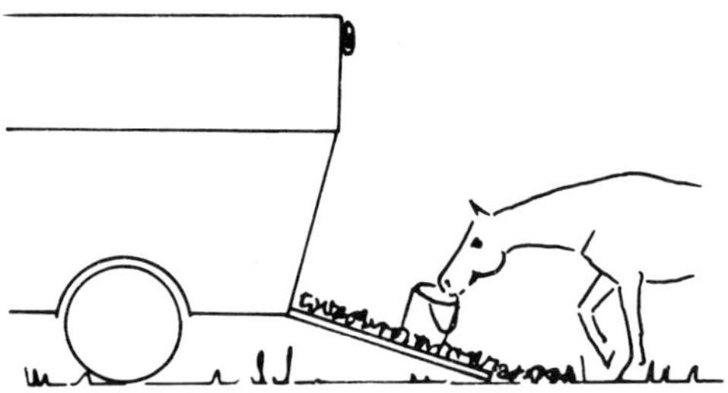

227 *Einstreu und Futtereimer auf der Hängerrampe erleichtern die Gewöhnung*

Man läßt die Klappe herunter und bindet die Plane oben so fest, daß sie weder von selbst noch durch eventuelles Beknabbern eines neugierigen Pferdes herunterfallen und es erschrecken kann. Den Boden des Hängers und der Rampe bestreut man mit der Einstreu, die das Pferd aus Offenstall oder Weidehütte gewohnt ist: also Stroh, Sägemehl, Torf oder Sand. Das mildert das Knarren des Holzes und ist dem Tier ein vertrauter Anblick. Nun stellt man Futtereimer oder -schüssel unten auf

die Rampe. Das Pferd wird ganz bestimmt den Anhänger beschnobern und — nach einer Weile des Zögerns — zu essen beginnen (Abb. 227). Von nun an wird der Futterbehälter immer höher und schließlich in das Innere des Hängers gestellt. Abends kann dort auch Heu vorgelegt werden, bis das Pferd den Hänger als vertraute Futterstelle empfindet; während des Heuessens wird es mit kurzem Strick und Panikhaken angebunden und lernt, eine Weile darin stehenzubleiben.
Der nächste Schritt ist, die hintere Kette vorzulegen, wenn das Pferd sicher angebunden ist, die Klappe zu schließen und den Transporter hinters Auto zu hängen. Man macht dann eine kurze, ruhige Fahrt und geht, wieder daheim angekommen, in umgekehrter Reihenfolge vor: Klappe öffnen, Kette lösen, Strick lösen und das Pferd sich selbst überlassen.
Nach zwei Wochen dieser Behandlung sollte ein Pferd, mit dem stets richtig umgegangen wurde, absolut verladefest sein.
Hat man keinen eigenen Hänger, lohnt es sich, für die Zeit des Übens einen zu leihen.

Freilich kann es vorkommen, daß man Pferde verladen muß, die gar nicht oder falsch erzogen wurden und nun partout nicht in den Hänger wollen. Dazu einige Ratschläge aus langer Praxis:
Immer Ruhe bewahren und geduldig sein; für das Verladen soll und muß man sich Zeit nehmen; je eiliger man es hat, um so länger dauert es (weil das Verhaltensschema abrollt, von dem wir schon so oft sprachen: Pferd fürchtet sich, sträubt sich, Mensch wird ungeduldig, straft, Pferd wird hysterisch und sträubt sich nun kopflos). Ich war mehrfach Zeuge, wie ein bekannter und erfolgreicher Reiter und Züchter seine Pferde systematisch verladescheu machte, indem er sie, cholerisch mit der langen Peitsche herumfuchtelnd und die Helfer anbrüllend, total verängstigte. Das Pferd weiß ja nicht, daß der Herr die Burschen anbrüllt; es reagiert unvermittelt. Wird es dann selbst noch geschlagen, wenn es sich in der allgemeinen Konfusion gerade in einer Position befindet, aus der heraus es gar nicht in den Hänger gehen *kann* (etwa, wenn es eben seitwärts weggesprungen ist), so wird es um keinen Preis mehr vorwärtsgehen. Auf diese Weise habe ich stundenlang auf das Verladen schweißbedeckter Pferde gewartet, die beim nächstenmal schon stiegen, wenn sie den Transporter nur von weitem sahen.
Machen Sie es anders.

Der Hänger wird an einen stillen Ort gefahren; überflüssige Zuschauer schicken Sie freundlich aber bestimmt fort (ein Knäuel fremder Menschen um den Höhleneingang signalisiert: Erhöhte Gefahr!). Rampe und Boden werden mit Einstreu bedeckt (die Rampe muß immer Querstäbe oder fest mit ihr verbundene Matten aus Gummi oder Teppich haben, wegen der Rutschgefahr). Machen Sie das Licht an und sorgen Sie dafür, daß möglichst viel Außenhelligkeit (Sonne) durch die Öffnung fällt.

Nehmen Sie nun das Pferd an der Leine und schreiten Sie ruhig geradewegs auf die Mitte der Rampe zu (seitlich könnte es sich verletzten, wenn ein Huf abrutscht); sprechen Sie beruhigend und reichen Sie ihm einen Leckerbissen; gehen Sie gelassen die Rampe hinauf (Abb. 228), sagen Sie immer wieder das vertraute: «Komm - komm» und zupfen Sie ein wenig am Strick. Nun wird es entweder nachkommen — oder stehenbleiben. Im ersteren Falle binden Sie es flink, aber nicht hastig, am kurzen Riemen mit Panikhaken an und geben ihm wieder einen Leckerbissen. Ein Helfer (den Sie beim Verladen immer dabei haben sollten) legt sofort die hintere Kette oder Stange vor. Erst wenn das Tier so abgesichert ist, wird gemeinsam die Klappe hochgeschlagen und festgemacht.

228 *Auf die Gelassenheit des Führers kommt es an*

Achtung: Klappt man zuerst hastig die Rampe hoch, kann es vorkommen, daß das Pferd zurücktritt und sie dabei wieder (krachend) nach unten stößt oder daß es mit einem Huf in die Spalte gerät.

Geht es nicht in den Hänger hinein, sondern bleibt davor stehen, so ziehen Sie auf gar keinen Fall, sondern bleiben gleichfalls stehen und geben das Halteseil ein wenig nach, damit es den Hals lang machen und die «Höhle» beschnobern kann. Faßt es nun Vertrauen und folgt Ihnen, so läuft der Rest wie geschildert ab. Folgt es nicht — nun, so wappnen Sie sich mit Geduld. Bleiben Sie einfach stehen, zwei, drei, vier Minuten lang. Sprechen Sie sanft und lockend, aber tun Sie gar nichts: Geben Sie dem Pferd die Möglichkeit, sich völlig zu entspannen. Dann erst fassen Sie die Leine kürzer, drehen sich dem Wageninnern zu und sagen: «Komm!»

Es ist kaum vorstellbar, wieviele Fehler beim Verladen durch Ungeduld gemacht werden: Hier scheiden sich die Geister. Beim Verladen erkennt man am sichersten das Verhältnis von Pferd und Reiter zueinander. Ich hatte nie ein Pferd, das sich nicht problemlos verladen ließ, indem es einfach — wie gewohnt — hinter mir herging. Die bisherigen Ratschläge zum richtigen Umgang mit Pferden führen geradewegs dorthin (am langen Zügel folgen lassen, an fremden Gegenständen vorüber, durch Gebüsch, Hänge hinauf und hinunter, durch enge Türen usw.). Beim Reiten steige ich gelegentlich ab und krieche mit ihnen durchs Buschwerk, befreie sie, wenn sie hängenbleiben, lache, rede mit ihnen, gehe weiter. Im Handumdrehen folgen sie mir durch dick und dünn.

Aber auch bei unbekannten Pferden wirkt die innere Ruhe. Auf unserem Hof machte einmal eine Reitlehrerin mit ihrem «Liebling» Ferien. Sie besuchte ihn täglich fünfmal mit Beuteln voll Zucker, niemand durfte ihn anfassen, niemand durfte ihn beim Ausritt durch Begleitung «stören». Er hatte ein Dutzend Kosenamen — aber bei der Abfahrt bekam sie ihn nicht in den Transporter. Er hatte Angst vor ihr. Drei Stunden lang steigerte sie sich in völlige Hysterie hinein und drosch schließlich wild auf den «Liebling» ein, der seinerseits dauernd um das Vehikel herumsprang und den Eingang gar nicht mehr fand. Ein junger Mitarbeiter von mir nahm ihr, als wir es nicht mehr mitansehen konnten, schlicht den Zügel aus der Hand, klopfte dem Pferd den Hals, ließ es einen Augenblick verschnaufen und ging ihm ganz einfach in den Hänger voran — und das Pferd folgte ihm. (Hysterie führt im Umgang mit Pferden zu nichts, ganz egal, ob der Liebling verhätschelt oder verprügelt wird.)

2. Hilfen beim Verladen

Aber: Jedes Pferd ist anders — von Natur aus oder durch die Umstände so geworden. Auch mit äußerster Ruhe bekommt man es manchmal auf die geschilderte Weise nicht in den Hänger. Folgende Maßnahmen haben sich bewährt:

a. Zieht das Pferd zurück, so zieht man es um Himmels willen nicht vor. Jeder Kampf muß vermieden werden — Pferde sind stärker! Lassen Sie es zurückgehen, machen Sie ein paar Zirkel und wiederholen Sie das Hineinführen.

b. Manchmal hilft es, wenn ein Helfer ruhig einen Vorderhuf aufnimmt und auf die Rampe setzt (Abb. 229), dann den anderen, und dem Pferd gleichzeitig einen leichten, ermunternden Klaps versetzt.

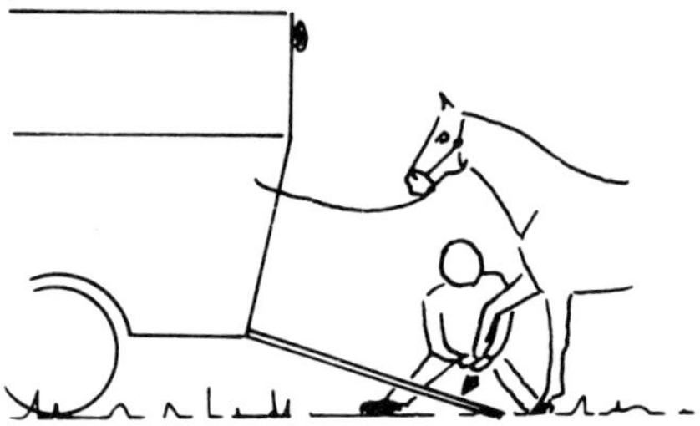

229 *Der Helfer setzt einen Vorderhuf auf die Rampe*

c. Bei sehr ängstlichen Pferden hilft es, wenn man auf die Rampe bis in das Innere eine Spur aus Kotballen legt: eigenen des Pferdes oder von vertrauten Weidegefährten. («Wenn die schon da waren, kann man's ja auch mal versuchen!») Das beruhigt mächtig.

230 *Mauer und Strick bilden einen Zugangsweg*

231 *Der Komm-mit — das Allround-Hilfsmittel bewährt sich auch hier*

d. Man kann auch einen Zugangsweg herstellen, indem man den Hänger mit einer Seite dicht an eine Mauer plaziert und entlang der anderen Rampenseite Strohballen schichtet. Manchmal genügt es auch, ein Seil am Hänger zu befestigen und es als Begrenzung straff zu halten (Abb. 230). Von den beiden Leitlinien gelenkt, geht das Pferd meist geradeaus vorwärts.

e. Man verwendet den Komm-mit. Er wird, wie beim Führen, um das Hinterteil gelegt und zupfend betätigt (Abb. 231).
f. Man kann auch das Seil auf einer Seite am Hänger befestigen, um die Hinterhand des Pferdes herumführen und auf der anderen Hängerseite

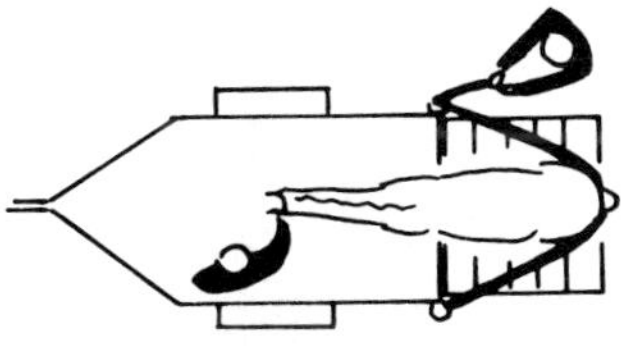

232 *Ein Seil um die Hinterhand gespannt*

um einen Stab schlingen: Die Wirkung ist die gleiche wie beim Komm-mit, jedoch fühlt das Pferd sich noch etwas beengter und geht manchmal besser vorwärts (Abb. 232).

g. Hat man zwei Helfer, so befestigt man an jeder Hängerseite ein Seil und kreuzt die beiden Seile hinter dem Pferd. Die Helfer gehen nun ruhig vorwärts und schieben es in den Hänger (Abb. 233).

h. Sind die Helfer besonders kräftig und zuverlässig, so genügt es oft schon, wenn sie ihre Arme hinter dem Pferd verschränken und es mit vereinten Kräften anschieben. Meist springt es dann mit einem Satz hinein.

233 *Zwei Helfer schieben mit gekreuzten Seilen das Pferd in den Hänger*

i. Klappt das alles nicht, so greift man als letztes dazu, dem Pferd mit einer Jacke oder einem Sack die Augen zu verbinden. Man führt es dann ein paarmal im Kreis herum und zum Schluß gerade auf die Rampe zu. Die allermeisten Pferde gehen nun hinein (Abb. 234).

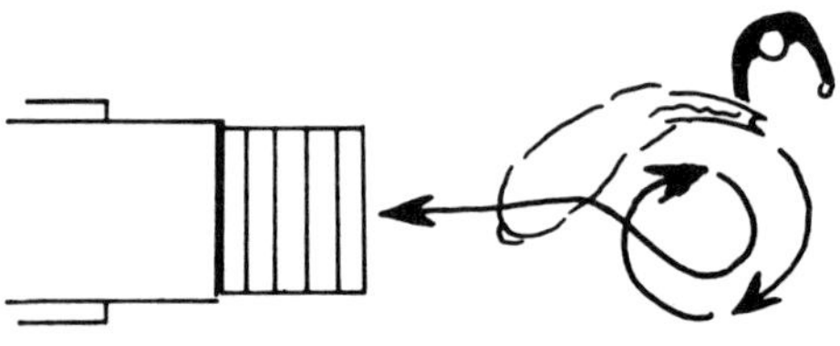

234 *Das Pferd, die Augen verbunden, ein paarmal im Kreis herumführen*

Erfahrene Verlader werden nun darauf hinweisen, daß es eben auch große, nervöse oder durch Erfahrung störrisch gewordene Pferde gibt, die ohne Gewaltanwendung einfach nicht in den Transporter zu bekommen sind. Gewiß, es gibt sie (und es gibt Situationen, wo man schnell verladen muß). Hier tritt die lange Fahrpeitsche in Aktion — aber nicht blindlings! Man benutzt sie mit Köpfchen: bereitet alles auf diesen Moment vor, bringt den Komm-mit an, sorgt für seitliche Begrenzungen, konzentriert sich auf den Moment, wo drinnen der Führende sagt: «Jetzt!» und am Seil zupft. Genau dann erfolgt der Hieb mit der Peitsche. Meist ist das Pferd mit einem Satz drinnen, ohne recht zu wissen, wie es hineingekommen ist — und bekommt eine Belohnung!
Achtung: Der Mann im Wagen muß auf diesen Sprung vorbereitet sein.

Größte Ruhe, Überlegenheit und Vernunft müssen zusammenwirken, wenn ein so starkes Tier seinen Willen gegen den unseren setzt.
Doch: was immer man bei einem Pferd anfängt, muß man durchführen. Dazu aber muß man unverrückbar sicher wissen, was man will, ob man es durchsetzen kann — und wie. Niemals darf man einen Kampf beginnen, den man nicht gewinnen kann. Verlust ist Katastrophe. Es bedeutet, daß der «Herdenboß» keinen Respekt mehr verdient, daß man ihm nicht mehr gehorchen muß.
Zuviele Menschen vergessen, daß die Fähigkeit zum Überlegen die Überlegenheit des Menschen ausmacht. Immer wieder begehen sie denselben Fehler, während das Pferd sich immer wieder dem Gehorchen entzieht. Und bei diesem bösen Spiel verliert der Mensch eher die Geduld als das Pferd! So ist es an ihm, sich rechtzeitig etwas einfallen zu lassen, die richtigen Helfer zu bestellen, den Hänger richtig zu präparieren und richtig aufzustellen, die Stricke und — für den Notfall — die Peitsche bereit zu halten.

3. Mehrere Pferde verladen

Müssen Sie zwei oder mehrere Pferde verladen, gehen Sie im Prinzip genau so vor; sie haben aber oft das Glück, daß eines erfahrener und ruhiger ist. Immer führen Sie dieses zuerst in den Hänger — das andere wird ihm unschwer folgen.

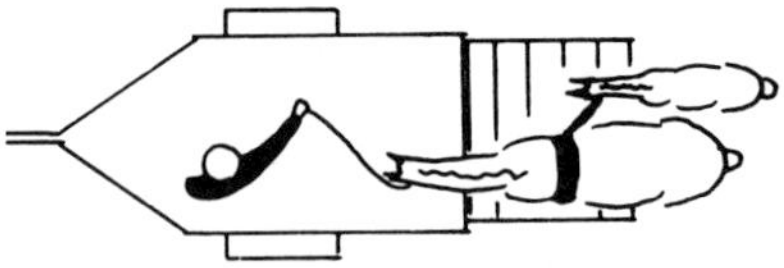

235 *Das Fohlen lernt neben der Mutter angebunden in den Hänger zu gehen*

Fohlen lernen den Vorgang am besten noch in der Säugeperiode. Ist die Laderampe sehr breit, binden wir es (wie beim Vorführen, nur noch enger) neben die Mutter und führen beide gemeinsam hinein (Abb. 235) und binden es wieder los, sobald die Klappe geschlossen ist. Andernfalls führen wir es dicht hinter der Mutter die Rampe hoch. Sträubt es sich (und das tut es wahrscheinlich), so kann man es halb führen, halb tragen (zu zweit), ohne ihm wehzutun. Nimmt es schon Brot oder Kraftfutter, wird es drinnen natürlich belohnt.

Achtung: Bei größeren Fohlen und Jungpferden ist besondere Vorsicht erforderlich. Es handelt sich ja nicht darum, es — wie auch immer — für dieses eine Mal in den Hänger zu bekommen, sondern darum, es nicht hängerscheu und damit vielleicht für sein Leben problematisch zu machen. Deshalb gerade beim halberwachsenen Pferd keine Risiken eingehen! Soviele gute Helfer zusammenholen, wie nur möglich, so psychologisch geschickt vorgehen, wie man nur vermag. Das Jungpferd *fürchtet* sich. Es ist also nicht ungehorsam, sondern nur sehr ängstlich. Daß auch das junge Pferd seiner Angst sehr kräftig Nachdruck verleiht, ist nicht bösartig, sondern entspricht einfach seiner Stärke.

Werden viele Pferde in einem normalen Lastwagen verfrachtet, so stellt man sie, falls die Breite ausreicht, am besten quer zur Fahrtrichtung auf — also Kopf neben Kruppe. Dadurch wird verhindert, daß sich in den Kurven alle zur gleichen Seite stemmen.

Beim Transport von zwei Pferden muß in der Mitte eine durchgehende feste Trennwand eingehängt werden, damit sie sich unterwegs nicht schlagen können.

4. Allgemeine Ratschläge

Besteht die Möglichkeit, von einer Rampe aus zu verladen, so macht es sich bezahlt, wenn man ganz zu Anfang sein Pferd dorthin bringt und es in einen großen Lastwagen führt, wo man es umdrehen und vorwärts wieder hinausführen kann. Diese Vorübung, an einem Nachmittag mit viel Brot absolviert, verringert die Furcht vor der Höhle.

Beim Verladen möglichst überhaupt nicht strafen. Verbinden die Pferde die Strafe mit dem Anlaß und dem Objekt, gehen sie künftig erst recht nicht in den Hänger.
Das zu verladende Pferd möglichst nicht ansehen (wir wissen ja: das Leittier, das sich zur Herde umdreht und sie ansieht, signalisiert «Stehenbleiben»), sondern ihm ruhig den Rücken zukehren und vorangehen.
Ein neues, unbekanntes Pferd sollte man niemals allein zu verladen suchen. Am besten verlädt es der Vorbesitzer ohne Ihr Eingreifen. Macht er es ungeschickt, verbindet Ihr neues Pferd wenigstens die Tortur nicht mit Ihnen. Sie können dann daheim ohne Vertrauensverlust mit der Umschulung beginnen.

5. Schutz für unterwegs

Das Fahren im schwankenden Transporter ist selbst dann nicht besonders angenehm, wenn der Fahrer Rücksicht nimmt, nicht scharf bremst, langsam in die Kurven geht, kein überhöhtes Tempo (über 80 km) anschlägt und sich stets vergegenwärtigt, daß die Pferde hinter ihm viel weniger Halt haben als er im bequemen Fahrersitz.
Meist suchen sie sich Halt — indem sie sich soweit wie möglich gegen die Seite oder die Rückwand lehnen und die Kruppe fest dagegen drücken. Im Verlaufe der Fahrt scheuern sie sich dann oft die Schweifrübe ganz scheußlich auf; dauert die Fahrt lange, kann es geschehen, daß sie oben kaum noch Deckhaare haben. Als Vorsichtsmaßnahme *bandagieren wir den Schweif*. Man fängt auf der halben Schweifwurzel an, führt die Bandage zunächst nach unten weiter und dann von unten nach oben bis an die Schweifwurzel. Hier werden die Bändchen außen gut verknotet.
Sehr häufig treten sich unruhige Pferde unterwegs auch auf die Beine. Wir schützen sie deshalb am besten gleichfalls mit *Bandagen*, unter die wir eine dicke Schicht Watte legen. Außerdem werden diese Reisebandagen unten bis in die Fesselbeuge geführt. Die Röhrbeine des Pferdes sind sehr empfindlich gegen Druck und Blutstau; man muß deshalb die Bandagen völlig faltenlos legen. Dazu streicht man zuerst die Haare von oben nach unten glatt. Den oberen Zipfel der Bandage legt man gegen die Innenseite der Röhre, etwa eine Handbreit über dem Fesselkopf, und

bandagiert nun von innen nach außen (am linken Bein links herum, am rechten rechts herum) zwei Schläge nach unten. Dabei legt man den Anfangszipfel um und bandagiert bis fast auf den Kronrand des Hufes weiter, und von dort nach oben bis ans Vorderfußwurzel- (bzw. Sprung-)gelenk. Die Bänder müssen außen auf dem flachen Teil des Röhrbeins fest (aber nicht abschnürend) verknotet werden. Sie dürfen sich auf keinen Fall unterwegs lösen.
Bei Stallpferden oder nach scharfem Ritt decken wir das Pferd mit einer leichten Reisedecke ein.
Pferde, die die Angewohnheit haben, unruhig mit dem Kopf zu schlagen, und dabei Gefahr laufen könnten, sich an der niedrigen Hängerdecke zu verletzen, machen wir einen Genickschutz, indem wir eine Bandage dick um das Nackenstück des Halfters wickeln.
Nun sollte unserem Freund unterwegs nichts mehr passieren können.